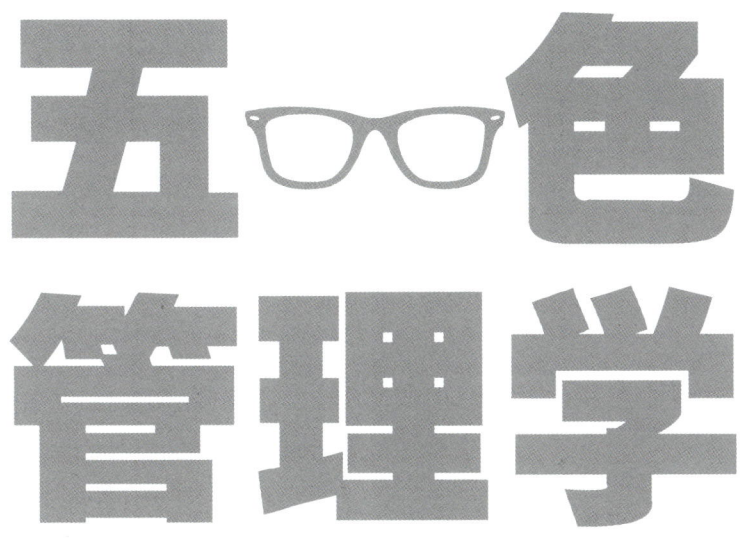

五色管理学

[德]佩罗·米西科 —— 著　　郭秋红 —— 译

掌控未来的顶级思维

中国友谊出版公司

图书在版编目（CIP）数据

五色管理学 /（德）佩罗·米西科著；郭秋红译
. —— 北京：中国友谊出版公司，2019.3（2020.4重印）
ISBN 978-7-5057-4625-1

Ⅰ. ①五… Ⅱ. ①佩… ②郭… Ⅲ. ①管理学 Ⅳ. ①C93

中国版本图书馆CIP数据核字(2019)第040341号

著作权合同登记号 图字：01-2019-1716

Published in its Original Edition with the title
Die 5 Zukunftsbrillen:So werden Sie zum Vordenker
Author:Pero Micic
By GABAL Verlag GmbH
Copyright © GABAL Verlag GmbH,Offenbach
This edition arranged by Beijing ZonesBridge Culture and Media Co.,Ltd.
Simplified Chinese edition copyright © 2016 by Beijing Creative Art Times
International Culture Communication Company.
All Rights Reserved.
本书中文简体字版由北京中世汇桥文化传媒有限公司独家授予北京创美时代国际文化传播有限公司，全书文、图局部或全部，未经同意不得转载或翻印。

书名	五色管理学
作者	[德] 佩罗·米西科
译者	郭秋红
出版	中国友谊出版公司
发行	中国友谊出版公司
经销	新华书店
印刷	辽宁虎驰科技传媒有限公司
规格	710×1000毫米 16开 19印张 279千字
版次	2019年8月第1版
印次	2020年4月第2次印刷
书号	ISBN 978-7-5057-4625-1
定价	98.00元
地址	北京市朝阳区西坝河南里17号楼
邮编	100028
电话	(010) 64678009

版权所有，翻版必究
如发现印装质量问题，可联系调换
电话 (010) 59799930-601

THE FIVE FUTURES GLASSES

目录

CONTENTS

- 001 关于本书
- 008 你要用五色未来眼镜做什么
- 034 你的未来地图
- 058 蓝色未来眼镜：你会遇到什么？
- 100 红色未来眼镜：未来会带给你怎样的意外？
- 146 绿色未来眼镜：你拥有哪些未来机遇？

目录
CONTENTS

6 — 182 — 黄色未来眼镜：你想创造什么样的未来？

7 — 236 — 紫色未来眼镜：你计划着什么样的未来？

8 — 266 — 看到、理解和拥有更多的未来

9 — 276 — 附录

10 — 282 — 方法和技巧操作手册

0

关于**本书**
Zu diesem Buch

关于本书

你是一位前瞻者吗？是一位未来管理者吗？优秀的未来管理者是生活中以及企业里最关键的成功要素之一。你是跨国集团的领导也好，是主宰自己人生这家公司的董事长也罢，能够提早辨识并利用即将到来的变化和其中蕴含的机遇都至关重要。这一点做得越好，你就越容易获得人生的成功，并一直成功下去。

早在两千年前，塞内加就曾说过：

> "早晚有一天，我们会为自己竟没发现这么明摆着的事而感到惊讶。"——塞内加（Lucius A. Seneca）[①]

对未来十年到二十年起决定作用的大多数趋势、科技和主题，今天已然初露端倪。也就是说，未来已经在那里了，只不过它还没来得及同等程度地来到每个人身边。怎样才能把未来研究转化为辨向之源、灵感之源和创新之源呢？怎样才能以有意义且理性的方式从未来中看到更多、理解更多、拥有更多呢？

我一直在帮助经济、社会和政治领域的决策者更有效地思考未来，从事这项工作已有 25 年的时间。现在，我要通过这本书把你变成前瞻者。

[①] 塞内加（Lucius Annaeus Seneca，约公元 1—65 年），古罗马时代著名政治家、哲学家、剧作家。——译者注

五色未来眼镜是思想上孕育未来的温床

即便是专业人士,说到对未来的基本理解和未来的基本概念,人们之间不例外地充斥着一种巴比伦式的语言混淆。我们缺少一种可以拿来描述未来种种现象的合适的语言。所以,未来研究和未来管理的应用一直处于被埋没的状态。我们缺少一种模式准确地——至少比一般情况更准确一些——表达出关于未来我们的所见、所感和所想。简单地说,我们就是缺少未来的定义。外行人喝葡萄酒,形容口感只会说出涩、干、香等寥寥几个词,而职业侍酒师却有几千个词可用。后者对人们喝酒和品酒的各色场合都有不同的模式和定义,他们能准确地区分一种酒在不同情况下的应用。他们对葡萄酒世界的认知是多么丰富和清晰啊!

让我们来看看今天我们能从报纸中读到的五种关于2025年的说法:

1. 联邦统计局的一位女人口统计学家在一份研究报告中向政府写道:到2025年30%的人口年龄将超过70岁。

2. 世界卫生组织的一位女病毒学家警告,到2025年将暴发一场大规模瘟疫,结果可能导致数百万人在短时间内死亡。

3. 一位年轻的工程师宣称,到2025年将有半数的商务旅行被虚拟会议取代。

4. 企业职工委员会表示,到2025年该组织要让公司员工每周仅工作30个小时。

5. 一位亿万富翁在一次接受采访时说,到2025年他会把他的大部分财产都捐赠出去。

这些关于2025年的未来说法不同之处在哪儿呢?是其中的意图吗?是预测所依据的方法吗?是它们的可验证性吗?是上述涉及领域的可预测度吗?总归是有一些什么东西。

如果我们跟这五位前瞻者每个人都打个赌,那么区别之处将很快明了。他们得拿 10000 欧元跟我们赌,而且不能用公司的钱,而是得用自己纳税之后余下的钱做赌资,就赌事情是否会变成他们说的那样。如果他们赢了,一笔丰厚的利润近在咫尺,因为赔率是 1∶10。猜猜看他们将做何反应呢?

那位女人口统计学家会同意赌吗?比起其他人,她可能更容易同意,因为毕竟人口统计学是少数几个能在一定程度上估算出未来的领域之一。1∶10 的赔率很可能会让她动心。这位人口统计学家对将会发生的未来有着一种清晰的判断。她用蓝色未来眼镜去看可能会发生的未来。

当我们向那位世界卫生组织的女病毒学家提出我们的赌约时,她会怎么说呢?不能排除她把我们扫地出门的可能。对她来说,重要的是提醒人类,实现改善卫生条件、做好预防和应急预案的目的。光是出于道义的考虑,她就有足够的理由严词拒绝我们的赌局了,没准她还会多解释一句,她可不会去赌她刚好要阻止的事情。她用红色未来眼镜去看令我们意外的未来,无论是好的还是坏的。

那么,当我们要求那位工程师押上 1 万欧元赌到 2025 年真的有 50% 的商务旅行会被虚拟化时,他会做何反应呢?我们可以肯定,他会为他的说法做些辩解。他会说,他其实根本没把这话当成明确的预测。他说的只是事情的"可能性",其实人们在今天已经能够很容易地做到这一点了。他用的是绿色未来眼镜,从中看到的是机遇,这些机遇意味着行动可能性和可以做出的选择。

企业职工委员会会做什么呢?估计他们会说,他们的愿景就是把人们从过多的工作中解放出来。金钱和物质可不是生活的全部啊!在 20 世纪 70 年代,工会的宣传标语是"星期六爸爸属于我"。现在更进一步了,反对全球化。多花时间陪伴孩子和家人当然有其价值,但显然他们无法肯定他们的愿景能否实现。所以,他们不会加入赌局。企业职工委员会用黄色未来眼镜去看他们追求和期望的未来,即他们的愿景。

那位亿万富翁肯定不会把 1 万欧元当回事，可游戏归游戏。他会同意打赌吗？可能性非常大。因为他反正已经有了计划，打定主意，并且已经公之于众。没人能阻止他把计划付诸行动。他用代表计划和行动的紫色未来眼镜来看未来。

未来管理中的很多问题都可归结为看问题方式的不同。许多人倾向于相信，所有人都能如他自己一样去理解他关于未来的想法和语言。他们简单地以为别人都佩戴着同样的未来眼镜，也因此才会遇到很多挫折、误解和失败。

本书的读者、目的和应用

这本书是为决策者所写，就是为那些人生总裁、家庭主管、协会主席、企业家、经理人、董事、市长和政府首脑。归根结底，我们都是自己人生这家公

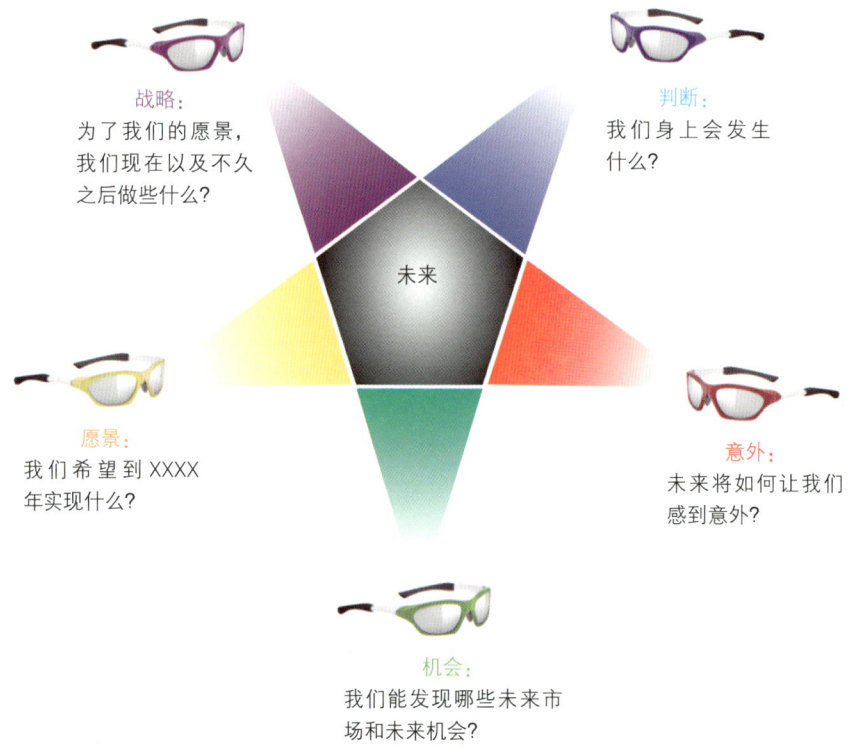

插图 1：五色未来眼镜

司的董事长,不管我们扮演着什么角色,也不管我们仅仅是领导自己还是领导着几百万人,都不例外。每个人都要思考未来。

本书的目的

当你认识了这五种未来眼镜并且能熟练地运用它们,那么你就是未来思维的专家了。从中你能获得一系列好处:

1. 清晰的未来思维:本书阐明了未来管理的看问题方式、概念和思考对象。掌握了"五色未来眼镜"以及在此基础上形成的未来管理"埃尔特维勒模型"(见第270页),你将在内心中形成一幅自己的未来管理地图。你会得到一个在思想上孕育未来的孵化器,它赋予你的未来思维以条理性和准确性。

2. 清晰的交流:这本书会让你能够以精准的语言进行关于未来的交流,无论是私人交谈还是职业所需。我平时经常碰到这样的情形,几个人谈论未来的话题或者就此进行写作,如果他们彼此之间清楚对方当时佩戴的是哪种未来眼镜,那么他们都会感觉轻松得多。他们之间很少会产生误解和冲突,交流能在更短的时间内取得更好的结果。

3. 通往未来之桥:这本书帮助你更好地理解那些趋势学家和未来学家。它为你建造一座桥梁,从当下通向未来,然后再折返回来。这样一来,你就能更容易地利用趋势学家和未来学家的理论的、抽象的结论,把它作为日常生活中的方向和灵感源泉。

4. 更现实一些的期望:这本书帮助你弄清楚,从现实的角度来看,通过有条不紊的未来管理你能期望什么和不能期望什么。

5. 工具箱:有了五色未来眼镜,你基本上可以运用未来管理的任何方法和任何工具。你将不受方法的局限。未来眼镜让你更轻松地根据各自特点对众多的方法、技巧和工具加以评判,并将它们准确地放入你工具箱中相应的格子里。

6. 从未来看到更多:这本书将加强你展望未来的能力,在争先恐后的展望未来的竞争中为你创造优势。拥有良好的未来地图意味着，只用约略的想象就能清晰地思考，并且能比别人从未来中看到更多、理解更多和拥有更多。

7. 构架未来工程的范本：这本书为你提供了构架你的未来工程的范本。

这五个颜色的未来眼镜是描述性的，因为它们描绘出人们在思考未来时的共性。但通过精确的系统化工作，五色未来眼镜又是指导性的。它告诉人们要经过哪些步骤和阶段去对未来进行切合实际的思考，并对未来管理的核心问题做完整的解答。

五色未来眼镜在可能的范围内力求简单，但又因其必要而保持了复杂。这一点让它成为非常有价值的思维工具。

> "真正的发现之旅，不在于去寻找新的风景，而在于用新的眼睛看世界。"——马塞尔·普鲁斯特（Marcel Proust）[①]

哪些内容是新的？

五色未来眼镜不需要你吃力地学习。你可能会发现，在不知不觉中你早已认识这五种未来眼镜了。这些被抽象为未来眼镜的五种看待未来的方法，每个人其实都拥有，都熟悉。只不过每个人脑海中的定义都不大相同，思考对象的分类也不一样，而将两者关联起来的方式也是因人而异的。

> "所有至理名言都曾经被想到过，人们需要努力做的就是，在正确的时间再次想起它。"——歌德（Johann Wolfgang von Goethe）

在实践中以及学术界，至今都缺少一种可靠的模式把人类看待未来的方式、

---

① 20世纪法国著名小说家。——译者注

思维过程以及思考对象完整而又简单地融为一体，用清晰的定义和关系去描述它，并使之能够应用于日常生活。五色未来眼镜和埃尔特维勒模型就是这样一个模式。它是在总结 250 位领导人士访谈、1000 余个由来自各个行业和大型组织的领导小组参与的项目和研讨班及其系统化评估的经验基础上得出的结论。

这本书能达到什么效果，又达不到什么效果？

一本书既无法创造奇迹，也不能代替付诸实践的努力。这是毫无疑问的。我不会承诺说，有了这本书的帮忙，所有未来管理方面的问题和任务都能迎刃而解。假如真能那么简单，那所有人就都能做到，这件事也就没什么稀奇的了。

但我保证，就上面提到的用处来讲，五色未来眼镜以及由此引申出的埃尔特维勒模型能够极大地提高应用效果，从而让你看到、理解并拥有更多的未来。

声明

1. 五色未来眼镜并非基于其他以颜色和物品作比喻的理论，在学术界和实践中这样的做法不计其数。五色未来眼镜尤其要与德·波诺（De Bono）的思考帽清楚地区分开来，因为前者

    a. 仅为未来分析所设计（思考帽应用范围是所有可能的对象）；

    b. 观察各种对象（思考帽则是从各种角度观察一个对象）；

    c. 不仅包含多个视角，还包括一个牢固的成果模型（详见第 269 页起的内容）；

    d. 即便从视角的数量和特点来看也不具有可比性。

2. 在德·波诺之前，哈尔（Hall）提出的六个思考模式以及螺旋活力的理论同样与五色未来眼镜没有可比性。

3. 书中泛指的"他"和"他们"代表男女两个性别。

4. 本书设有专门网站：www.Zukunftsbrillen.com。

1

你要用五色未
来眼镜做什么

**Wozu Sie
Zukunftsbrillen
brauchen**

你想成为一名更棒的前瞻者吗?如果是,你需要良好的未来管理,那么这就要用到五色未来眼镜了。

你想成为一名更棒的前瞻者吗？如果是，你需要良好的未来管理，那么这就要用到五色未来眼镜了。当然这只是其中一种作用。让我们看看，我这么说的理由。

1.1 强烈的意志：你根本别无选择

人们到底为什么要思考未来呢？人们为什么要着眼未来？早在几个最古老的文明中，人类就已开始努力地争取从未来中看到、理解和拥有更多。显然，我们别无选择。

你也对未来充满好奇。否则的话，你干吗还捧着这本书呢？当一些事物与我们的已知不同了，或者，当它与我们所熟悉的东西矛盾了，我们就会开始好奇。我们知道，未来将会与现在不同。所以，未来的场景具有一种近乎魔幻的吸引力。

根据我的经验和判断，驱使着我们着眼未来的是五种重要的意图和目的：

1.我们希望做出更好的决策。为此，我们想了解可能会发生的未来，我们想知道什么会到来，什么会留下，什么会消失。所以，过去人们才会去算命。如今，专业化管理的企业会投入大量的时间和财力去弄清楚他们市场的未来。虽然人人都知道，未来是无法预言的，但同时却没有人不是带着未来预测过活的。每一个决策都是在某种有意识的或无意识的未来预测基础上做出的。

2. 我们希望让自己感觉更踏实一些。我们想避免害怕和担忧。我们想让未来带来的意外更少一些。丹麦哲学家索伦·克尔凯郭尔（Sören Kierkegard）曾把害怕和担忧区分开来。害怕没有特定的缘由，它是一种认为我们身上会发生些什么事情的不舒服的感觉。所以我们才会环视周遭，寻找那些预示着不良意外的迹象，因为这种迹象可能会让我们身处险境。与此相反，我们为一件具体的事情而担忧，这件事能明显带给我们坏处。最好的办法是我们争取对此事知晓更多信息，从而让自己有所准备。而最坏的办法，也是我们经常做的，就是把头埋进沙子里。

3. 我们希望提升自己，从生活中得到更多成功和幸福。我们追求着希望和自信的美妙感觉。因此，我们寻找机会和可能性，去改善未来的自己和所处的境遇。我们想在未来做得比今天更好，而且我们也想比别人做得更好。我们知道，有时候必须让自己变得更好，仅仅是为了不比今天过得更差。

4. 我们希望赋予我们的生活和所作所为一种意义和一个方向。我们想知道，我们该让自己在哪方面得到发展，自己每天的努力该用在何处。从中我们得出一个理想未来的愿景，在愿景中我们能得以自我实现。

5. 我们希望知道该做些什么。出于这个原因，我们设定目标、制定计划、完成项目和流程，让自己不断朝未来的方向迈进。

有关未来的这五个目的都深藏在我们内心中。康德[①]穷其一生钻研哲学，找寻着三个问题的答案：

1. 我能知道的是什么？这个问题我们理解为想知道可能发生的未来以及可能的意外。

2. 我能希望的是什么？可见这是在问机遇和愿景。

---

① 伊曼努尔·康德（Immanuel Kant），德国著名哲学家，德国古典哲学创始人。——译者注

3. 我应该做的是什么？这明显是在问对于未来应该采取的正确行动。

从这些目的中你注意到什么了吗？对，它们也正好是五个。是巧合吗？让我们接着往下看。

1.2 唤醒你身体里的未来管理者

我在 20 世纪 90 年代初开始使用未来管理的概念。那时候，专业化管理的企业开始越来越深入地、系统化地关注未来分析问题，这与他们的战略规划相比又向前迈进了一步。

通向未来的桥梁

未来研究和与之相关的趋势研究常常被经理人和企业家们视为不准确、没有约束力和不可信的东西。在他们对知识的需求与未来及趋势学家能提供的知识供给之间总是横亘着很大一块空白。未来管理正好填补了这块沟壑。我给未来管理下了这样的定义：

未来管理是一座桥梁，一边连结着主宰人生和领导企业，另一边连结着未来研究。所有用来提前发现和分析未来发展变化以及将之纳入战略的模型、规律和方法构成的整体就是未来管理。

未来管理是企业家式的未来研究。与未来研究相比，它可以说是人类天性中本就存在的并且更贴切现实的理念。未来研究关注焦点主要是预知，而未来管理将之与战略性的和可操作的管理结合在一起，在此基础上衍生出一套整体理念。它弥补了总是抽象化和理论化的未来研究与企业及其他组织的决策者实际需求中间的空白。它系统化地帮助人们更好地理解市场的未来，从而制定出可以实施并行之有效的战略。未来管理建立在未来研究的一般性知识的基础上，并实现了与（企业家式的）日常决策和行动的紧密结合。

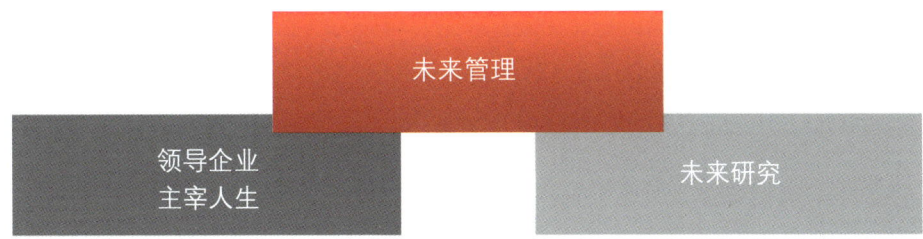

图 2：什么是未来管理？

优秀的未来管理要求清晰和精确的思考。为此，五色未来眼镜将成为你的得力工具。

三与七十定律

当我向任意一群稍懂经济的人提问，人生或者企业的成功有多大程度依赖长期的发展定位。多数人都知道，很大程度上依赖。有趣的是，如果我问"用百分比衡量是多少"，我总能得到基本相同的回答：70%。没人能衡量或者证明这个数字，但人们都感觉未来管理有着很高的重要性。不管人们将这里的成功理解为生活幸福还是财产丰厚，即便是仅仅50%或者60%，已经是成功的很大一部分了。我们关于长期的、有效的发展方向的决定，有意识的也好，无意识的也好，将左右我们如何投资、如何参与竞争、如何工作，以及如何决策。经过深思熟虑的战略前进方向，还有企业文化，一旦形成就无法很快做出改变。

> 制定长期的发展方向相当于一个人在其生活当中或者一个领导团队在其企业当中决定要长期去爬哪座山，而可操作的管理则只为一个目的服务，那就是好好地去爬被选中的这座山。[1]

---

① 爬山的比喻来自史蒂芬·柯维（Stephen Covey）。

这里有一件有趣的事情需要我们弄清楚，顶层决策者一般来讲要花多少时间来有意识地、系统地思考这个重大的发展方向问题，也就是思考他的企业下一个时期的问题。根据两位美国教授哈默尔（Hamel）和普拉哈拉德（Prahalad）的研究，领导企业的经理人花在制定愿景方面的时间不高于2.4%。在大多数国家里，2%—3%的劳动时间大概就是每年5.5到6个工作日，这其实已经相当多了。谁能每年花六个整天用于有意识的系统化的未来工作呢？即便是在个人生活中这也是很少能达到的数值。对此，很多人会说，这可不对，因为他们为研发和战略部门聘请了数十乃至上千的员工呢，这绝对是当之无愧的未来工作啊。不，对我来说，这恰恰与请专业人员来研究和分析如何更好地爬山无关，因为这是为了在现有业务范围内朝着现有目标争取更好的成绩。而真正的关键是企业家式的未来管理，是发展方向定位，是要爬哪座山的决定。这是截然不同的两回事。

> 你的未来管理工作是无法转嫁给他人的。这关乎极少数的企业家式的方向决策。研究人员和分析人员最多只能为这种决策做好准备，但绝不可能由他们做出决策。

你用3%的工作投入取得70%的长期成功。你的未来管理是一个强力的成功杠杆。未来管理是最好的投资之一。所投入的每一天都带来丰厚利润。然而，成功杠杆的效用也可能发生在另一个方向上，也就是反向的。糟糕的未来管理能够轻而易举地将企业置于死地，毁掉你的公司。因此，未来管理不仅是方法论，它首先是一种责任，是你对家庭、同事、员工或者民众的责任。

不，我绝不是要求你把远多于3%的时间投入到未来管理中。这个数值在实践中稳定下来自有其道理。系统化未来管理面临的障碍已然够多了，我可不想再用增加时间投入这条要求来给它添麻烦。

但是这3%的如此少又如此重要的时间，你必须好好使用。就像在日常业务中对待项目和流程一样，你必须用同样的专业素质来对待未来管理。

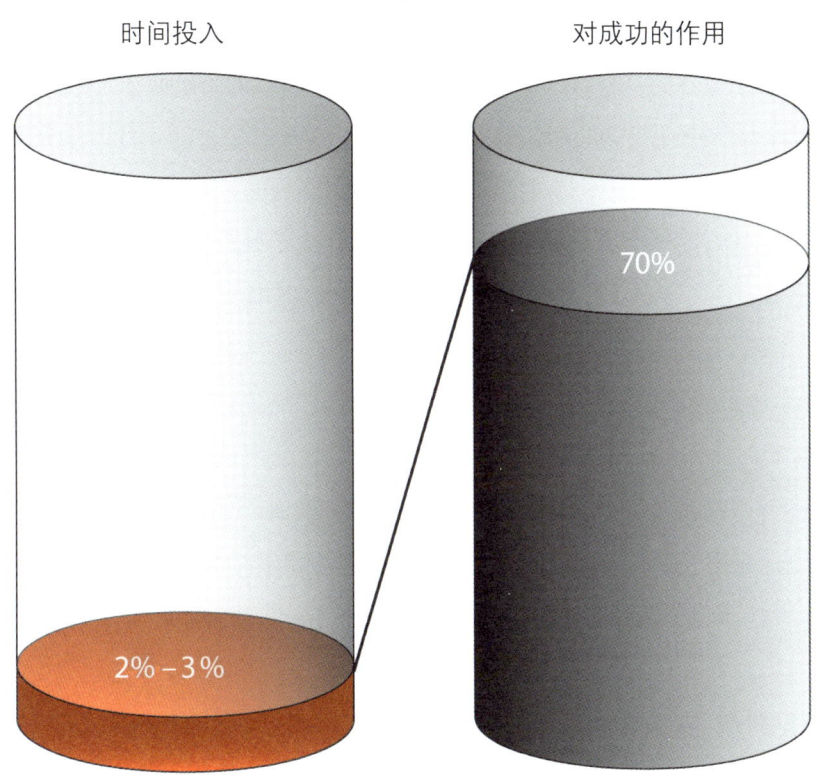

图 3：未来管理对金融成就的重要作用

你能从中得到什么？

仅投入你 3% 的时间在未来管理上,然后就一劳永逸了吗？当然没那么简单。但是,你将能更好地满足展望未来的需求,从而更好地实现与之关联的目标。要收获未来管理的果实,这是个很好的前提。

1. 有了更好的未来预测你能做出更好的决策。
2. 提早发现潜在意外,制定适当应急战略,你的处境将更为安全。
3. 提前发现未来可能的机遇,你可以提高收入,降低成本。
4. 描绘出清晰、迷人而又可实现的愿景可以激励你的能动性,给团队带来凝聚力,从而节约这方面的投入和成本。

5. 有了与愿景相匹配的战略，你在效率和成绩方面都将有所进步。

6. 有了整体的、有章可循的未来战略，你以及你的同事会找到方向和自信，从而会对未来产生更多的期许和乐趣。

用好所有这些优势，竞争力和市场地位将得到明显改善，这一点几乎是肯定的。

1.3 未来的混淆

即便是过了几十年，未来研究专家和他们的客户还常常说着不同的语言。甚至在未来研究专家、趋势研究专家和未来管理专家之间也经常无法相互理解。我无数次听到企业家和决策者对此抱怨：

- 我们看了更早些时候的预测报告，可是对未来研究专家的预测报告质量极为失望。
- 我们觉得自己被所有这些预测、展望和愿景弄得头都大了，无法得出一个总的看法。
- 我们知道未来研究的结果，但却没办法把这些知识转化成我们的语言、我们的理念和有实践价值的战略。
- 我们下了很大功夫描绘未来，但却无法满足我们的所需。
- 我们认真地在听未来研究者的话，但是对于我们这些专业人士来说，他所说的没什么有新意的、有帮助的和可信的信息。

下面的表格对这些关于未来的混淆进行了归纳。在实际的未来管理中，不计其数的项目和意图都在这儿栽了跟头。

表 1：未来的混淆	
混淆的种类	描述
目标混淆	预测 vs. 塑造 ■ 人类塑造未来的能力越强，未来的可预测性越差。 ■ 预测与塑造存在目标冲突，它们彼此排斥。 预测 vs. 警告 ■ 对极端情况和意外未来的描绘被误解为预测。 ■ 然而，它所服务的目标是反向的，也就是说它恰恰要去预防未来发生这种情况。 愿景 vs. 计划 ■ 对要长期去追求的未来的描述被理解成规划并遭到拒绝。 ■ 从狭义的角度讲，今天人们仅能够就较短的时间范围做计划。愿景并非规划。 现实 vs. 科幻 ■ 说到未来，很多人理解的只是对世界来说全新的、虚幻的、从未想到过的东西。 ■ 其实很多时候未来已经摆在那里。它的很多特质在今天已有迹可循。

续表

混淆的种类	描述
角色混淆	先知还是未来管理者？ ■ 客户总是把未来研究专家当成先知和预言家。 ■ 未来研究专家更愿意将自己视为未来管理者。 先知还是带来灵感的人？ ■ 趋势研究专家提出的趋势被理解为预测。 ■ 其实提出趋势只是为了激发富有灵感的想法和创意，没有作预测的打算。 全能专家还是革新者？ ■ 人们希望未来研究专家在所有领域都能比行业专家更好地认识未来。 ■ 但他们的能力主要在于跨学科思维和方法的运用。
方法混淆	没有图纸的工具目录 ■ 在方法目录中，所有方法和工具混杂在一起，毫无秩序可言。 ■ 这会导致方法使用的错误。 传统描绘的局限 ■ 传统的描绘方法无法满足实践者的许多需要。 ■ 由于这方法被归为艺术的范畴，因此到头来常常是希望落空。

1.3.1 目标混淆

关于未来的混淆,其核心在于人们在展望未来时的非理性。

预测 vs. 塑造

我经常会听到决策者一口气说出两个愿望。他们既希望别人为他们预言未来,又希望自己能够塑造未来。很少有人注意到,这两个愿望其实是互相排斥的。要是某人或某物能极为准确地给出预言,那我们岂不就像被诅咒了一样,只能按被预言的方式生活下去,直到最后。再生一个孩子,学点新东西,改变了想法,移民国外,一切从头开始,迎接第三个春天的到来?如果不被预言,那么所有这些我们就都不能做吗?那将是多么可怕的人生啊!未来不但不是这样的,而且我们也不想让它这样。

> 未来无法预言,我们应该为此感到高兴。
> 未来是如此的不确定,也同样是如此的可塑造。

生活在地球上的 70 亿人都在一定的范围内打造着他们的生活,也能改变他们的观点和行为,所以未来是不能被预测的。毕竟连我们自己在将来的两星期内要做些什么,我们都无法精确掌握。我们得学着把对未来的消极面和积极面分开来看待。

预测 vs. 警告

2003 年,美国国防部委托机构进行了一项关于气候变化的未来研究。接到委托任务的是全球商务网(Global Business Network)的未来研究专家们,以彼得·施瓦兹(Peter Schwartz)和道格·兰德尔(Doug Randall)为首。他们明确宣称自己是描绘未来情景的发烧友。他们使用了一种非常简单的描绘方法，主要基于一个"四场矩阵"，其中两个变量彼此影响，由此得出了四个结果。施瓦兹和兰德尔不满足于一般的理解，即气候变化是缓慢到来的，人类已经适应了这种变化。他们希望得出更加戏剧化的结论，从而凸显情况的严重性。他们设计了一个名为"快速气候变化"的情景，描述的是北部地区的急剧降温和南部的大幅升温。下面是描述2010年到2020年情形的几个缩影（起草于2003年）：

- 大西洋暖流、欧洲的炎热将因为一种复杂的反应改变它的方向。
- 欧洲和北美主要的农耕地区以及大城市周边全年都遭受着干旱和半干旱的影响。
- 亚洲和北美的年平均气温最多可下降5华氏度（2.8摄氏度），欧洲则最多可下降6华氏度（3.3摄氏度）。这将是大幅的降温。
- 澳大利亚、南非和南美的年平均气温最多可上升4华氏度（2.2摄氏度）。这也将是大幅的变暖。
- 冬季的冷风暴和强风大幅增加，这会加剧降温效应。
- 在这个十年的尽头，2020年，欧洲中部的气候将相当于西伯利亚地区2000年的气候。

这些未来研究者如此形容剧变的后果：在欧洲，因为争夺水和食物而爆发军事冲突，大批荷兰人和德国人迁往意大利和西班牙。日本和加勒比地区爆发赴美国的移民潮。中国对哈萨克斯坦进行军事干预，以保护油气管道不被反叛军攻击。人类回归古老的习惯，为争夺资源无穷无尽地征伐。战争再次决定着命运，而这次使用的是人类有史以来曾掌握的最强悍的武器。

这是个虽然能想象到却未必会到来的未来情景。未来研究者最主要的意图是发出警告。他们通常都会做出声明，也有必要做出声明：这不是预报。No prediction！

那么，你觉得在这份报告发表之后的几天中，所有报纸和杂志会怎样写呢？

对,《未来研究者预言极端气候变化》。

> 未来研究者描绘极端未来的情景,为的是避免其发生。但公众却总是把这当成预测。

施瓦兹和兰德尔明确指出,他们在意的是,想他人之不敢想,使问题尖锐化,揭示可能会出现的残酷结果。这是一种带着悲观目标的假想。这些研究者们会说,毕竟历史证明了,有时候发生的恰恰是最极端的事。如果这种可能性存在,那么国防部就有必要知道。这里,施瓦兹所做的工作可称为"inevitablesurprises",即不可避免的意外。

媒体以及一些跟我们聊天的人会在报告发布后的几个星期内表示这项研究纯属无稽之谈。气候肯定不能变化得这么快。为了这么个没用的"预测",五角大楼花了 10 万美元吗?施瓦兹和兰德尔起草这份研究报告时戴了红色未来眼镜——意外的未来。可是大批读者只是做着他们一直在做的事情。每一种关于未来的说法都被理解成预测(戴着蓝色未来眼镜),然后立刻引发一场场关于这种事发生可能性大小的讨论。

另一个著名案例是丹尼斯(Dennis)和多内拉·米都斯(Donella Meadows)1972 年发表的名为《增长的极限》的研究报告。一个由 17 人组成的研究小组受罗马俱乐部(Club of Rome)的委托,基于计算机模型得出明确结论,即在千禧年之交我们的环境将经历灾难般的处境。几乎没有人注意到,这些论点旁总是标注着"在其他条件不变的情况下"。也就是说,如果我们继续这么做,将会变成那样。这是警告,是戴上红色未来眼镜之后的所见、所说和所写。在这个案例中,公众也是戴着蓝色未来眼镜来看待描绘的情景,把它当成预测。就好像作者们在每句话后面都写上了"发生可能性:100%"一样。1973 年,鲁沃尔特出版社再版的时候在宣传词中写道:"这项 MIT 研究首次运用了科学的系统分析和计算机模拟新技术(指杰伊·福里斯特关于系统活性的理论),目的是通过处理大量的信息,为世界性难题做出未来长期发展趋势的预测。"

> 人们总是忘记，我们能够通过自身的行动导致或者阻止预测变为现实。

一位德国翻译把英语"forecast"译为预测，这可以说是我们自己的错，因为大多数人都把这理解为一种无论如何都会实现的说法，不管发生什么。人们没有掌握一种像五色未来眼镜一样简单的思维工具。如果掌握了这种工具，人们将很快弄清楚这些说法的用意。

愿景 vs. 计划

2025年？人们听说我要做这么长远的计划时常常会对我的勇气感到吃惊。即便在当天早上也没法分毫不差地计划这一整天的事啊！我会做什么可是有各种各样的可能性。在这里，我们又一次碰到了未来的混淆。

> 以天真的热心肠，可能性被偷换成了预测，愿景被偷换成了计划。

显然，这里也迫切需要一种清晰的关于未来的思维和交流模式。

实际 vs. 科幻

现在的情况如何呢？人类平均寿命延长并且社会平均年龄老化了，所有实物产品中1/6都含有纳米科技元素，存储介质的容量呈几何倍数增长，燃料电池技术缓慢但坚定地向前发展，全球能源需求增长以及功能性食品是未来的一大市场，可这些人们毕竟都知道了。那么最新的大趋势在哪里呢？

很多人都仅仅把"未来"理解为全新的、从未想到过的东西。对他们来说，想象中的人工智能、能随便打印任何东西的家用3D打印机、一头搭在国际空间站上的航天电梯、横跨大西洋的大桥、能进行自我复制的纳米机器人，这些足以构成未来。在某种程度上，我能理解这些想法，但仅限于与娱乐和科幻有关的范畴。然而这些东西几乎从未纳入过企业的未来管理实践中。那里只会对已初露端倪的东西进行严肃的分析。

大多数与今天息息相关的趋势和科技都在这个世界上由来已久。燃料电池诞生于 1837 年。1896 年，斯凡特·阿伦尼斯（Svante Arrhenius）就发表了关于二氧化碳导致地球变暖的著作。1902 年就有了混合燃料发动机。移动电话 1932 年首次被德意志帝国铁路部门投入使用。最早的素食餐厅诞生于 1920 年到 1930 年之间。莱因霍尔德·洛策（Reinhold Lotze）在 1932 年就提出了德国社会的老龄化问题。最早的网络日记发表于 20 世纪 70 年代。早在 1995 年的维也纳马拉松比赛中就使用了内置在运动鞋中的 RFID 芯片以记录运动员的比赛时间。

> "未来已经摆在那里，只不过并不均匀分布。"——威廉·吉布森（William Gibson）[1]

把着眼点放在今天世界的某处已存在的东西，这要比幼稚地去追求世界革命性的新事物更有意义。这里要提到创新的扩散现象，就是说，创新从创造者到大众化的传播过程总是沿 S 型曲线进行的。可以想象，什么对于谁意味着创新是相对而言的。对于一家科技集团来说，知识管理体系可谓存亡攸关。对于一家中等规模的建筑公司来说，同样的做法可能意味着巨大的挑战。未来很少是对世界而言绝对全新的事物。更多时候，未来对于观察者而言是相对新的事物，其实在其他某个地方早已存在了。别再苦苦寻找革命性的新事物了。在你的企业中还没实施的事情已然是新的了，不见得非要对全世界而言都是新的。对你的市场，或者对你自己而言是新的，这就足够了。

对于大趋势我还要再说一句。约翰·奈斯比特（John Naisbit）在 20 世纪 80 年代初提出的概念如今也已被滥用，或者说经常被错用。大趋势是强势的，在

---

[1] 美国科幻小说作家。——译者注

图 4：关于未来的知识的分布

全球范围内长期发挥作用。它描述的是非常广泛的变化过程，例如发达国家的老龄化、世界性的预期寿命延长、全球能源需求的增长，以及计算机运算能力的提高。如果你想进行推演并对可能的未来进行思考的话，大趋势会很有帮助。大趋势的产生和消亡都很缓慢。新的大趋势很罕见。如果谁说大趋势，其实指的却是"特别棒的新趋势"，那么他就用错词了。

大众公开在线课程（MOOC），即迅速增多的免费网络视频课程，虽然是一种趋势，但肯定不是大趋势。因为我们所说的要么是真正起效的大趋势，要么是"新"趋势。但是"新大趋势"绝不是一个站得住脚的概念。

为了更好地理解和实施未来项目，有必要区分一下我们这里所说的可能发生性和可能性。

你想要的是为现实生活指明基本方向，还是仅仅想要异闻奇说和娱乐一番，这之间的区别很重要。未来眼镜能够帮助你更好地理解并更容易地处理两者的关系。

1.3.2 角色混淆

未来学家的角色，不管是趋势研究者、未来研究者还是未来管理者，总是被不断误解。对于大众来说，他们统统只有一个标签，上面写着"预言家"。

先知还是未来管理者？

一旦某人以与未来有关的事情为职业，关于其核心要务，大多数人首先会想到一件事：预测！大家会理所当然地认为，从事这种职业的人，衡量其工作绩效的首要标准就是看他预测未来的结果和发展趋势是否准确。人们会在之后的十年里对这些"预测"的准确度进行挑剔的检验，一旦事实并非如此，就会谴责作者，或者是简单地加以嘲讽。未来学家总被当成预测的机器，他们存在的理由和首要的评判标准就是预言的精准。即使未来无法准确预言这件事对大家都有好处，即使混沌学家把猜测变得确凿，未来学家的工作依然被强加上了无以满足的期望。

当今的未来学家认为自己不是未来的预言家，而是未来的预想家。所以，未来分析家才会对未来的情景进行思考。这些想象出来的情景让他们得以就未来展开工作，为创新激发灵感，而不是不切实际地做出预测式的预言。可惜的是，客户却总把他们描绘的未来情景当成预测。不明确的角色造成的误解，通常的后果就是客户的失望和对未来学家的嘲笑。

先知还是给予灵感的人？

今天我们如果读一读盖德·格肯（Gerd Gerken）和米歇尔·康尼泽（Michael Konitzer）1995年写的那本《趋势2015》，我们就能检验一下，作者当时做的预测怎么样（他们自己绝不会提出这样的要求）。书中写道，在工资不下降的前提下，工作时间将进一步缩短（第121页），到2030年缩至每周29小时，这一点在专业人士中间已是无可争议的。此处，还引用了其他未来学家的观点，比如BAT休闲时间研究所以及劳动市场和职业研究所。当时所有这些学者几乎都相信，几十年后人类将进入休闲社会，那时人们将不必过度紧张和辛苦了。结果呢，现在紧张和辛苦不仅没有变得令人不齿，反而极为普遍地将数十年来的旧趋势延续下去。

还有，印刷文字的终结现在也没有到来，到2015年也依然不会实现。让我们来看看随意选取的几个不太寻常的主题：

- "未来的艺术将变成一种精神陶醉的伴侣……艺术不再需要有其含义，它的功能变为传递存在的感受。精神陶醉的状态就是不再思考，没有批判，没有悲怨的想法。一旦达到了精神陶醉的状态，鉴赏就无足轻重了。"
- 今天（1995年）的边缘人格病人在未来将是多维思路的人。其实他们更加精力充沛，是进步的精英，能够应对多重真实世界。"这些人绝不会走入在某时真正相信某事的死胡同。"
- 时尚成为个体感受和感触的扬声器，成为传播精神上的亲密感和个人想象的媒介。

再举几个费斯·帕帕考恩（Faith Popcorn）在1997年发表的《叮咚，新编爆米花报告》中的例子：

- 结党是一种潮流。人们将加入各种党派和小组。
- 幻想冒险家大量涌现。"为了摆脱压力和无聊，消费者将产生在无风险的环境中体验探险和寻求刺激的需求。"

如果机械工程师用他那实证主义精神（只有能被证明的才算数）看待趋势学家的这些说法，那他能做的就只有摇头了。一派胡言，只听他喊道。上述两位趋势学家的说法几乎完全没法检验或证明。一部分原因是，单从字面上看，这些说法本身就难以被准确理解。如果非要说这些说法有点预测价值的话，那么这价值连事后进行验证都做不到，更别提事前验证了。总之，就像费斯·帕帕考恩和大多数趋势研究者所做的一样，眼前的现象经常被直接拿来充当趋势。

请别把趋势研究者当成预测师或者先知，而要当成启智者。

同样的说法，假如传入了有建设精神（每个人都创造着自己的真实世界）、追求开放思维的人的耳朵，他会为受到很多启发而感到高兴。两者的区别简单而平常，然而能弄明白这点的人太少了。请千万别把趋势研究的结论当成预测（蓝色未来眼镜），而是要把它看作想法和发明的灵感之源（绿色未来眼镜）。帕帕考恩写得很清楚，这些绝大部分都是"带有娱乐性质的预测"（第63页）。

趋势学家们戴的是绿色未来眼镜（想法和机会），虽说他们中的多数自己并未意识到，而工程师和其他很多人都认为，趋势学家们至少应该戴着蓝色未来眼镜（预测和判断）。

全能专家还是革新者？

未来学家就像全能运动员一样辗转在许多专业领域。昨天做了一场关于未来化妆品的报告，今天要就失业问题接受采访，明天要写一篇关于可再生能源的文章。以其跨学科的知识和方法，这些未来学家能带来很多灵感，大大拓展和丰富客户的思维范畴。

可惜他们很少在灵感和专家结论之间划出一条清晰的界线。今天他们是人工智能的专家，明天他们又作为气候学专业人士作报告，后天再神采奕奕地登上教育学和心理学领域的舞台。这样一来，未来专家常常处于与相关领域专家竞争的地位，这些业界专家的专业知识总是超过未来专家的。未来专家这看似万能的天赋带来了两个严重问题：

1. 当未来专家提出一些在该领域学术会议上已争论多年的观点时，很多业界专家理所当然会感到失望。

2. 未来研究者助长了一些偏见，认为分析某专业领域的未来趋势并不需要依赖该领域的专业知识。很多客户认为，未来研究者像一本未来字典一样，什么问题都能回答。

现在正缺少一种能够解决这对矛盾的模式。这个模式必须明确，要分析和评估某个专业领域或市场的未来，必须要有相关的专业知识。而另一方面，跨学科的思维和故作单纯的，甚至是局外人式的思维也必不可少，为的是对该领域或市场进行重新思考。

> 未来专家依靠跨学科的知识和创造力发挥其作用，但几乎完全不具备该领域的专业知识和研究的深度。在这一点上他们无法与业界专家相提并论。

1.3.3 方法混淆

如果未来思维连目标都如此地不清晰，主要参与者的角色也总被误解，那么从其方法上看情况也好不到哪里去。

没有图纸的工具目录

在专业的未来参考书籍中有数十本关于方法、技巧和工具的目录书。这些书除了种类繁多这个特点之外，还有一件事值得注意，那就是这些工具几乎从未按其在实践中的用途而进行分类。就像简单的头脑风暴那样，方法无序到令人难以置信的地步，一股脑都叫情景描绘或者 Comprehensive Situation Mapping（综合情况映射）。这样一来，偶然得到的一种方法很快就会被当成应对未来管理任务的万能工具，然后给所有可能的事情都进行情景描绘，不管是否需要具体的未来判断。那就难免最后会失望和恼怒了。只有将看问题的方式（未来眼镜）加以区分，这些清单和目录对实践才会真正有意义。另外，在本书的附录部分你会看到分别针对五种未来眼镜按照工作步骤整理出的方法清单。

情景描绘法的局限

在两次世界大战之后，发达世界经历了一场大幅的经济腾飞。在这段经济增长过程中，要预见到未来的发展是相对容易的。这时候即使出现了失误，也不会有人暴怒，因为发展方向总是积极向上的，乐观情绪高涨。然而，到了20世纪60年代末和70年代初，当增长动力陷入枯竭时，越来越多的未来学家带着他们的预测在现实中碰了钉子。

当时做预测变得很困难，为了寻求替代办法，兰德（RAND）公司的赫尔曼·卡恩（Herman Kahn）找到了情景描绘的出路。1967年，他与安东尼·韦纳（Anthony Weiner）一起出版了《公元2000年——未来33年的猜想》（德语版名为：你们将会经历这些）一书，情景描绘法原理由此为世人所知。书中描写了2000年世界可能呈现出的不同情景。未来学家们很快意识到，情景描绘是一个不错的思维工具。有了它，既能顾及到未来不断增加的复杂和混乱，还能对未来进行分析。这把他们从这样一个尴尬处境中解放出来，即未来虽然不可预言，但需要知道未来会发生什么的需求又非常大。一边是渴望精准预测的客户，另一边是不具备条件的客观现实。有了情景描绘法，他们就可以继续从事他们的职业，而不必纠缠在预测上了。从此，所有未来学家都用情景描绘来呈现可能出现的未来的图画。他们需要做的只是说服读者和客户相信情景描绘的意义和用处。相比之前，这要容易一些，因为爱德华·罗伦兹（Edward Lorenz，1963年）等人在复杂自适应系统的理解上已经取得了初步成果。这类系统实际上涵盖了所有人类在其中能发挥作用的系统。这些系统是无法预测的。从20世纪60年代末起，经典的情景描绘法作为未来研究和规划的工具，其重要性与日俱增。

情景描绘让未来学家可以不必自己下论断。而作为生活或者企业集团的决策者，你却责无旁贷，因为没人能做出对所有可能的情景条件下都有意义的长期决策，诸如关于经营领域或企业定位的决策。我们听天气预报，因为我们要对即将到来的天气有所准备。但要是我们同时面对三种可能的情景，明天要么酷暑高温，要么打雷下雨，要么冷风劲吹，那我们将无所适从。谁要是想对所有可能的天气状况都提前准备，就像未来学家被要求做的，那就得带着超大号的行李上路了。实际上，只有适用于所有可能情景的战略才是强大的战略。但是在充满竞争的残酷事实面前，这样做根本无法承担巨大的成本压力。不仅如此，这还有可能导致趋同竞争的问题，因为适用于所有情况的战略倾向于彼此类似。一旦所有人都做相同的事情，那么价格和收益也将全线下降。

决策者既需要具备对预期的可能发生概率的未来判断，也要具备对未来机遇的灵感。而且必须清楚地区分二者，否则就毫无价值了。但是，未来学家描绘的未来情景一般都包含可能发生的、不可能发生的、希望的、担心的、可行的以及虚构的等各种未来。这是种种大相径庭的未来的大杂烩，从这里面既无法得出方向也找不到灵感。

我们在未来管理集团（FutureManagementGroup）工作时，总是反复遇到实践者发出相同的抱怨，这里我想逐字逐句地进行部分引用：

■ 我们使用了情景描绘法，但是面对三种或五种基本上不可能发生的未来，我们找不到基本的方向。人在现实生活中不可能同时对所有事都提前做好准备。

■ 我们就未来情景进行了探讨，但这样做并没有让我们得到探索未来机遇的真正革命性的视野，这跟你们之前承诺的不一样啊。

■ 我们认真研究和分析了各种未来情景的内涵，但其实我们想要的是专门为我们设计的、清晰的愿景，这样我们才能进一步开展工作。

■ 我们的未来情景项目在对总战略给出建议之后就结束了，但对我们来说工作才刚刚开始。我们原本希望这能与我们的工作绩效更好地联系在一起呢。

■ 除了未来情景，我们还缺少一种手段来对我们的战略可靠性进行全面测试。三个或四个未来情景是可以的，但我们担心在实际中会出现完全不同的或明显更多样化的意外情况。

■ 我们在计算机技术的支持下运用了情景描绘法，但用起来非常复杂，耗费时间，成本很高。

表 2：实践的要求
完整性：所有必要的步骤和各类结果必须集成在一个模型中，并且彼此连贯地交织在一起。
差别化未来：各种对未来的看法（可能的、可能发生的、希望的、担心的、意外的、计划的等）必须明确加以区分。
明确主动与被动：在整个过程中应该区别出人们关注的是自身还是环境。如果把主动和被动的观点混为一谈，就无法系统地付诸实践。
指向性：即便未来无法被（准确）预言，也要判断出可能发生的未来并据此勾勒出一幅有指向意义的图画。
意外情况多样化：应该把数量更多的潜在意外情况纳入考虑范围。
聚焦机遇：为了有助于主动塑造未来和在竞争中保持独特性，必须具备一个强有力的因素来对未来机遇和选择进行创造性的研究。
愿景：必须有一幅图画全面展示当事人或团队努力追求的未来。
战略和规划：必须与日常经营中的具体行为紧密联系起来。
恒久性：必须在日常经营中纳入一个恒久工作的雷达系统。未来管理不应该只是偶然的行为。
效率：上述要求的前提是必须能以合理的时间和资金投入来完成。
自助应用：这个模型和相关方法必须能被一个具有中等素质水平的领导团队掌握并使用，基本的功能至少要做到这一点。不能强制要求当事人调用内部或外部专家人员。

THE FIVE FUTURES GLASSES

2

你的
未来地图

**Ihre Landkarte
der Zukünfte**

人类的幸福在于两点，那就是未来于他们而言既是确定的，又同样是不确定的。

未来！如果我们指的就是在我们前方而尚未经历的时间的话，未来的定义看起来很简单，再提其他要求都显得多余。可是如果再深入地审视一番你就会发现，乍看之下看似清晰到位的对未来的理解其实还很不够，根本无法涵盖未来的复杂性。未来学家试图用 possible（可能的）、probable（可能发生的）和 preferred（希望的，愿意的）这几个英文词来给未来分门别类。但这个结构仍然无法满足要求。未来是一个极为复杂的思考对象。因此，把它过分地简化是危险的。它需要保持复杂性，这样我们才能理解这种复杂性并加以应对。

读一读有关的参考文献，你将惊奇地发现，几乎没有哪一位未来思考者尝试过将未来进行全盘的分类。那么，现在，这里，我们有充分的理由来做这件事。

2.1 十个未来

把未来这个词看作单数是错误的。未来应该是复数，存在着无穷多个未来。早在16世纪，西班牙理论家莫利纳就使用了"futuribles"一词，后来被法国的伯纳德·德·茹弗内尔再次提起，就是用"futures"和"possibles"两个词造出的一个词语，意思是可能的未来。

数十年前，未来学家就开始只用复数来表达未来这个词了。这是从语言的运用上指出了未来的开放性和无法预言的道理。明白了这个道理，你就能更好地接受未来有着无穷多个出口。

未来之所以是复数,不仅仅是因为未来存在无穷多的可能性,这还与未来的特点密不可分。未来是能够想象的或者无法想象的,是可能的或者不可能的,是我们希望的或者害怕的,是可干预的或者无可避免的。

图 5 展示了一种相当复杂的未来分类。让我们暂且先接受这种复杂,以便下一步建立一种简单和实用的模型。只有弄清楚未来有多少种不同的概念和定义,你才能真正理解和认同五色未来眼镜的必要性和有效性。

请以下面这些为前提看待这十种未来:

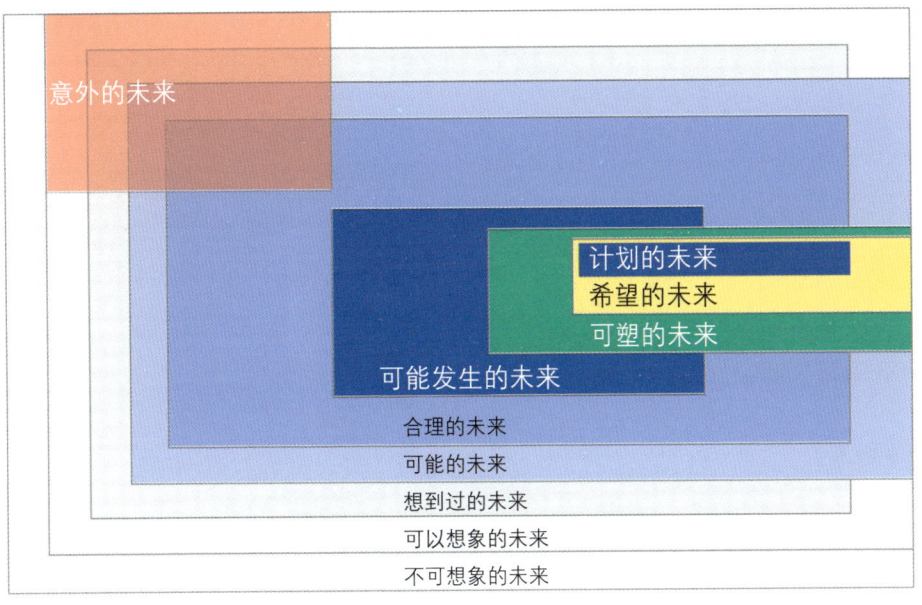

图 5:未来的种类

1. 这些未来是相对单个当事人而言的,即相对一个人、一个团队或者一个组织。所以每种未来的内容都具有该当事人的主观色彩和知识不完备的特点。

2. 这些未来种类的定义随着观察时间点的改变而改变。随着时间推移,这些分类中的内容也将发生变化。某个未来,比如说与地球外生物接触,在它通过确凿证据由未来一跃变为现实之前,可能会经历一个演变过程,从可以想象的未来转变为可能的未来，再变成合理的未来，直到可能发生的未来。

3. 未来的种类取决于观察的前后顺序。如果从计划的未来开始，那么自然就是另一种分类了。

2.1.1 未来在多大程度上是可以想象的？

每一种人们看懂和能够看懂的未来都必然是可以想象的，这一点似乎显而易见。可以想象的在这里与可以设想的、可以知晓的和潜在的是同义词。如果存在可以想象或可以设想的未来，那么，至少理论上应该存在对人类来说不可想象或无法设想的未来，而且这是一个空白的量，没必要去想到底有多少。因此，未来由可以想象的和不可想象的两部分组成。

[未来]=[可以想象的未来]+[不可想象的未来]

从可以想象这个概念中再加以区分，某种未来是否已经被想到过了。可以想象的未来通过想象这个动作变成了想到过的未来。

那么，想到过的未来就是可以想象的未来的一个子集。

[可以想象的未来]=[想到过的未来]+[没想到过的未来]

下面是前美国国防部长唐纳德·拉姆斯菲尔德（Donald Rumsfeld）说过的一段话，从中可以看出，连高层政客也要应对关于想到过的未来和可以想象的未来的问题："我们知道，有些事是大家都知道大家知道的，就是那些我们知道我们已知的事情。我们还知道，有些事是大家都知道大家不知道的，就是说，我们都知道有些事我们未知。但是还有些我们不知道不知道的事情——那些我们不知道我们未知的事情。"

2.1.2 未来的可能发生性如何?

说到未来,大多数人无疑会想到可能发生性的问题。毕竟人们本能地知道,了解未来是多么有价值。

可以想象的未来和可能的未来

某种未来要达到"可能发生"这个标准,它必须首先在物理上是可能的。依赖太阳能和氢气发展起来的世界经济,消除饥饿以及持续平衡的国家财政毫无疑问在物理上是可能的。但这三个例子的可能发生性却值得商榷。被反复提上计划的安装航天电梯这件事,就是"悬挂"在同步卫星上的天梯,理论上也许是可能的,但它的可能性既无法通过实践来证明,也无法通过实践来排除。在 1995 年以前,太阳系以外存在其他星球的可能性也属于这种情况。谁要是质疑这个可能性,就会被视为无知或孤陋寡闻,即便在 1995 年之前并没有证据证实。如今每个月人类都会发现大约两个新的行星。2005/2006 年之前,制作隐身衣被视为不可能。现在至少在物理上已经有些明显的数据甚至一些试验为其提供支持了,即借助相应的装置使光线改变方向从而实现隐形效果。

[未来]=[可能的未来]+[不可能的未来]

可能的东西,必然是可以想象的。可以想象的东西,也许是可能的。可以想象,但物理上行不通的另一个例子是"隔空取物",即使已经有少数成功的试验找到了跨距离传送物品的某些特性的办法,但这却不是真正意义上的"隔空取物",即跨距离传送物品本身。

[可能的未来] 是 [可以想象的未来] 的子集

可以这么说,并不是所有可能的事情都已经确确实实被想到过了。可惜我们对此无法给出证明,因为首先,没有人能知道所有已经被想到过的事情。其次,假如我找到了证据,那么这个没被想到过的可能性将立刻变为已经想到过的可能性,这个证据也就不复存在了。

已经被想到过的事情,可以是,但并不必然是可能的。可能的事情,可以是,但并不必然是已经被想到过的。那么,可能的未来与想到过的未来之间有一个交集。

[可能的未来] 与 [想象过的未来] 之间有一个交集

我们还可以顺便给乌托邦下一个定义,即虽然可以想象的,但却不可能实现的未来。

[乌托邦]=[可以想象的未来]–[可能的未来]

可能的事情,也是可以想象的。可以想象的事情,可以是可能的。不可想象的事情,不能是可能的。你还跟得上吗?

合理的未来

除了纯粹物理上的可能性,再分出一类合理的未来看来是很有必要的。要做到合理,就得有充分的理由支持这个未来真的可以发生。虽然说你的新产品在一年之内达到 100% 的市场份额,这在原理上是可能的,但这通常是不合理的,至少把时间限定在一年之内是不合理的。那么,未来可以是原理上可能的,而不必同时做到合理。

[可能的未来]=[合理的未来]+[不合理的未来]

可能的事情，可以是合理的。合理的事情，必须是可能的。

[合理的未来] 是 [可能的未来] 的子集

可能发生的未来

合理的未来既是可能的未来，也是想到过的未来，也就是两者的子集。而当一种未来同时是可能的和合理的，它也许仍然是不可能发生的。你可以信誓旦旦地说出你要怎样让你的新产品在一年之内达到 90% 的市场份额，或者你要如何用同样的时间拯救世界上 80% 的饥民。无论你的论据多么合理，无论你的战略多么才华横溢，有理性的人还是会认为其可能发生性很低。[①] 那么，可能发生的未来是合理的未来的子集。

[可能发生的未来] 是 [合理的未来] 的子集

时间的界限向未来延伸得越远，未来的可能发生性中主观判断的成分越多，而数学分析的成分越少。这一点特别适用于由人类创造的社会的、政治的和经济的未来。对于地震来说反而可以把可能发生性的计算做得相当准确，因为它不说清楚，"一万年一次"是指明天还是两万年之后。说得简单一点就是：未来之事的可能发生性是人估算的结果，数学分析仅能对其进行部分解释。因此，这里所指的可能发生性其实更多的是主观的"预期可能发生性"，而不是数学上的可能发生性。

如果观察一下人类关于可能发生性的思考和交流的行为，你就会发现大致可分为三类。我们判断某件事要么是可能发生的，要么是不可能发生的，要么

---

① 在这种情况下也可以说现实的未来——拉扎克（Razak），2000。但"现实的"这个词也可以用来形容某个意图，然而其意义却有别于传统意义上的可能发生性，因为形容意图时要考虑到自己对环境的干涉作用。

是既不是可能发生的也不是不可能发生的，也就是说"中度可能发生的"。

[合理的未来]=[可能发生的未来]+[中度可能发生的未来]+[不可能发生的未来]

意外的未来

到目前为止，我们在思考可能发生的未来过程中始终假定我们有意识地去观察可能的和合理的未来，然后去估计它们的可能发生性，也就是发生概率。可是还有些未来是我们根本没想到过的，一旦出现这种情况怎么办呢？服务于私人的 P2P 资本市场的出现，如 Zopa（www.zopa.com）和 Prosper（www.prosper.com），是大多数银行家没有预料到的。我们把这种情况命名为意外的未来。还有一种会导致意外的情况，那就是某种未来我们虽然观察到了，但却有意无意地把它归为不可能发生的未来。当我们，比如在机场办理登机牌时产生的飞机会坠毁的想法，或者印度尼西亚会出现类似 2004 年那样海啸的想法，或者虽然生活方式谨慎却会感染 HIV 病毒的想法，或者在脑海中被挥手抹去的重要客户会倒闭的想法，一旦认为不会发生的事情真的发生了，那它们就属于意外的范畴。也就是说，有没想到过的意外和想到过的意外。

[意外的未来]=[想到过的意外的未来]+[没想到过的意外的未来]

由于我们绝不可能准确地知道，什么是可能的，什么是不可能的，所以还会存在另一种意外的未来，就是在它们出现之前，我们原以为这在物理上是不可能的。这一点对于合理的未来同样适用。

[意外的未来] 与 [可能的未来] 之间有一个交集（按照现有知识）

[意外的未来] 与 [合理的未来] 之间有一个交集

2.1.3 未来在多大程度上是可塑的？

想一想被归为可能发生的那部分未来，最容易想到的是周围我们无法施加影响的一块。但如果我们思考一下我们自己的未来，作为个人也好，团队也好，或者一个机构，那么首先考虑的应该是具有"可塑性"（同义词如可作为性和可实现性）的部分，然后是可寄予希望的部分。

以消极的方式看待可能发生的未来的人会认为，我们所处的环境如何发展绝大部分与我们的所作所为是无关的。消极的未来看法的基本判断是，如果要对未来将发生在自己身上的事情及时做出准备，则必须预见到将要发生的事情。这时，我们是在由外而内地思考未来，我们主要是被动的，跟随发生的事情而做出反应。

以积极的方式看待可塑的未来的人会认为，我们所处的环境大部分将像我们希望的那样发展。积极的未来看来的基本判断是，如果要让未来变成我们希望的样子，则必须塑造或者创造未来。这时，我们是在由内而外地思考未来，是主动的和发挥作用的。

你能够在一定范围内自己打造你的未来。这个范围越大，对你、你的家庭、你的企业、你的组织或者你的国家越有利。但并不是每个人都是自身幸福和处境的主宰者。不光是那些无助的孩子和忍饥挨饿的人不能，在身体上、精神上、财物上或是其他方面有所缺憾的任何一个人都只能在有限的尺度内将未来塑造得更好些。

欧盟或者美国的法治体系、全球的军事安全状况以及气候变化，这都超出了我们每个人的直接影响范围，对大多数企业和组织来说也是如此。当然，滴水穿石，这句话在 20 世纪 70—80 年代成为流行的口号。人们说，众志成城，我们能够改变一切，限制我们的只有我们的想象力、资源和时间。可是如果我

表 3：对待未来的消极和积极看法

标准	消极看法	积极看法
焦点	■当事人的外部世界	■当事人的内部世界
思考方向	■由外而内	■由内而外
主导思想	■预测未来，并使自己和内部世界与之相适应	■创造未来，塑造未来，并适应外部世界
可塑性	■微乎其微 ■未来几乎完全不受当事人影响	■相当高 ■未来在很大程度上能被当事人塑造
方法角度	■分析性的	■创造性的

表 4：看待未来的消极和积极观点

标准	消极观点	积极观点
心态	■观察着的 ■分析的/逻辑的 ■批判的 ■保守的 ■宿命论的 ■悲观的/现实的 ■评估的	■富于想象力的 ■直觉的 ■富于创造力的 ■进步的/有改革力的 ■行动的 ■乐观的/现实的 ■决定的
可以归入其中的未来分类（见下段）	■可以想象的未来 ■想到过的未来 ■可能的未来 ■合理的未来 ■可能发生的未来 ■意外的未来	■可塑的未来 ■希望的未来 ■计划的未来

们现实一点，那么更有理性的观点应该是我们所处环境的很大一部分都不受我们的直接影响力所制约。如果真如最新公布的大脑研究成果所言，那么甚至连我们自己身上的一些部位都是不受我们制约的。

未来作为一个整体，总是由积极看法下的未来和消极看法下的未来两部分构成。你必须判断周围环境的未来，从而根据目标决定你自身的行为。通过你的行为，你又对周围环境产生某种影响，虽然这种影响通常很微弱。人们既追求着看得见的未来，也追求着拿不准的未来。这个道理吕克特（Friedrich Rückert）[1]表达得最为优美：

> "人类的幸福在于两点，那就是未来于他们而言既是确定的，又同样是不确定的。"——吕克特

2500年前，伯里克斯（Perikles）就给出了关于什么更重要的明确建议，即我们的任务不是去预言未来，而是让自己对未来有所准备。按照伯里克斯的看法，我们只有在一定范围内做出判断，才能对未来有所准备。所以说，你的任务虽然不是预言未来，但首先是推断未来。库尼亚（Cunha）也曾指出两者的根本区别，他将之分为"foresightas prediction"，即消极推断未来，和"foresight asinvention"，即积极打造未来。

为了具有可塑性，未来必须是可以想象的和可能的。

| 可塑的未来 | 是 | 可能的未来 | 的子集

由于人类的思维和行动可以是非理性的，那么可塑的未来并不一定是合理的，即使有时候在非理性的论据支持下，非理性看起来也很合理。

---

[1] 德国诗人。——译者注

[可塑的未来] 与 [合理的未来] 之间有一个交集

[可塑的未来] 与 [可能发生的未来] 之间有一个交集

合理的未来与可能发生的未来都有一部分是可塑的。在很多发达国家，出生率低于 2% 是可能发生的。但对于具有强烈意愿并付出巨大努力的个体来说，这在一小部分人那里是可塑的。假如我们从事的行业非常明显并且很可能将陷入危机，我们虽然无法阻止整个行业的危机，但却能改变我们自己的可能发生的未来，只要去其他行业寻找订单就行了。

2.1.4 未来在多大程度上是值得追求的?

我猜想你对理想的未来，特别是关于自己的未来，一定或多或少有些憧憬。很多人清楚地知道自己在健康、伴侣、资产等方面想要的是什么。虽然未来不能完全凭自己决定，但至少多数人都能说出在众多种情况中他或她喜欢将哪一种作为自己的未来，就好比从好多个度假目的地中选出最想去的那个。假如连从值得追求的未来中做出选择都觉得困难的话，至少应该知道，哪些是不想要的。

最简单的未来分类法大概就是按照乐观的估计、悲观的估计和现实的估计三种标准来划分未来。从语义学和本体论的角度，我认为被追求的未来与乐观估计的未来之间有着本质的区别。人们持乐观态度时，是将"未来"作为整体看待，而"被追求的未来"却是与追求主体有直接关系的未来。悲观估计的未来与担心的未来之间的关系也与此类似。

被追求的未来

可塑的未来可以是，但并不一定是值得追求的，更不一定是被追求的未来。

那么被追求的未来是否应该同时是可塑的未来呢？关于这个问题，我们还得再想一想。成功顾问们常说，人们只愿意给自己设定能够实现的目标，否则就会遭受挫折。把这条原则推而广之，就会找到在值得追求的未来和被追求的未来之间小小的、却重要的不同之处。被追求的，就是被当作具体目标的，一般来讲是值得追求的子集。人类的梦想和愿望是无止境的，但我们能有效追求的比起所有我们想追求的要少得多。150岁的寿命应该说是值得追求的，但理性来讲却几乎没有人真的去追求它。比尔·盖茨的财富总是被人们津津乐道，这样的财富也许是值得追求的，但如果在财富榜上根本无法望其项背，那么也极少有人真的去追求。

[被追求的未来]是[值得追求的未来]的子集

如果有人追求某个特定的未来，那么这一块未来不会与可能发生的未来完全重合，否则就没必要产生这个愿望了。如果一家企业的最高管理层确定或者宣布了一项关于被追求的未来的愿景，那么它将包含一些规定性的内容——确定一个有约束力的基本方向，还有一些示范性的内容——展示给员工应该如何以及朝哪个方向努力，从而实现领导层所追求的未来。

如果你能把被追求的未来理解成有约束力的目标设定，而不仅仅是值得追求而已，那么你就从整个可塑的未来中甄选出了被追求的未来这一部分，就像哲学家和成功学家异口同声建议的那样。

[被追求的未来]是[可塑的未来]的子集

计划的未来

那个被你认定为可塑的，并归为被追求的未来同样是可计划的。通过制定规划，你将被追求的未来分解为一系列有计划的行动。有计划这个词的意思是你意志坚决、不折不扣地去做，去实现你所计划的事情，尽可能不出现偏颇。因此，计划的未来在时间上来讲要比被追求的未来离我们更近一些。

[计划的未来] 是 [被追求的未来] 的子集

担心的未来

希望的未来的反面就是担心的未来。为什么这个模型里只有被追求的未来这个分类，却没有担心的未来呢？你担心的未来是什么呢？你之所以担心这样的未来，是因为它让你目前的整个企业战略或你的人生理念岌岌可危。如果你基于某些未来判断做出了重要的未来决策，而这些未来判断被证实是错误的，那么这就是上面说的担心的未来的情况。如果你判断你的工作无法由计算机完成，那么你就会担心出现一种未来，那时你这个判断被证明是错误的。如果你判断你的核心技术，比如用于汽车的橡胶膜，不会被电子原件替代，那么你就会担心出现刚好相反的未来。当然，你还担心会让你在身体上或心灵上遭受创伤的未来。

然而，你还会对一些根本没具体想象过的未来感到害怕。你知道，预先根本没想到过的未来会给你带来意外，可以想到，在有些未来的情况下你目前的战略会变成错误的或者不利的。担心针对的是具体的威胁，而害怕是因为你不知道具体的威胁是什么。

如你所见，我们人类对以任何形式出现的所有意外情形都怀有担忧，原因就是我们对其抱有不同的期望，或者我们根本就没有对其抱有期望。但如果有些并不意外的事情能够对我们造成损害的话，我们也会担心。所担心的事情可以是可能发生的、中度可能发生的、低度可能发生的、只是合理的、只是可能的或者只是可以想象的。人们几乎会把所有不希望出现的事情都归为担心的或者害怕的。如果我们想充分反应出现实情况的话，则还要考虑那部分无差别的未来，就是说，那些我们既不特别追求也不特别担心的未来，那些对我们来说根本无关紧要的未来。那么我们就可以说，担心的未来必须通过别的未来去定义，因此它在图中并未表现出来。担心的未来等于整个未来减去被追求的未来和无差别的未来剩下的部分。

[担心的未来]=[未来]–[被追求的未来]–[无差别的未来]

2.2 你的五色未来眼镜

十个未来的模型让你对"未来"这个听起来如此简单明了的概念有了更多角度和更为复杂的理解。而且，它还让你在试图管理未来的时候，心中多了一分谦逊和敬畏。为了对未来的复杂性有所掌控，我们需要一个简化的模型帮助我们理解未来。让我们既不会不堪重负，也不对未来做过分简化。

2.2.1 从多种未来到未来眼镜

从表 4 中可以看出，十种未来按照五色未来眼镜这个显然更加简单的模型进行了总结。关于五色未来眼镜的功用，你在前面第 4—5 页中已经读到过了：

未来眼镜的颜色是依据各种色系的特点确定的。蓝色让我们想到冷静、谨慎和有逻辑性的分析。红色代表着意外和（很多时候是）威胁。绿色对我们来说是充满创造力、机会和选择的颜色。黄色被我们理解为决定方向的颜色，这个方向指的是愿景意义上的方向。最后的紫色被视为计划和行动的颜色。

表 5：未来的种类与五色未来眼镜		
未来的种类	主动 / 被动	五色未来眼镜
■ 可能发生的和不可能发生的未来 ■（合理的未来）	被动	蓝色未来眼镜 判断－分析：辨别周围环境中可能发生的变化
■ 意外的未来	被动	红色未来眼镜 意外－分析：辨别可能的意外
■ 可塑的未来	主动	绿色未来眼镜 机遇－发掘：辨别未来的各种可选行动
■ 希望的未来	主动	黄色未来眼镜 愿景－制定：确定长期的未来展望
■ 计划的未来	主动	紫色未来眼镜 战略－制定：确定未来要采取的必要行动
■ 可以想象的未来 ■ 想到过的未来 ■ 可能的未来	主动和被动	无法明确归于某种未来眼镜的未来

"可想象的未来"、"想到过的未来"和"可能的未来"这三个类别过于基本，且与每种视角都有关系，因此无法明确归入某个颜色的未来眼镜项下。说得更准确点，它们适用于任何颜色的未来眼镜，因为它们为不同的观察未来方式提供了思维上的原材料。

最佳排序

理论上讲，为了列出一套方法步骤，五色未来眼镜总共可以排列（排列组合）出 120 种顺序（5! = 5×4×3×2×1）[①]。然而，上面表格中列出的顺序通常是最有用的。那么，我们如何知道哪一种顺序对于大部分应用案例来说最合适呢？答案是，根据五个原则。

1. **首先得由外而内地进行思考**：人们要认识环境，才能知道自己该何去何从。

2. **人们必须先看可能发生的事情，然后才能定义什么是意外的事情**：蓝色未来眼镜必须排在首位。

3. **先愿景，后战略**：战略在这里被理解为通往目标之路。因此，黄色未来眼镜要排在紫色的前面，而紫色必须排在最后，这样才能让所有未来眼镜都成为实践行动的基础。

4. **先机遇，后愿景**：人们需要有选择的余地，才能做出决定。也就是说，绿色未来眼镜要排在蓝色眼镜之后，而又在黄色眼镜的前面。

5. **意外中包含着机遇**：在潜在的意外中可以发现机遇，所以对意外的观察要排在绿色未来眼镜之前。此外，看待意外的目光也是投向周围环境的，所以红色未来眼镜是对蓝色未来眼镜进行的补充，必须紧随其后。此外，意外还有使愿景和战略更为可靠的作用。在整个流程中，红色未来眼镜在制定愿景之后还会再次被用到。

2.2.2 怎样能轻松记住五色未来眼镜

为了找到一个能让人轻松记住五色未来眼镜顺序和特点的故事，我花了很长时间。到目前为止，我能找到的最好结果就是多桅帆船船长（Windjammer-Kapitän）的故事。请不要纠结于个别词句，也别计较它是否符合海员生活的实际。这个故事只是为了帮助你在脑海中呈现出五色未来眼镜的情景，使你更容

[①] 即"5 的阶乘"。

易记住它们。这只是一种记忆技巧。

多桅帆船船长的五色未来眼镜

请想象一位大帆船的船长带着他的船员朝着遥远的、未知的目的地扬帆启程。为了让他的船有个好前程，他必须不时地对接下来几个小时和几天时间中大海和天气的情况做些构想。船长和船员们都要倚仗自然的力量。这是他们无法施加影响的，更谈不上随意控制了。对未来的天气进行创造性的思考也无济于事，因为幻想在这里没有用武之地。船长必须弄到些气象数据，然后根据经验、观察力和逻辑思考得出自己关于未来的假设，也就是关于接下来几小时和几天中天气的判断。

聪明的船长不会仅仅依赖自己的判断。他会询问船上的船官和他的气象专家关于未来的个人看法。这些看法中有些他不能接受，而船员们也未必能全盘理解他的看法。在交换意见和理由之后，一幅共同的关于未来天气情况的画面才逐渐宣告完工。基于这幅共同的画面，帆船的行船战略得以制定，即便就某些问题还存在一些争议，比如在风向方面。理想情况下，即使最终发现别的未来判断其实更接近真实情况，也不影响这个战略的可实施性。

> 当这位船长仔细观察大海和天空时，他看到的主要是什么颜色？蓝色！他戴着蓝色未来眼镜去看可能发生的未来。

在驶向未来的航程中，这位船长能做到有十足把握的只有一件事：那就是未来将让他感到意外。很多事情都会带来意外：巨浪（30多米高的野兽般的大浪，其实每天会出现两次[①]），强风暴或者海盗。即使在今天，海盗仍然威胁着航海人员的人身和财产安全。所有这些都是不大可能发生的事情，但其可能性

---

① 过去的理论认为波浪是线性的。按照这个说法根本不可能存在异性波。如今人们知道了，波浪像自然界中的一切事物一样，不能以线性的方式来观察。

仍然存在。

船员们会根据他们掌握的知识来回避这些威胁。他们可以选择风险小一些的路线，如果遭遇海盗的危险实在太大的话，甚至可以另选一个目的地或者改变整条航线。无论如何，海员们都得带上防护设施和自卫武器，并通过培训让船员知道如何应对遇到海盗或遭遇巨浪的情况。总之，船长必须让他的队伍做好准备，一旦遇到突发情况立即启动应急战略，这有这样才能使他的船在意外情况下得以保全。

> 如果突然遭到海盗袭击，会流淌……对，鲜血。那么，鲜血是……红色的！船长戴着红色未来眼镜应对意外的未来。

下一步，船长要考虑的是他和他的队伍要去的可能的目的地。哪些丰饶的陆地和岛屿是能到达并能占领的呢？这不是一般的航行问题，而是关乎探索未知地域的问题。从没有人到达过那里，船员里没人到过，即便是在他们国内也没人到过那里。这些可能的目的地只是从传说里听到过，有些就连是真的存在还是仅仅是幻想的产物都值得怀疑。除了这些，船长和许多船员都有自己的想法，并且各自在脑海中把自己认为值得一探究竟的目的地勾画得绚丽多姿，进而变得对这些富饶陆地和岛屿的存在充满信心。在大家对可能的目的地集思广益的时候，大家很少凭借以往经验，更多的是团队的想象力和创造力。不少例子证明，经验主义的逻辑性甚至会妨碍绝佳机遇的发现。

> 当船长遐想那富饶的岛屿和大陆时，他首先会看到什么颜色？绿色！他戴着绿色未来眼镜去看可塑的未来。

在这些凭空想象出来的目的地中，只要船长和他的长官们还没决定选择哪个，那么他们就只能抛锚等待，或者在漫无目的的航行中消耗时间、体力和金钱。他们必须做出决断，在这些可能的、值得一探的目标中到底要朝哪个驱船而行。他们仅有这一艘船，无法驶向多个方向，也无法实现多个愿景。愿景在这里只能是单数。他们之前想象出来的那些目的地只是候选数据库而已。那么，哪些候选的愿景与他们对天气和海上情况做出的未来判断相适应呢？哪些愿景与团队的潜力和能力相匹配呢？

在同时有很多其他船只参与竞争，而每个目的地仅能容纳有限数量的船只维持生计的情况下，哪些是这艘船花费合适的时间和合适的财力支出能够到达的呢？哪些备选的愿景能激发出团队的热情呢？总之，船长和团队将选出其中一个备选愿景。通常他们会选择一个阳光最好、沙滩最美的地方。

当多桅帆船船长选择阳光最好、沙滩最美的岛屿时，他看到的是什么颜色？黄色！他戴着黄色未来眼镜去看希望的未来。

船长和他的船员们估算了大海和天气可能发生的变化和未来情况，全面考虑了意外情况并制定了应急战略，把作为机遇的可能的目的地设想并评估了一番，确定了愿景，那么接下来要做的就是规划了——创造眼前的未来。船员们定立了通往战略愿景道路上的分目标，用现代的语言来说就是制定流程、项目和系统。此处的关键是实用性和现实意义。此时海员们再次想到了他们面临的机遇。用什么办法能够以最高效和最明智的方式实现战略愿景呢？这个富有创造性的阶段与之前选定目的地的过程非常相似。但是这里要找的机遇是适合他们进行操作的自然条件。这是个关于"怎样做"的问题。毕竟最终落脚点是计划和实施。

> 如果人们在一艘帆船上制定好了航行计划，然后为此全力以赴地苦干实干，海员的手上或身上难免落下瘀青。最严重的瘀青是什么颜色？紫色！船长戴着紫色的未来眼镜去看计划的未来。

船长和他的长官们的任务与企业家及其领导团队的任务极为相似。而且从本质上讲，每个人都是自己人生的董事长，所以帆船的例子实际上适用于每个人的未来管理。无论是坐飞机、坐火车、乘汽车还是坐轮船，前方都有现成的、规定好的路线在等着我们。而当我们迈向未来的时候，这样现成的甚至铺着沥青的阳关大道却是没有的。所以，航行在发现之旅上的多桅帆船这样一个例子是非常适合的，虽说其中一些细节可能让人一看就知道是杜撰出来的。

2.2.3 五色未来眼镜纵览

表6对五色未来眼镜进行了全方位的概括。这些眼镜是你进行未来管理的基本工具。

> "授人以鱼，不如授之以渔。"——老子

下面的章节将以相同的层次结构对每种颜色的未来眼镜进行详细说明：

表6：五色未来眼镜纵览

未来眼镜	蓝色未来眼镜	红色未来眼镜	绿色未来眼镜	黄色未来眼镜	紫色未来眼镜
一级目标	估计周围环境未来可能发生的变化	发现未来可能的意外情况	发现可能的行动可选方案	确定被追求的未来和前景	为实现被追求的未来确定必要的行动
二级目标	■走正确的路 ■做出更好的决策 ■减少风险	■为意外情况做准备 ■减少未来的意外情况 ■保障生存	■提高成功潜力 ■在数量和质量上提升关于愿景和战略的想法	■明确看齐方向 ■发挥成功潜力 ■协调行动 ■找准定位	■将未来战略与可操作的战略连系起来 ■协调行动

续表

未来眼镜	蓝色未来眼镜	红色未来眼镜	绿色未来眼镜	黄色未来眼镜	紫色未来眼镜
例子	■ 到2020年，年龄超过60岁的人将占总人口的1/3。	■ 一种未知病毒导致瘟疫暴发，由此造成数百万人死亡。 ■ 2001年9月11日，1989年11月9日（柏林墙拆除）	■ 我们可以通过使用视频会议设施来提高效率。	■ 我们将会成为首家提供"用户会话界面"的供应商，从而实现人与计算机之间的简便沟通。	■ 我们与一家软件研究所开展合作，以开发"用户会话界面"。
涉及的对象	■ 判断类问题 ■ 未来因素（趋势、科技、主题） ■ 信号 ■ 未来假设 ■ 未来情景 ■ 未来判断	■ 意外类问题 ■ 意外（事件） ■ 意外（过程）	■ 机遇类问题 ■ 未来机遇	■ 愿景类问题 ■ 使命（使命要素） ■ 愿景（愿景要素） ■ 战略准则	■ 战略类问题 ■ 目标 ■ 项目 ■ 流程 ■ 发展机遇 ■ 应急战略
角度	■ 宏观角度 ■ 以外界为导向	■ 宏观角度 ■ 以外界为导向	■ 微观角度 ■ 以内部为导向	■ 微观角度 ■ 以内部为导向	■ 微观角度 ■ 以内部为导向
立场	■ 保持距离的 ■ 被动的 ■ 观察着的	■ 保持距离的 ■ 被动的 ■ 观察着的	■ 参与其中的 ■ 主动的 ■ 进行干预的	■ 参与其中的 ■ 主动的 ■ 进行干预的	■ 参与其中的 ■ 主动的 ■ 进行干预的

续表

未来眼镜	蓝色未来眼镜	红色未来眼镜	绿色未来眼镜	黄色未来眼镜	紫色未来眼镜
心态	■讲求实际的 ■批判的 ■善于分析的 ■基于经验的 ■保守的	■有意识地持悲观态度的 ■善于分析的 ■富有创造力的 ■富有想象力的 ■激进的	■乐观的 ■富有创造力的 ■凭借直觉的 ■富有想象力的 ■激进的 ■善于转变的	■乐观而同时又讲求实际的 ■凭借直觉而同时又善于分析的 ■激进的	■讲求实际的 ■实用主义的 ■善于分析的 ■基于经验的 ■激进的
有害因素	■想创造性地发明未来 ■一厢情愿 ■过于乐观 ■过于悲观 ■将自己的行为计算在内	■思考着可能发生的概率 ■低估意外分析的效用 ■排斥和回避	■批判式的思考 ■基于经验主义的思考	■过于野心勃勃 ■过于谨慎	■过于野心勃勃 ■过于谨慎 ■高估或低估财力和资源的重要性
典型方法	■预测法 ■德尔菲法 ■情景描绘法 ■游戏和模拟	■情景描绘法 ■颠覆判断 ■非常规牌（Wild Card）分析 ■创新方法 ■游戏和模拟	■影响分析 ■创造力方法 ■形态学 ■感情植入	■决策方法 ■构思方法	■规划方法 ■路线图 ■项目管理

1. 概览：以表格形式对主要内容进行概括。
2. 案例：认识该未来眼镜的本质。
3. 意义和作用：这副未来眼镜是做什么用的。
4. 思考对象：人们透过该未来眼镜看些什么。
5. 思考立场和原则：如何看待这副未来眼镜。
6. 方法：怎样使用它。

3

蓝色未来眼镜：
你会遇到什么？

Ihre blaue Zukunftsbrille: Was kommt auf Sie zu?

没人能够预言未来，但要是不试着去做这件事，却又是危险的。

没人能够预言未来，但要是不试着去做这件事，却又是危险的，因为人生或者企业中的每一个决策都要以对未来的设想为基础。少了未来学家，我们每个人都照常生活。但要是少了对未来的判断，没人活得下去。

你的每一个决定都以判断为基础。要么是对当前的判断，也就是被你信以为真的抽象的现实，要么是对未来的判断，因为其自然属性，这判断是尚不确定的。哲学上，特别是认识论中，几千年来人们都把精力放在了研究对当前的判断上。巨匠们的名字，如亚里士多德、赫拉克利特、笛卡尔、康德、波普、哈贝马斯，都代表着某种对认识当前的重要意义的思考。然而，认识未来却是一个相当新的观察范畴。

> 如果我们判断错了，常常要以失去经济学意义上的生命为代价。如果判断对了，那么随变化而来的东风将会把我们推向成功。

就像上面多桅船船长故事里讲的那样，蓝色未来眼镜在乎的是未来你周围环境的发展变化。这副蓝色未来眼镜能够使人类自古以来对预知的渴望得以满足，而无需再仰仗水晶球或别的什么神秘力量。戴上蓝色未来眼镜，有两个问题是你特别要关心的：

1. 什么将会改变，怎样改变？

2. 什么将不会改变?

正如恩斯特·布洛赫（Ernst Bloch）描述的那样，在人类自身的投射式思维的作用下，过去在一定程度上决定着未来的样貌。所以，透过预测属性的蓝色未来眼镜的目光，相对而言较为缺乏革命性和富有创造力的未来构想。毕竟那位船长对海洋和气象状况也无计可施。但就是这样几乎毫无创意可言地看待可能发生的未来，我们却需要它来充当向导。

3.1 蓝色未来眼镜的案例

盟军关于希特勒结局的未来判断

1943年，一份美国中央情报局（CIA）的研究报告中有一个关于判断分析的案例，这一分析后来转化为具体的行动思路（机会）。分析中包含对希特勒9种可能的结局的预测。基于对希特勒行为和信仰的研究，心理学家亨利·默里（Henry A. Murray）提出了9种希特勒最后时刻的情景。他把这些情景作为可能的结果进行描绘，却称之为"predictions"（预言），他还在每个情景后面给出了发生的可能性大小。

1. 希特勒可能会被军队或某个革命派系推翻，之后被关押在一座堡垒中（不大可能发生）。
2. 希特勒可能被一个德国人击毙（不大可能发生）。
3. 希特勒可能授意一个德国人，也可能是一个犹太人对他实施谋杀，进而成为齐格弗里德[①]、恺撒和耶稣那样的殉道者（有一定的可能发生性）。

[①] 齐格弗里德（Siegfried），日耳曼和北欧地区传说中的英雄人物。——译者注

4. 希特勒可能会将自己的死安排在战场上，作为军队的先锋战死，进而塑造出自己保护雅利安人对抗布尔什维克和斯拉夫人的英雄形象（可能发生）。

5. 希特勒可能由于其心理障碍彻底变成疯子（有一定的可能发生性）。

6. 希特勒可能会自杀，就是在最后一刻，并带有强烈的戏剧色彩，比如用一个银质的圆球或者在上萨尔兹堡（Obersalzberg）制造一场剧烈的大爆炸（非常可能发生）。

7. 希特勒可能会自然地死亡。

8. 希特勒可能会流亡到一个中立的国家，并在该地写作他酝酿已久的德国人的《圣经》（不大可能发生）。

9. 希特勒可能会落入反法西斯联盟（简称盟军）的手中（最不可能发生）。

默里在这些情景描述的基础上还提出了一些新奇而又笨拙的建议，比如说散发消息声称所有德军领袖都将被依罪量刑，但希特勒除外。让他知道，为他准备的刑罚中，流放圣赫勒拿岛已经算是较重的了。应该设法让希特勒，这个会让拿破仑都感到吃惊的人物，能想象出自己在圣赫勒拿岛上为未来德国人的抗争写写指引、画画地图，从而续写传奇的情景。可惜不知道盟军在看了这份判断分析报告后制定了哪些战略。

空客和波音之间的十亿赌约

在飞机制造的市场上，几十年来一直延续着一场关于未来的赌局，这里关乎数十亿的投资和数十万的就业岗位。空客和波音展开了一场残酷的竞争。20世纪90年代中期，两家公司的管理层截然不同的未来判断完全反映在了他们各自的产品策略上。

空客对未来的判断是，航空业的决定因素将不是时间，而是成本。基于这样一种判断，空客本着"成本主导"（cost will count）这样一个宗旨设计研发了A380机型，首要目标是提高航空公司和机场的运输量。空客认为，作为大都市交通枢纽的机场会首先出现运量瓶颈，而这个问题将可通过新型大飞机得以解决。与此同时，波音管理层的未来判断却完全是另一番景象。他们认为体型小、速度快的机型将在未来更占竞争优势。在"时间主导"（time will count）的宗旨下，波音将注意力集中在"音速巡航机"（Sonic Cruiser）的概念机型上，这一机型将使小机场间快速直航成为可能。

波音重速度的未来判断被证明是错误的。由于客户对此兴趣寥寥，波音不得不终止仍在设计阶段的音速巡航机的工作。而空客管理层的未来判断相比之下则更为正确。由于激烈的竞争，成本问题成为航空业具有决定性的成功因素。2005年4月，A380客机完成了它的远程处女航。但之后总是由于各种操作问题导致晚点，致使原计划定于2006年完成的首批交付使用不得不多次推迟。实现最佳运行功能是必须的，所以即便是最贴切的未来判断也无法免去这个环节。

2003年12月，波音做出了开发"梦幻机型787"（当时称为7E7）的决定，两大巨头之间新一轮的角逐由此开启了。波音管理层对其未来判断进行了部分修正，虽然仍然认为直飞航班将有所增加，但时间却不再被视为决定性的竞争因素。现在，波音在研发中把燃料效率作为未来最关键的领域，也就是说他们接受了"成本主导"的基本判断。最初的订单势头非常喜人，但也不断有关于波音787飞机晚点的传闻。[①]

各个航空公司作为两大巨头的客户，其实也参与到了这场竞争中。他们对未来的判断是空客和波音制定未来判断的根基。2006年11月，日本航空公司（JAL）表示购买A380飞机并不具有实际意义，并提出一个未来判断，即A380是逆市场趋势的产品，因为航空公司越来越青睐像波音787那样燃料效率高的中型飞机。他们认为，A380在当今的航空市场上完全是个有问题的设计。日航计划在五年内要将机组中大型飞机的比例由62%减少至38%。这场空客和波音之间关于未来的十亿级赌局依然在激烈进行着。

---

① 美联社（AP）（2006）：波音降级后股价下跌，http://biz.yahoo.com/ap/070122/boeing_mover.html，2007年1月22日。

戴姆勒变幻的未来判断

艾德扎德·路特（Edzard Reuter），戴姆勒奔驰公司前董事长，曾决定进行一次尝试，让公司从汽车制造商转型为"综合科技集团"。这个想法根源于这样一个未来判断，即汽车市场在不久的将来会达到饱和，因此单纯依靠这块市场无法继续维持增长并达到足够的收益率。在戴姆勒奔驰公司经历了很长一段时间的实质性亏损之后，路特所做的努力宣告结束。一个错误的未来判断使一家企业陷入了危机。

在集团管理层更换后，路特的继任者约根·施莱普（Jürgen Schrempp）重新将公司的侧重点调整到汽车制造上面来。他认为，未来将只有少数几家规模非常大的汽车集团能够生存下来。因此，他试图将公司建成世界最大的汽车集团之一。这项战略的高潮就是收购克莱斯勒公司，并将两家公司进行整合。几年之后，两家公司加起来的市场价值居然还低于收购前戴姆勒奔驰一家公司的价值。要么是施莱普关于市场变化的未来判断不正确，要么就是他认为克莱斯勒是个不错的并购对象这个想法出了差错。

巴斯夫剥离制药业务板块

有一种未来判断认为，一家销售额只有 20 亿欧元的公司未来在制药业将不可能取得足够的收益。正是这样的判断让巴斯夫公司在 1991 年卖掉了其制药业务板块。此举让巴斯夫能够将精力集中在化工企业具有较强优势和积极未来判断的业务领域。现在，巴斯夫经济上的成功证明了这个判断至少到目前为止还是正确的。

自助财务服务软件

德国的税法以绝对的优势稳稳地坐在世界上最复杂税法的宝座上。早在十几年前，税法的主要内容就被应用到软件中，人们可以通过与电脑程序对话来

未来问题	财务服务领域的价值创造过程将如何改变？
未来假设	2018：相当一部分顾客使用（包括移动设备上的）自助顾问软件处理财务问题并制定长期财务策略。

正面论据	反面论据
■ 在个人用户中，让人们足不出户即可办理银行业务的个人财务管理软件得到越来越广泛的应用。 ■ 越来越多的人在电脑上完成税务申报，并直接通过电子传输提交税务局。 ■ 软件最初只是纯管理工具，后来具备了分析功能，而今已成为交互型的咨询和优化工具。 ■ 本地电脑上安装的软件与在线应用，两者间的界限日趋模糊。 ■ 上网变得越来越便捷。 ■ 在财务问题上，如今很多人最信任的是自己。 ■ 通过软件进行自助咨询能最大程度地保守秘密。 ■ 软件有学习效应，并能带来乐趣。	■ 对很多人来说，用软件进行分析太耗费时间。 ■ 电脑被他人操控的事件不断增多，导致人们对技术程序产生了不信任。

图6：未来假设以及论据一览

完成税务申报。如今，这些软件里甚至还设有女主持人，通过互动帮助你完成整个流程，并且耐心地为你解答所有问题。

假如现在人们碰到一些会计师，他们认为养老保险理财方面的咨询没有税务咨询那么复杂。那么由此人们可以推导出这样一个未来假设：在2018年，相当一部分顾客，意思是大概20%，将在计算机及移动设备上使用手头的自助服务软件来处理财务问题以及制定长期的财务策略。这个看法在会计师那里常常会被一笑了之，他们根本不相信。但如果好好地研究一下表格中列出的论据，人们就会发现，会计师的未来判断站不住脚。这时很多人才突然意识到，咨询服务并不一定非得是人的服务。结果可想而知，判断的基础发生了动摇，人们开始思考完全不同的未来策略。

法兰克福的写字楼地产

德意志银行前董事会和监事会成员乌尔里希·卡尔泰列里（Ulrich Cartellieri）曾在 1990 年引用一位法国企业家的话，这句话后来在银行界可谓人尽皆知："银行业就是 90 年代的钢铁业。"2001 年起，银行业雇员数量真的出现了显著下降。其实这种信号早已非常明显了。

没有哪个德国城市像法兰克福这样依赖银行业来消化它的写字楼地产。有人说，银行们一咳嗽，法兰克福的房地产市场马上就要得肺炎。近 1/3 的房地产为银行所租用。德意志银行自己就曾在一份 2003 年的报告中预测，到 2050 年房地产需求将减少 20%。不断进步的科技带来的越来越多的人居家办公以及人口数量减少，这是需求下降的两个主要原因。

那么，那些建造办公大楼的人做出了哪些未来判断呢？从这些显而易见的信号中他们吸取了哪些教训呢？完全没有。直到 2004 年他们还在大兴土木！2006 年法兰克福的空置率约为 17%，也就是 210 万平方米。其中的 60—70 万平方米是所谓的底商闲置。在这方面其他著名房地产城市都望尘莫及，杜塞尔多夫空置率为 12.4%，慕尼黑为 10.4%，柏林 10.3%，汉堡 8%。2005 年，上述五个城市新竣工写字楼面积比上一年减少了 40%。

> 如果未来判断是错误的，也就是说，如果导航仪指向了一个错误的方向，那么即便是最优秀的船长也会驶错航向。

2001 年以来，股市的表现确实让人失望，这导致大量的资金处于闲置状态。但这些闲置资金不足以充当对房地产投资持乐观态度的理由。假如跟每一位决策者都单独打赌，而且赌注是高额的私有钱财，就赌他是否真的相信这个或那个楼盘能够为他实现计划中的收益，那么会发生什么呢？几乎可以确定，如果真这样做的话有些楼盘就不会开工建造了。这其中的关键在于，通过与个人切身利益挂钩和刨根问底让真正的、个人的未来判断浮出水面，从而使该判断具有可验证性。

养老保险在资金上能够长期维持下去

1932年，莱因霍尔德·洛采（Reinhold Lotze）发表了一本书，其中首次抛出了德国未来出现老·龄化的可能性。该书的题目是《大众之死？》（*Volkstod？*）。作者用金字塔的形状来比喻到1980年时的人口结构，并在书中描述出人口是如何慢慢形成锥形结构的。就这样，在还不知道会发生二次世界大战、婴儿出生潮和避孕药导致的生育率骤降这些情况的前提下，洛采口中的"将要到来的老龄化"问题被提上了日程。后来，到了80年代，这种观点已然家喻户晓，因为所有的保险代理人都在兜售同一种说法，他们认为未来每个劳动者都必须出钱养活一个退休的人。

另一个趋势是人口的流动化，它的信号虽然没有老龄化出现得那样早，但在90年代已经初见端倪了。这场趋势的来临根源于在启蒙运动中诞生的个性化思潮。为了利于职业升迁，或者为了获得经济上的独立自主，与父母同住的人越来越少。此外还有女权主义的蓬勃发展，妇女在社会中的地位发生了变化，特奥多尔·豪斯[1]曾称之为百年来最伟大的革命。在这场革命进程中，越来越多的妇女加入了就业大军，结果就是愿意并且能够留在家里照顾父母的人越来越少，从而导致对专业护理人员的需求不断增加。

然而，1995年，不顾上面这些因素，被当成社会保险制度"第五大支柱"的养老保险面市了。带着要建立最好的社会福利制度和为人民谋福利的美好初衷，决策者们完全不顾劝阻的声音，拒绝将养老保险是否能长久持续的问题摆上辩论台并加以慎重考虑。如果他们肯让公众对这些判断加以评论批判，哪怕就一次，其不可持续性就将暴露无遗，那么养老保险也就不可能施行了。2003年，吕鲁普（Bert Rürup）[2]评价称："已经1995年了，还根据普遍的团结互助原则去建立养老保险制度，这是一个巨大的错误，是在建立一个可以预见无法起效的体系。"[3]

---

[1] 特奥多尔·豪斯（Theodor Heuss），西德第一任总统。——译者注
[2] 吕鲁普（Bert Rürup），德国著名经济学家，主攻健康经济学。——译者注
[3] 《德国时代周刊》，2003年3月27日，第14期。

彼得·欧伯恩德①曾说过，70年代以来，特别是80年代，无数的科学家和实践家都以明确而可靠的数据指出，转移支付法案是一个定时炸弹。1999年，养老保险账户支出就已经超出了保费收入。要想维持住现有保险服务范围，2030年，保险费缴纳比例将必须由1.7%提高到4%，到2050年提高到7%。由于通货膨胀的存在，将保费缴纳比例规定为1.7%以及由此规定的缴费额对于今天尚且年轻的人们来说绝不是一项团结互助契约，这更像一个强加在年轻人身上的无法想象的不平等条约。

当然也有论据支持这项转移支付法案，首当其冲的就是它能"迅速见效"。可是如果为了短期利益不惜制造长期灾难，岂不是无异于吸毒者的行径。所以，未来判断也可以是不理性的认知和对实际情况不理智的解读，这从2004年诺伯特·布吕姆②的一句话中就可以看出来。他说："养老保险经受住了考验，这是一大成功。到目前为止它做到了在不提高缴费比例的前提下得以维持。"⁵③

几个著名的错误判断

有些书籍旁征博引，却只是人类有限的想象力和错误的未来判断的产物。就像1899年美国专利局长查理斯·杜尔（Charles Duell）所做的提议一样，他认为他的专利局应该关门歇业，因为所有重要的东西都已被发明出来了。《新闻周刊》（*Newsweek*）1963年还在引用英国天文学家哈罗德·斯潘塞爵士（Sir Harold Spencer）的观点，认为人类实现登月至少还要经历几代人的时间。即使真的登月了，也无望返回。

"一件毫无用处的产品"，《纽约时报》（*The New York Times*）1985年在微软Windows 1.0.推向市场时做出了这样的评价。1989年7月，也就是在柏林墙

---

① 彼得·欧伯恩德（Peter Oberender），德国经济学家，现任德国拜罗伊特大学国民经济学教授。——译者注
② 诺伯特·布吕姆（Norbert Blüms）德国前政要，1982-1998年担任德国劳动与社会福利部部长。——译者注
③ 《德国医生报》，2004年3月31日。

倒塌的几个月前，施罗德[①]还在这样想着："联邦德国已走过了40年的历史，不应该再拿统一的机遇去哄骗新的一代了。这样的机遇不存在。"德国《世界报》（*Die Welt*）在2001年还写道，因特网不会成为大众媒体，"因为它不具备大众媒体的灵魂。"。[②]

3.2 蓝色未来眼镜的意义和作用

无论是个人生活中还是商界，你都不能缺少未来判断

你的每一个关乎未来的决策和作为，乃至你的整个人生理念都有相当一部分是在未来判断的基础上产生的。其实在你生命中的每时每刻，你的未来判断都在影响着你做什么、不做什么和怎样做，虽然你常常意识不到这一点。这里包括你的事业、你的生活伴侣、你养老的方式、子女的教育以及你的住所。

你公司的存亡和你的战略决策都是以未来判断为基础的。你追求哪一种愿景，你如何构划你的战略，你要研发何种产品，你要着眼哪些市场，你要雇用多少雇员、哪些雇员，你要开除哪些人，你要推行什么样的企业文化，选择哪里作为公司的所在地，你要投资于何处。对所有这些问题你都得或多或少地、有意识地估测未来。所以说，你根本离不开未来判断。

筑牢你的决策和战略基础

只有明确了未来判断，才能去检验在此之上得出的战略构思以及每个决定质量如何以及是否有意义。很少有不合逻辑的或无意义的战略理念。如果企业家或经理人的战略失败了，很少是战略本身的问题，更多是因为错误的未来判

[①] 格哈德·施罗德（Gerhard Schröder），德国前总理。——译者注
[②] 《世界报》，2001年3月24日。

断。事业也好，企业也好，成败关键在于作为基础的未来判断质量如何。

蓝色未来眼镜的作用不是预测未来，而是检查未来判断

蓝色未来眼镜旨在将未来判断带到意识的表层，然后评判并提高它的质量。这项针对未来判断的工作就像是在做一个小艺术品。你非常肯定你对未来估计得非常好，虽说你不能预言它。这乍一听好像自相矛盾。当你将你的未来判断带到表层，你就能够有意识地对待它了。然后，你可以不断掌控它的正确性，并辨别出潜在的意外情况。你可以邀请你的同事、专家、员工和朋友，通过提问的方式来检验你的未来判断，比如借助下面这些问题：

1. 你们会遇到哪些问题？
2. 在你们看来，这其中还缺少哪些假设？
3. 你们有些什么判断？
4. 你们估计这事的可能发生性如何？
5. 这些支持和反驳某个假设可能发生性的理由你们怎么看？
6. 哪些理由被我们忽视了？

增强你的方位感，提高你的安全指数

严格来讲，你对未来的一切都无从知晓，所以有根据的未来判断可以在一定程度上给予你方位感。将目光透过蓝色未来眼镜，你将得到一幅画面，呈现出可能发生的未来，里面包含了那些重要的观察区域和观察对象，比如顾客、市场、竞争对手、科技、环境和法规。

做好未来判断的工作能够减少可能的未来的数量。未来判断的作用就像数学题里的各种条件，目的是缩小寻找答案的范围。

> 未来判断是一种思维工具，它可以满足我们预知未来的需求，而又不必去预言未来。

未来越是不确定，对未来判断进行细致加工越显得必要而重要。错误的未来判断会导致形成危险的战略，最终引向危机的处境。优质的未来判断可以保证你 50% 以上的决策是正确的。豪赫蒂夫（Hochtief）公司董事汉斯－彼得·凯特尔（Hans-Peter Keitel）就曾将此作为追求的目标。[1]

未来的复杂性得以降低

社会、经济和政治上的变迁现象复杂性极高。对趋势以及对未来的发展和状况的判断可以帮助你减少这种无法避免的复杂性，进而使你对未来的思考变得简单一些。真正意义上的全面未来分析需要大量时间，在现实中你永远无法拿出这么多时间来。如果未来判断提出得有理有据，同时又被整合到一个整体模型里，那么这将帮助你抓住其中最基本的东西。

可以说，一个真正有用的未来判断必然有相当一部分是错误的。这里所说的错误是指一部分未来被剔除出去了，因为只有这样做才能实实在在地降低复杂性。

在良好的未来判断的帮助下，你可以将细节和琐碎的判断整合成一个有意义的、完整的网络。

你会更好地理解今天发生的一切

为了获得良好的未来判断，你需要深入理解市场和你周围环境的运行方式，不管是过去的还是现在的。只有理解了变化发生的机制和逻辑关系，才能形成可靠的未来判断。前者是后者不可或缺的条件。你的未来判断在总体上必须是

---

[1] 出自海茵茨·高德曼（Heinz Goldmann）在 2004 年 10 月 11 日的访谈。

一致的，意思是不能有太多自相矛盾的地方，但完全没有矛盾别说是未来，就连眼下的现实也做不到。

关于未来的沟通会变得更加便利

如果未来判断理由明确，当你就未来进行沟通时，产生的误解会显著减少。在讨论时，大家能更好地理解彼此的想法、评判和决定是在哪些未来判断的基础上得出来的。通过这种方式，你可以与员工更加简单而准确地就未来交换看法。

你将很容易地整合对未来的各种不同见解

关于未来，每一个暂且显得奇怪而又没来由的看法都可以通过未来假设的方式表达出来。未来假设只是一些立论，如果给它们附加上预期的可能发生概率，那么它们就变成了未来判断。如果你在主持一次研讨会时碰到与会者提出的一些古怪想法，那么你可以将之组织成未来假设，从而为自己解围。任何一种关于未来的见解，只要能够很好地表述成未来假设，那么我们就能对这种见解加以探讨。

你将获得网罗未来知识的工具

透过蓝色未来眼镜的目光带有欲求知识的属性。未来判断是关于未来的命题，它的一个重要价值就体现在你可以在通往未来的道路上不断地检验它的真伪。一旦一个未来判断被说出口或者落在纸面上，那么在人的意识中也就有了它的一席之地。意思是说，人只会意识到已认知的事物。虽然说得这样绝对可能不完全准确，但毕竟这句话说明了很多事实。你以未来判断为出发点去监测周围环境可能的变化。如果 IT 业的一个领导团队形成了这样一个判断，即在未来十年内，电脑将能够通过语音进行操纵，操纵者仅需要具备成年人一般的会话水平就够了。那么，这些业界专家将减少对依赖键盘的解决方案的投资，而同时将极为关注那些支持或者反驳其未来判断的种种信号。可以说，未来判断会成为知识的吸引器，也就是未来信号的引力核心。

3.3 蓝色未来眼镜的思考对象

透过蓝色未来眼镜，人们看到的是什么？这里的"思考对象"该叫作什么呢？它们就是：

- 判断类问题
- 未来要素
- 信号
- 未来假设
- 未来情景
- 未来判断（预期、非预期和或发）

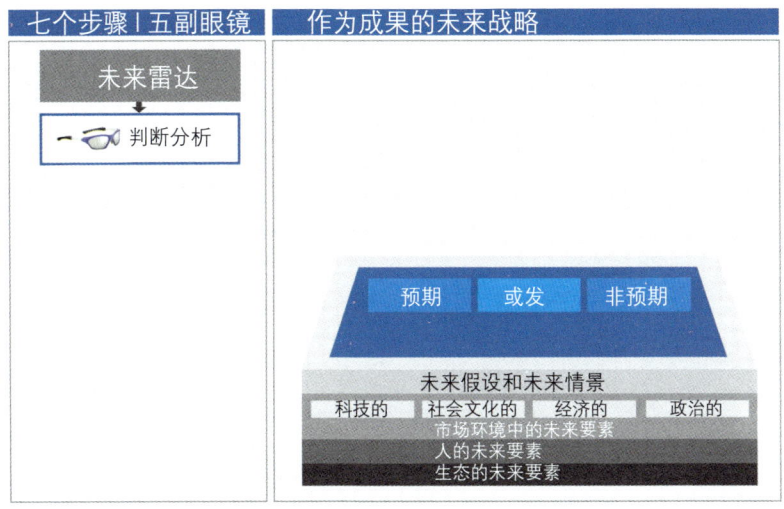

图 7：蓝色未来眼镜及其思考对象

判断类问题

每种颜色的未来眼镜都有一种特殊形式的未来问题。未来问题让我们得以自然而然地切入到未来管理的内容中去。

> 判断类问题用以确定你对所处环境中很可能会发生的发展变化主要有哪些认知需求。

当你戴上了蓝色未来眼镜，也就是提出了判断类问题。在船长的故事里，这相当于提出海上和天气变化的问题，也就是说要问那些最重要的、影响帆船和船上所有人生存和利益的东西。这些问题关乎那些决定着你经济意义上生死存亡的要素。带着这些问题，你将能更好地领会和估算这些要素的未来。为了做出经得起未来考验的决策，我们今天必须对周围环境的未来变化了解些什么呢？通常这与以下几方面的变化有关：

- 你的顾客的行为
- 相关科技
- 市场和竞争的情况
- 法律法规
- 自然界的生存基础

如果有一组未来学家，他们都因预测得非常准确而闻名（假定真有这样的人），你可以向他们提五个问题，获得每个答案要支付10万欧元，而且你也有能力拿出这50万欧元，那么你会提出哪五个问题呢？就算是顶级规模的跨国集团的董事会也多半得考虑很久才能确定这些最重要的判断类问题。

表7: 判断类问题举例

行业	未来问题
飞机制造（90年代）	对航空公司来说，未来起决定作用的是飞行价格（对应大型高效飞机）还是飞行时间（对应小型快速飞机）？
电力行业	未来用电需求中的百分之多少将可由消费者通过分散的小型发电站自行生产？
银行业	未来通过电子金融渠道交易的金融服务将占多大比例？
牙科技术	人们日益增强的自我护理意识将造成营业额的急剧下降还是会使牙科保健成为大众市场？
商务旅行	应用越来越广泛的视频电话和视频会议技术将在多大程度上缩减商务旅行？
物流业	不断发展的去物质化和虚拟化（例如音乐产业）趋势导致的运输量减少有多严重？
建筑业	"智能房屋"对市场的决定作用到底有多大？

未来要素

在多桅船船长的故事中，未来要素就是高气压、低气压、风力、天体以及其他决定着环境的因素。它们是未来这道菜的配料。

> 未来要素指趋势、科技和主题，它们是推动未来发生改变的力量。

这三类未来要素同样需要清晰的定义，特别是趋势的概念，因为这个词的使用非常多样化。

趋势指环境中一个或多个变量发生明确的、定向的变化。

科技是一种拓展人类能力的工具。

主题指一种造成未来在一个或多个方向上发生变化的现象。

请区分这六类未来要素：

表8：未来要素的分类	
类别	说明和举例
人的未来要素（需求要素）	人类的基本冲动，它们驱使着人们产生想法和创造科技及工具，去逐利，去结成共同体和社会
生态未来要素	生态状况的改变，例如不断减少的生物多样性、全球变暖或者热带雨林的毁坏
科技未来要素	科技和方法的发展和革新，例如微型芯片、互联网、核电、纳米技术或者基因技术
政治未来要素	权力状况的变化，例如纳粹党上台、恐怖主义蔓延、日益增强的国际合作或者欧洲的一体化
经济未来要素	为了满足人类需求，战略、系统和实践上发生的变化，例如全球化或者市场的单一化
社会未来要素	社会状况、文化和理念的变化，例如个性化、知识的增长、生活节奏加快或者老龄化

未来要素的清单让你可以纵览未来的重要趋势、主题和科技。如果某个未来要素能够影响你的一个或多个判断类问题的答案，并且这种影响是清晰可见的，那么，这个要素与你的企业就是切实相关的。换一种说法，从你的市场的角度看，未来要素既不是过于泛指的，也不是过于特指的。对一家发电厂来说，

"能源创新"就是过于泛指。相反,对一家建筑公司而言,"潮汐发电站"就过于特指了。

未来要素列举
生态未来要素

- 气候变化
- 减少的生物多样化
- 土壤流失和沙漠化
- 森林破坏
- 饮用水短缺
- 石油短缺
- 环境污染

科技未来要素

- 电脑功能不断扩展
- 数据传输能力不断增强
- 显示技术创新
- 信息化
- 网络化
- 去物质化和虚拟化
- 人机交互
- 自动化和机器人
- 电子商务
- 人工智能
- 知识系统
- 电子教育
- 光子信息技术
- 感应技术
- 生物统计学
- 微观科技
- 纳米技术
- 生物和基因技术
- 生态学
- 能源革命
- 物流和交通革命
- 医疗革命
- 材料革命
- 产品和工艺革命
- 功能食品
- 大众定制
- 移动化

政治未来要素

- 民主进程
- 欧洲一体化
- 国家金融问题
- 财政节约型国家
- 自由化
- 不断增强的国际合作

续表

经济未来要素	
■ 跨学科化	■ 市场分极化
■ 全球化	■ 福利分极化
■ 全球经济增长	■ 职场分极化
■ 亚洲繁荣	■ 可持续型经济
■ 发达国家市场饱和	■ 数码货币
■ 全球能源需求增长	■ 顾客摆脱束缚
■ 第三产业和第四产业	■ 海洋经济
■ 网络经济	■ 经营世界化
■ 生产力增长	■ 管理创新
■ 市场碎片化	

社会未来要素	
■ 人口老龄化	■ 便利化导向
■ 区域性人口下降	■ 经验导向
■ 全球性人口增长	■ 新型家庭
■ 城镇化	■ 宗教冲突和道德冲突
■ 知识增长	■ 犯罪和恐怖主义
■ 个性化	■ 加速化
■ 企业家化	■ 复杂性提高
■ 灵活化	■ 养生和均衡生活
■ 道德化	■ 超脱世俗
■ 女性化	

信号

信号是未来要素中描述性和构建性的成分。我给它的定义如下：

信号是关于未来可能的发展变化和事件的信息。

下面这条消息就是一个信号的例子，"20%的外国年轻人和10%的本国年轻人离开学校时未取得毕业证书。"从根本上说，每一条与未来研究或未来战略有关的消息都是一种信号。作为思考对象，信号也被称为征兆，也就是一种未来变化的表象。为了简化一些，我们将信号视为未来要素的组成部分。

未来假设

你的判断类问题通过未来假设得以解答。如果你的判断类问题相对更加复杂一点，那么你需要将多个假设汇总成未来情景（见下文）。

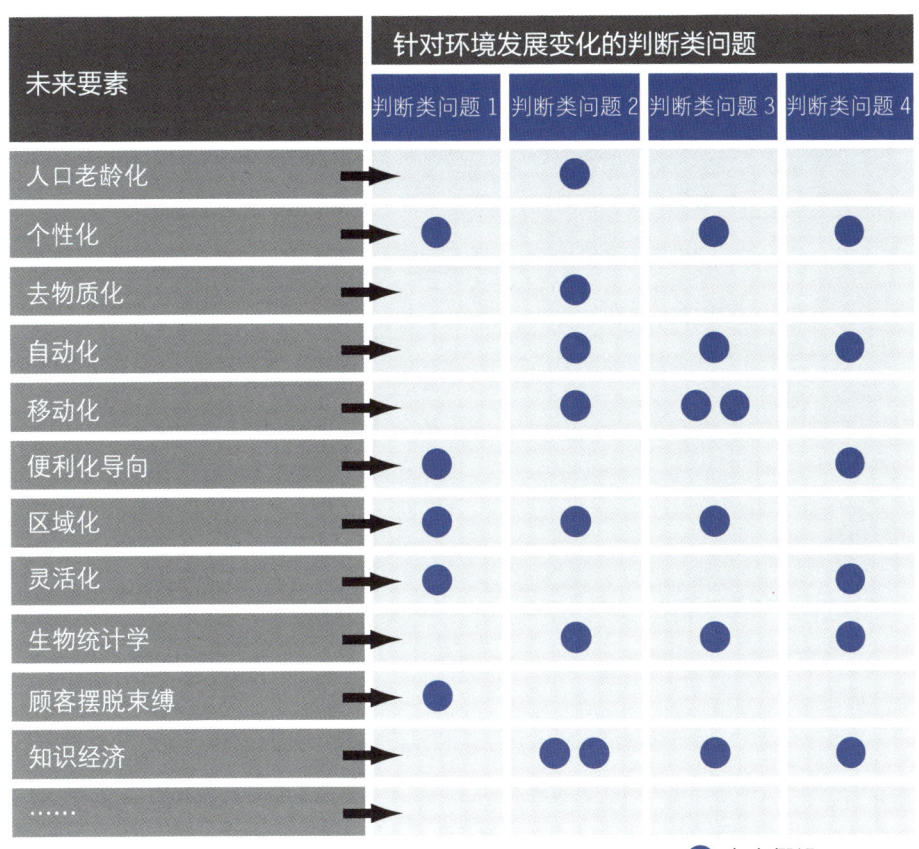

图8：假设与未来要素矩阵

未来假设是关于环境中某个观察对象在未来某个特定时间点可能呈现的状态的一种说法。

最简单的提出假设的途径就是直接对未来要素进行假设。按照图 8 中所示的原则，未来的趋势、科技和主题能够为你的判断类问题提供非常显而易见的答案。

一家发电厂的判断类问题可以通过推导下面的未来要素找到答案：

从表 9 的假设中可以看出，假设并不一定看起来像可能发生的样子，所以它与预言或者预测是不同的。有些假设就像是挑衅式的命题，它的目的只是激发对未来的思考，或者阐明一下未来也可能与预想的情况完全不同。

表 9：发电厂的假设

判断类问题	未来要素	假设 1	假设 2
百分之多少的电将由顾客自己进行分散地生产？	■ 能源革命（燃料电池、光伏技术改进等等） ■ 石油短缺 ■ 气候变化	2025：几乎没有顾客能自己生产电力（0%）。	2025：80% 的顾客自己生产相当一部分（约 1/3）的电力。
"智能房屋"的概念在多大程度上能够实现？	■ 信息化 ■ 个性化 ■ 去物质化 ■ 人机交互 ■ 恐怖主义和犯罪	2025：家居技术始终未发生变化。	2025：每新建和翻修一座建筑都将诞生一座智能的、高度网络化的房屋。

这里还有一些未来假设的例子：

■ 到 2025 年，X 城市中 60% 的人将生活在单人家庭中。
■ 在未来的 7 年中，微型芯片的计算能力将增长 1000%。
■ 到 2020 年，各类极限运动将流行于几乎所有的社会团体中。

- 十年内，高校毕业生比例将提高 10 个百分点。
- 十年内，居民与公共管理部门之间基于网络产生的卷宗资料占所有卷宗资料的比例将超过 50%。

未来情景

未来情景是关于未来情况的复杂的场景。它由多个假设结合在一起组成。你可以将它想象成戏剧或者电影中的一幕。情景这个词也正是来源于此。上文第 19 页曾在"目标混淆"一节中提到了急剧蔓延的气候变化并想象出了一幅对应的画面，这就是情景。未来学家描写道，大西洋暖流改变了方向，致使气候发生了大规模变化。这个情景中包含许多假设，对于干旱和半干旱的、对于各个大陆板块气温变化的以及关于风暴的。

假设好比是迷你版的情景。它回答的是单一问题，而真正的情景是由假设构成的体系，它能同时回答数个问题。情景把多个假设汇总在一起，让我们能更加简便地兼顾变化中的各种作用力、机制和逻辑，并将这些付诸表达和理解。

> 未来情景是由假设构成的体系，它呈现出了一幅较为复杂的可能的未来的画面，有时也描绘出通往该未来的路径。

情景的首要目的是给未来的可能空间加以界定。它拓展了你的想象力。人们一旦想象过或经历过某事，就会更容易地辨别出这种事将要发生的预兆。你将真正地做到从未来中发现更多、理解更多。

未来判断

未来判断是蓝色未来眼镜最核心的思考对象。"我们判断有 80% 的可能性，到 2025 年 X 城市中 60% 的人将生活在单人家庭中"，这句话就是未来判断的一个例子。

> 未来判断是一种对可能发生的未来可信度的看法，这个可信度的表现形式是赋予假设或情景以可能性期望值。

值得注意的是，未来学家极少对未来判断的概念进行研究和表述。就连标准参考文献都没有收录未来判断这一思考对象的定义，这样做的原因估计是作者"判断"没有人不知道未来判断是什么。

未来判断是对未来的情形、过程和事件的容许有争议却又合理的看法。按照上面的定义，未来判断的前提是必须以一个假设或情景作为评判对象。你可以将制作假设和情景的工作委托给他人，也可以从他人手中拿来或者"买"来，但未来判断却只能从你自己的身体里面产生。

未来判断表达的是人们认为未来（假设或情景）

1. 很有可能发生的（预期）；
2. 中度可能发生的（或发）；
3. 基本不可能发生的（非预期）。

人们要么相信某个假设或情景描述的就是真实的未来，要么完全不相信，又或者人们认为该未来出现或不出现的可能性几乎相等。因此，未来判断不是预测，而是关于你内心看法的论断，是认知的表达。

非期望从本质上说有着与期望同等程度的确定性，这一点乍看之下容易混淆。在可能发生性这个参数的正负两极，人们分别表达出了确信某个未来一定会出现和一定不会出现的看法。那么，一旦出现与确信之事相反的情况，就是意外了。

表 10：未来判断的种类		
分类	定义	意义
期望	表达较高可能性期望值的未来判断	未来战略以将出现该未来为基础
或发	表达中等可能性期望值的未来判断	未来战略兼顾两种可能性，即该未来出现或该未来不出现
非期望	表达较低可能性期望值的未来判断	未来战略以该未来不会出现为基础

或发，也就是或许会发生，它作为第三种未来判断，表达出的是最大程度的不确定性，但这有别于犹豫不决和无知。"十年内，使用纳米技术生产的元件将占到市场总量的两成"，这样一个说法的可能性期望值为 50%，但把它定性为或发，这是一个明确的决定。在或发的基础上制定的策略必须做两手准备。

这里要强调一点：当我说未来判断的可能发生性时，指的是可能性期望值，而不是统计学意义上的可能性，后者的计算与观察者或评判者本人毫无关系。而可能性期望值是有理有据的、对某种说法在未来某个特定时间点能否变为现实的主观期望。

评估可能性期望值是心理活动，而不是统计学上的事。当然，你可以用统计学的办法为评估做准备，但关键还是你凭借自己的经验和完全主观的看法去"相信"某事。如果你单独询问你团队中的每个人对某件事可能性预期值的看法，然后将他们的回答进行对比，这将是一件非常有趣又给人以启发的事情。我敢肯定，其结果就算不让你发抖，也足以让你大吃一惊。你将发现这些回答之间的差异大得令人难以置信。这就好比登船前，在浮桥上站着五位或者八位船长，他们根本没法就预估天气情况达成一致意见，更别提商议目的地和行船策略了。

3.4 蓝色未来眼镜的思考立场和原则

戴上蓝色未来眼镜，你将以宏观的和朝向外界的角度去看待周边环境被视为可能发生的未来。你的目光是置身事外的，是具有观察性质的。你的思考立场是实事求是的、带有分析性的、凭经验的和较为保守的。

请相信未来在很大程度上是无法预言的

蓝色未来眼镜看到的是很有可能发生的未来，但这当然是我们无法完全准确预言的东西。混沌学（不仅仅是混沌理论！）的研究结果劝导我们放弃一切想要彻底领会当前变化的念头。连当前的变化都无法完全领会，更谈不上预测未来的变化了。虽然当今的市场和社会都有着相当清晰的法制化烙印，也是遵循法制建成的，然而由于结构非常复杂，其行为方式一般是混乱的，也就是说，是无法被完全领会和预测的。混沌学家将之称为注定的混沌。

图 9：身边的混乱：未来是不可预言的

即便是简单一些的复杂系统也无法被预测。树上的一片叶子会落向哪个精确的方向？接下来几秒钟的心率会呈现出什么样的心电图？或者三个天体，比如说三个行星，它们之间的引力相互作用会产生什么样的具体结果？所有这些都是无法预言的。就连弹球游戏机里的小圆球如何滚动都是无法预测的，虽然一切都可以被测量出来，也能被理解，包括小球的重量、构成小球的物质、滚入和滚出的角度、初始弹力的强度、撞击小球的弹力元件的活力、游戏者的反应速度等等。复杂系统无法通过对其构成要素和功能的描述进行充分解释，预测也就更无从谈起了。对这样的系统，每通盘梳理一次就会产生一个不同的结果。这一点在复杂的自适应系统中尤为突出，比如假设弹球游戏中的小球能靠感知操纵自己，能自己做出决定从而适应它的环境，那么这就是一个复杂的自适应系统。

> 哪里有人类积极地发挥作用，哪里就是一个复杂的自适应系统，从原理上讲这种系统是无法预测的。

在混沌学创立之前，人们以为要预测一个系统的行为，就必须充分理解构成系统的各种元素及其相互之间的作用关系。如今人们知道了，由于系统内部的行为之间相互关联很脆弱（敏感），比如在一个市场中，从初始条件开始，即便只在原子层面发生极细微的变化，最终结果就可能完全出乎意料。这种现象有个时髦的名字，就是"蝴蝶效应"。

然而，某位或某些未来学家还是要说，几乎所有今天发生的事情都被预言过。有时候因为字眼上的不同，一句话的含义可能就会大相径庭，所以要问个究竟：是预言过还是预先用语言表达过？不可否认，在人类文字史料的茫茫大海中，几乎今天发生的一切都曾在某处字里行间中出现过。可惜这些史料里面，绝大部分是有文字记载，但（还）没出现的事情，也就是说，历史资料同样无法精确地看到未来。那些文字记载表达的是，当时某人认为发生某事是可能的或可想象的（绿色未来眼镜）？还是说，某人预言在某时某地以某种形式一定会发生某事，至少是按他的看法会发生（蓝色未来眼镜）？

当（戴着蓝色未来眼镜的）领导团队思考可能发生的未来时，光是产生出想法和愿景，认为在遥远的未来中随便什么时候有可能发生这件事或那件事。这是无法满足他们的。只有让他们在其中看到对自己有利的机会（绿色未来眼镜），他们才会感兴趣。只有预先知道了某个未来出现的时间、地点和程度，发现这个可能出现的未来才会变得特别有意义，准确性是这里的关键。比如对一个化工集团来说，能知道"增量制造"（一种三维打印）设备在未来十年能否拥有200亿的市场空间这件事可能具有极大的价值。但对于未来，如此精确的"知道"是不存在的。我们可以而且必须有判断，但判断不是严格科学意义上的知识，也不能等同于预测。如果谁断然说人们可以预测这些发展变化，那么只能说明这个人对"预测"这个词的理解是非常随意的，大多数人应该不会认同他。

如果说一切都已被预言过，这就相当于断言每组中奖的彩票号码都曾被预言过。当然，去了解一下人类关于未来所有的预言和所有曾经说过的话将是有益的，但光凭这个就断言预言是有可能做到的，这是科学的认知规律所不能容许的。也许人们忘了，还有很多预言所说的情况与事实正相反呢。否则的话，岂不是只要积存足够多的预言，就能在事后轻松地说，这早就被预言过了。

但是也有一些领域的未来不完全属于这种行为不可预测的、复杂而混乱的系统。这些领域的未来要么像人口统计学一样，是当前行为的结果，是相当可靠的公式的计算值，要么是人类期望的产物，就像人们对社会生产力、销售额以及科技的传播绝大部分能够进行判断一样。

> 谁能辨别和分析出参与者和相关者的未来判断，并且考虑到人类典型的行为方式，谁就能先于别人知道自己对未来的估计是否正确。

请把蓝色未来眼镜用在你的环境上，而不是你自己身上

第 52 页提到的多桅船长的例子中，蓝色未来眼镜关注的是海洋和天气，也就是说关注的是船长所处环境的情况，这些是船长不能施加影响的。当船长透过蓝色未来眼镜看事物时，他需要保持一种被动的、几乎是相信宿命的思考态度。

蓝色未来眼镜不能用来思考你自己家庭的幸福或者自己公司的昌盛，或者说这些事不能在可能发生性这个范畴内进行思考，因为你自己在其中有着很强的影响力。

未来判断的提出只应该针对独立的观察对象，典型的例子就是市场、大众科技、生物圈、顾客行为和立法等领域的发展情况。

> 只有当作为观察者的人本身对观察对象不产生影响时，对可能发生性如何进行思考才是有意义的。

这话听起来是多么的理所当然和乏味啊，可惜做起来还总是会出错。有人说"我们将很可能会购买"，其实他的意思是"大概会"。

请用一种被动的、保持距离的目光从宏观的角度看待未来

约翰·勒·卡雷[①] 曾说过，"于观察世界而言，一张书桌是个危险的地方"。通过蓝色未来眼镜，你得以从宏观的角度看待环境。你观察的焦点不是你的书桌和你的公司，而是地球的情况、你所在大陆板块的情况、你的国家以及你的市场的情况。只有这样你才能将更为宏大的相互关系尽收眼底。

你必须让自己成为"局外人"，从被观察的系统中抽身出来，这样才能进行

---

① 约翰·勒·卡雷（John le Carré），英国著名间谍小说作家。

观察和估计，即使你实际上是这一系统的组成部分也要如此。正是这看似与事实不符的一点让我们思考可能发生的未来变得更加容易，甚至常常是只有这样做时进行上述思考才是有可能的。

被动的和观察者的思考立场是宏观视角的必然要求。一般情况下，你不可能大幅度且随心所欲地精准改变你的市场。即使你所占的市场份额非常大，你也无法掌控其他活跃者的行为，比如竞争者、政府、专家学者的行为。从系统论的角度出发，人们可能会反驳说，观察者总是会对被观察的事物产生影响，海森堡[①]的测不准原理已最终成为世界公认的精神瑰宝。尽管如此，不管能否做到完全的被动和中立，你都应该这样去表述你的未来判断，即假定你能够使自己的行为保持被动和中立。

在蓝色未来眼镜这种观察方式中，创造力和想象力没有丝毫的用武之地。船长对大海和天气无能为力。想要知道他的环境会如何变化，对天气情况来一次富有创新性的头脑风暴将收效甚微。这些是他不能参与构建的东西。

请采取一种实事求是且保守的思考立场

有些人觉得蓝色未来眼镜很无聊。它与最新趋势和浮想联翩无关，旨在为你的决策打下辨别方向和定位方面的基础。

> 一厢情愿、夸夸其谈、矫揉粉饰、锐意创新和悲观丑化，这些在你的未来判断中都无迹可循。

理由越充分，未来判断也就越牢靠，这是毋庸多言的。而未来判断越是不清楚、情绪化、流水账化或者复杂化，那么这个判断的质量就越低。如果有可能，你应该对每个判断都用数字和数据加以巩固。虽然从严格意义上说，这样

[①] 海森堡（Heisenberg），德国著名物理学家，量子力学的主要创始人，1932 年诺贝尔物理学奖获得者。

的关于未来的数据是不存在的,但你的未来判断越是接近这样的数据,你就越容易检验这些判断,或者让别人来检验。实践证明,简单的论据平衡表,无论是加权的,还是没加权的,都很实用。对于未来,我们人类当然无法做出纯理性的,甚至是绝对"客观的"评判,但我们越接近这种态度越好。至于那些富有创造性的想法和渴望,让我们暂且留给其他的未来眼镜吧。

一旦涉及科技,人们就容易过于乐观。纵观研究未来的历史可以发现,大多数重大科技突破都曾被人们过早地寄予期望。透过蓝色未来眼镜去观察时你会发现,用科学幻想去回答一家企业认真地提出的未来问题并不意味着回答者拥有值得称道的广阔思维和创造力,而只能说明他还没有理解蓝色未来眼镜的意义,特别是蓝色未来眼镜与其他未来眼镜的区别。

经验在这里是成败的关键

拥有 30 年经营经验的人能够凭直觉很快地估计出哪些未来更有可能发生,哪些却不是。虽说菜鸟和门外汉戴上绿色未来眼镜能够想出很多创意,提出更多的未来可能性,给人以思维的启发,但说到估计未来实际发生的可能性,经验丰富的人通常成功率会更高。只要我们观察的世界不发生天翻地覆的改变,这句话就不会错。

对判断进行完全详尽的分析是不可能的

未来研究工作中,时间紧是个大问题,因此蓝色未来眼镜必须集中精力处理那些与你关联度最强的判断。这里所说的关联度基本上等同于可预见的判断发挥影响的强度。你或你的公司越是依赖于某个未来判断的对象,那么这个对象的变化可能产生的潜在影响也就越强,比如顾客的某种需求或某种习惯。

至于如何确定什么重要以及什么是有关联的,则必然取决于你对生意运作方式的深层次判断。作为出版商，有些人认为书籍的专业质量决定着销售业绩，而另一些人则认为畅销书是"运作"出来的，而不是写出来的。那么他们选择作为观察对象的未来判断就是不同的。

> 追求完整性和完美主义很难适用于对未来的思考，至少在实践中不适用。

毋庸置疑，要集中关注少数几个判断也就意味着得把一般重要的环境因素从分析中剔除出去。请将蓝色未来眼镜对准以下内容：

1. 对你未来的生存产生强烈影响的环境因素；
2. 长期性的环境因素和；
3. 环境因素的改变。

在观察趋势时，因为时间的缘故，集中关注那些你认为能持续数年的变化是较为可取的做法。

在船长的雷达显示器上，他看那些移动亮点的时间要多于看黑暗区域的时间。你不应该把有限的时间浪费在复述当前情况中。一方面，川流不息的变化让人应接不暇；另一方面，许多事情，甚至大多事情都保持着原样，但我们最感兴趣的却是未来与现在的差异。

真正的未来"知识"无从获取，未来判断是它的替代品

在我们对当前情况的判断中，最重要的问题就是认知的不完整和被染色被扭曲。在我们对未来提出判断时，这些难题仍然很棘手。对现在，人们至少可以通过数字、数据和事实进行局部检验，未来却行不通。关于未来的一切都是不可证明，也不可反驳的。

关于未来不存在严格科学意义上的知识。由于未来在观察行为发生的时间点上尚不存在，所以它无法度量、无法计算，也无法称重。

关于未来的事情，我们既无法否定（反驳），也无法肯定（证明）。那么按照卡尔·波普（Karl Popper）的说法，这就不具备成为科学知识的条件。因此，我们只能获得主观层面上的未来知识，即借助明确的依据进行结构化的猜测从而获得的知识。

你的未来判断不能由别人代劳

如今，我们有数量无穷、花样繁多的未来信息。从前的未来研究报告价格昂贵，而如今则有免费的优质报告可供使用。获取未来知识的渠道形形色色，YouTube 就是其中具有娱乐性的一个。作为一家企业的领导者，你可能聘请了一些专家为你提供未来的分析和研究。此外，你还可以求助外部的专家和未来学家。

但有一件事不行：你不能买来未来判断。你对未来发展的估计不能请别人代劳。虽然你可以把别人的估计变成你自己的，但那样你就忽视了自己特有的价值观、你的愿景以及你的生活和工作条件。所以，别人的未来判断，比如说同事的、顾问的或者专家的，对你来说主要是充当原材料。在你这里，这些东西开始只是些假设和情景。只有当你对其可能发生性概率高低做出自己的估计之后，这些原材料才能变成你的未来判断。

通过思辨式的假设来完善你的未来判断

"2025：市场规模将下降 50%"，尽管人们其实已经能够预见到事情的发展将恰恰与此相反，但这样一个假设仍可以是非常有价值的。重要的是，进行正面和反面论证的过程会产生一种学习效应。将某个假设判断为不可能发生与判断为可能发生具有同样重要的意义。在这过程中人们往往会学到，有些看起来理所当然的事情其实并非如此的保险。

通过涉身其中来完善你的未来判断

如果你做出了某个未来判断，一般情况下你会想要维护它。很明显，我们的大脑结构决定了我们总想去确认我们的判断和未来判断。因为你不可能事先，也就是在所描述的未来出现之前检验甚至证明你未来判断的可靠性，所以我们必须引入一些对此有帮助的标准。

单独了解一个领导团队中每个成员所持的未来判断，确保成员间不相互干扰，然后将结果进行充分比较和讨论，这个过程将非常有趣且成效斐然。我们几乎每天都会遇到下面这种情况：一起领导一家公司多年的几个人却对他们的市场未来发展有着截然不同的估计，而他们之前竟然还信誓旦旦地认为所有人都持同样看法。这就好比多桅帆船上的领导团队里，长官们对未来气象状况的估计完全不一样。

在前文第 2 页对五种未来眼镜进行概述时，为了将五个人的五段话按其特点区分开来，我们曾经使用过打赌这个手段。我们假定让这五个人拿出一笔数额可观的钱款来打赌，通过这个办法使他们涉身其中。在买卖预测这个市场上，那些赌上真金白银的预测报告一般来讲比那些作者和评论者对失败不承担任何风险的预测报告要更为可靠。

在第 66 页起提到的那些案例中，特别是法兰克福写字楼地产市场的例子可以看出，涉及自身的程度是未来判断质量高低的一个重要标准。涉及自身程度可以帮助完善未来判断。

> 如果某个人的未来判断一旦被证实是错误的将给他造成损失，那么他就会做出更好的判断，也就是更切合实际的判断。

这里所说的损失必须达到值得担心的和带来痛苦的程度，财物方面或者非物质的都可以。不得不承认，很多人非得等到处境遭受威胁时才会开始认真地思考。谁要是知道，不久后人们将在媒体上公开对他的未来判断品头论足，那么他提出的可能发生的未来将完全不同于那些在网络上匿名发表评论的人。所以，向员工、同事、顾问甚至是未来学家咨询其未来判断时，你应该想办法让他们知道，你随后会去检验他们给出的判断。

没人能知道未来的事情，这一点我们已经了然于胸。因此，我们不应该把任何一个错误的未来判断都当成失败。如果有人说某件事有90%的概率会发生，而事实上并没能变为现实，那么你可以找他理论。然而，90%毕竟不是100%，既然未来是不确定的，就得允许错误发生，只要不是故意去犯的错误。如果之前被问到的那人说出的可能性预期值是60%—70%，那么绝对不应该责怪他。

假如未来判断被证实是错误的，受害最深的人是谁？假如证实是正确的，受益最多的又是谁？关于这点人们可能莫衷一是。对这个问题，我们给出的答案是那些经济利益与公司成败息息相关的人。企业管理层成员最有可能因为错误的未来判断丢掉工作，也会因为正确的未来判断得到最多利益，所以在询问未来判断时，最先问的应该是他们。如果想把涉及面拓宽一些，还可以另外再问问员工以及企业所有者或者股东的意见。

从未对别人提起过的纯个人未来判断最为珍贵

正如法兰克福写字楼地产市场的案例所示，询问当事人的未来判断是，必须首先保证他不受其他人影响。只有这样才能让那些真实的未来判断和最显著的差异浮出水面。

通过寻求广泛的支持来完善你的未来判断

询问的人越多越好，无论他们的意见是肯定还是否定，也就是说对未来判断是赞同还是加以反驳。奥拉夫·赫尔默（Olaf Helmer）在兰德公司工作期间曾发明了德尔菲法，用以征询专家小组的意见。按这种方法，征询意见要经过两到三轮。每轮征询结束后，被询问者会被告知他给出的答案与其他人有何不同，这样做让专家们有机会重新思考自己的看法。这种方法的原理是，一件事受到越多的人认同，那么这件事就越有道理。事实表明，即便是德尔菲法也不能避免出现大的失误。比如一项1964年进行的基于德尔菲法的研究，虽然问询范围非常广，但与1993年和1998年德国的两项德尔菲报告相比，犯的错误同样多。尽管如此，要预估可能发生的未来，还没有什么别的方法能比反复询问知情人更为可靠。在使用蓝色未来眼镜时，经验是非常宝贵的。大家都说，错得最离谱的往往就是那些专家。一句可能是来自中国的谚语这样说：初来乍到者，万事皆有可能，行家里手者，门道屈指可数。专家会把很多他们认为不现实或者不可能的东西剔除出去，却常常不能发现环境发生的变化。他们把自己心中的地图当成真实的地图已经太久了。尽管如此，对于蓝色未来眼镜来说，专家和涉事者的作用仍非常重要，尤其是那些真正涉身其中的专家。要想拓展这些专家的思路，可以拿一些思辨式的假设让他们进行评判。

最好让涉事的专家既对保守的也对激进的假设发表意见

一组专家或者涉事者意见一致度越高，则可以说该未来判断的质量也就越高。这一点尤其适用于蓝色未来眼镜。对绿色或红色未来眼镜来说，一致意见常常是有害的。

如果你把更多的员工和内部专家拉到判断分析的工作中来，未来判断的质量还将进一步提高。外部专家的判断虽然很难满足涉身其中这条标准，但也正

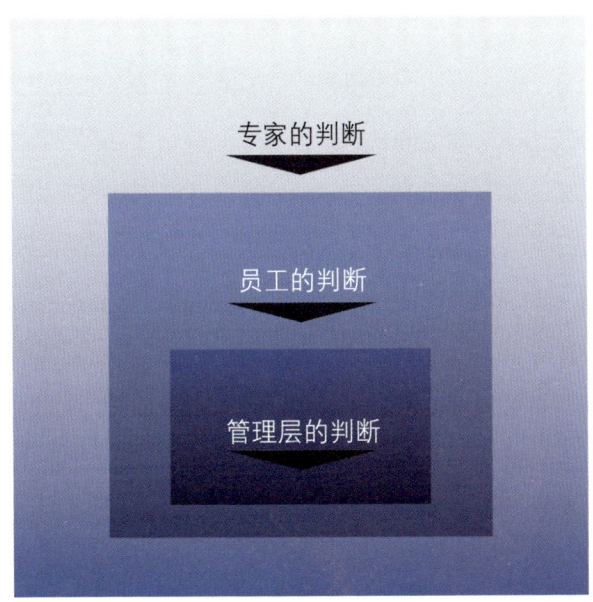

图 10：对未来判断进行广泛检验

因如此，他们能通过提出其他假设的和正面及反面的论据来完善你的未来判断。这样一来，外部人士就能够充当你的未来雷达的传感器，从而不时地检验你的未来判断。

3.5 操作手册

在这一节中，你的实践工作将获得一步步的指导。第一份操作手册写给职场中的你，即中等规模的企业或大企业的领导者或战略负责人。第二份清单对应的是一个简化的流程，它写给生活中的你，也就是生活这家公司的负责人。

3.5.1 企业应该怎样做？

1. 组建一支未来团队，其核心由企业或被目标机构（业务处、业务辖区、板块、部门）的一级领导层成员组成，同时尽可能多地吸纳二级领导层中与客户关系较密切或与战略决定关系较为紧密的代表，吸收几位内部专家，并且临时性请来一些顾客、供应商和合作伙伴。

2. 全面认识蓝色未来眼镜的特点。

3. 统一划定未来的时间界限。实用公式是这样计算的：一个业务领域的创立时间等于从提出想法到获得第一笔利润的时间乘以2。在大多数情况下，以10年为界是个不错的开头。信息技术领域需要的时间要更短一些，而在能源设备制造业中则要长得多。

4. 提出你的判断类问题，如第74—75页内容所写，在首次应用时，将注意力集中在最多五个问题上。

5. 找出与你的判断类问题有根本关联的未来要素（未来的趋势、科技和主题），例如参考第76—78页内容中列出的清单。

6. 确定哪些未来要素（趋势、科技、主题）与你的判断类问题关联性最强。同时还要问问自己，哪些要素是要经过一些思考才能发现其相关性的。

7. 查找关于所选要素的信息和信号。网上很容易找到未来研究报告。YouTube网上的信息最具娱乐性。

8. 为你的每个判断类问题设计最少三个，最多六个未来假设（见第79页），以此作为对判断类问题可能的回答。从两个极端化的假设着手，如第80页表中所示。对于那些不那么直观（非单一要素）的判断类问题需要你设计三个或更多的未来假设。以下几种方式可以帮助你完成设计未来假设的工作：

a. 第79页图8所示的假设矩阵是一张结构图，从中可以看出哪些被选出的未来要素可能对你的判断类问题产生影响。

b. 借助思维模型、演变的机制和方式来设计假设。以下网址中有相关的说明：www.Zukunfsbrillen.com。

c. 从未来研究报告中获取假设，这种报告为数众多，种类丰富。

d. 请你公司中的专家就你的判断类问题给出答案（假设）。

e. 咨询外部专家。

9. 为每个假设列一张如第65页所示的论据平衡表。刚开始，由于时间和精力的缘故，可以不对论据进行加权。论据平衡表可以让复杂的讨论过程以简单的方式变得有条理，所以在实践中这种做法很容易被采纳。

10. 把你未来团队所有成员的每一个未来判断都摆上台面。让未来团队的每一位决策者都对所有的假设进行打分。打分范围是1-9分，按可能性预期度大小分为三个层次：

1-3分：非预期

（可能性期望值很低）

4-6分：或发

（可能性期望值中等）

7-9分：预期

（可能性期望值很高）

打分的过程分两步。首先，你和其他成员先决定你们对某假设的可能性预期值是低、中还是高。第二步，你们再将这个评价精确化，也就是在相应区间内确定具体分值。

数学家们请注意这里：是的，从纯数学的角度讲，序数是不能做平均运算的。但是，学生的分数也是序数，几十亿的学生都在用序数的平均分算成绩，给他们算成绩的人里面甚至还有数学教授呢。

11. 为未来判断制作一幅全景图，也就是一张包含以下内容的表格：

a. 判断类问题

b. 假设

c. 论据（包含在图表中）

d. 每个人的未来判断

e. 共同的未来判断（中间值）

f. 未来判断之间存在的争议（表现为分散的点，代表与标准值之间的差异）

通过计算平均值并观察分散分布情况，你将能很好地掌握团队的未来判断情况。

12. 对判断全景图加以讨论，使论据更加准确和完备。用一致性检验矩阵（使每个判断分别与所有判断进行比较）的方式检查未来判断之间是否有彼此矛盾之处。虽说就连现实也难以做到全无矛盾，但是通过这种方式至少能够纠正明显有冲突的地方。

13. 对之前的分析结果再次进行检查，使结果更为缜密。但第三次检查一般来说意义不大。

14. 进一步强化对可能发生之事估测的可靠性。你可以再另请一组员工对判断全景图进行检查和补充，询问他们有没有其他的假设和论据，还要收集这些员工的未来判断，然后比对结果。这样的话，你的未来判断就完成了一次系统化的、弥足珍贵的、去伪存真的知识检验过程。

15. 为了获得更大的确定性，你可以邀请外部专家、你的顾客、你的供应商或者合作伙伴来参与判断全景图的讨论和补充。

3.5.2 作为人生总裁应该怎样做？

作为人生的主导，你使用上面为企业设计的流程也毫无问题。但作为初学者，采取简单一些的做法当然更为合适。简化版的流程分为以下几个步骤，请尽量将每一步的结果写下来：

1. 提出简单的判断类问题：在我的周遭环境中，什么是今后几年会改变的？什么是不会改变的？什么是不确定的？
2. 把你想到的答案写出来。
3. 把现在已知的较大趋势梳理一遍，对答案进行补充。

4.对你的判断进行正面和反面论证。支持你的判断的理由有哪些?反驳的理由有哪些?请你的家人和朋友也来说一说。

5.在所有这些理由的基础上,再写出哪些未来判断是你深信不疑的。

4

红色未来眼镜：
未来会带给你
怎样的意外？

Ihre rote
Zukunftsbrille:
Wie könnte
die Zukunft
Sie überraschen?

未来只有一件事是肯定的：未来将出现意外。

红色未来眼镜的作用是帮助船长找出未来潜在的意外情况。对那些不可预知的事情和潜在的威胁，船长希望能有所准备，从而保护他的人员和帆船不遭受损害。比如说，他的船可能会遇到巨浪或者被海盗攻击。

未来只有一件事是肯定的：未来将出现意外。未来将不同于我们今天透过蓝色未来眼镜想象出的样子。蓝色未来眼镜平复了我们探求未知未来的欲望。而你的未来判断最终将或多或少在一定程度上被证实是错误的。不管你使用的方法有多么好，这一点都不可避免。未来是不确定的、无法驾驭的和无法计算的。

"发生不可能发生的事情，是很有可能的。"——亚里士多德

你的战略越明确，蒙住你双眼的面纱就越大、越厚。这个问题通过红色未来眼镜能够，而且必须得到克服。

红色未来眼镜与蓝色的一样，都致力于分析环境，但前者要弄明白的不是发生可能性高低，而是着意找出那些不大可能出现却又不能绝对排除的意外情况。红色未来眼镜的第一个目标是揭示未来判断中不可避免的盲点。第二个目标是随后让使命、愿景和战略准则变得更加缜密和牢固，以应对不可预测的未来。

意外已然超出了我们的认知边界，否则就不能称之为潜在的意外了。所以

你必须主动去寻找它。意外很难明确定义。对吉列公司来说，"激光技术替代剃须刀片"这样的说法就是一个潜在的意外。很少有人会在未来判断中写入，四个星期之内将出现幅度高达 40% 的市场规模下滑。这样的未来必须由红色未来眼镜呈现给我们。很多公司在 2008 年和 2009 年的经历证明，即便是 90% 的下滑也不是不可能的。

> "我们生活的世界被趋势主宰着，又被意外打乱着。"——约翰·彼得森

情景描绘法在意外分析工作中最具优势，而对于蓝色、绿色和黄色未来眼镜来说用处则不大，甚至是完全没用。

4.1 红色未来眼镜的案例

第 19-20 页提到的《GBN 气候变化研究报告》以及第 21 页提到的《增长的极限》是两个著名的应用红色未来眼镜的案例。在形形色色的未来研究报告中，人们讨论过的可能的意外不计其数，以下是从中摘选出的一些例子：

生态意外

- 大西洋暖流周期性运动方向发生改变，导致剧烈的气候变化
- 日本或美国发生超级地震，给全世界带来影响
- 与地球外智能生命建立联系
- 大西洋发生超级海啸
- 暴发超级瘟疫，死亡人数上亿

科技意外

- 虚拟攻击导致计算机网络乃至整个互联网瘫痪
- 隐身变为可能
- 低温核聚变得以实现
- 编程技术终结
- 找到二氧化碳问题的解决办法

政治意外

- 废除著作权法
- 欧元崩溃
- 西方国家发生大规模暴乱
- 中东地区或朝鲜半岛使用核武器
- 某个西方国家首都遭到核武器恐怖袭击

经济意外

- 全球性股市崩盘
- 世界经济危机
- 非洲快速崛起

社会意外

- 老年人对年轻人开战
- 老龄化国家出现生育高潮
- 无生育能力的人大量出现

在生活和企业经营实践中，值得注意的意外情况大多并不如上面所说的那样规模巨大和猛烈。某个城市原以为毫无悬念的合作项目，突然由于邻城政府换届而终止，该何去何从？由于电脑游戏和影视视频快速发展，休闲公园的游客大量流失，经营者该怎么办？当其他行业通过提供无处不在的金融服务来抢饭碗，银行该做些什么？如果没有副作用的减肥药或者让身体动起来的运动类电脑游戏大行其道，很多出于瘦身目的而去健身的消费者不再光顾，那么健身房怎么办？如果发现了地球以外的智能生命，那么教堂怎么办？如果发生了货币改革，原有财富灰飞烟灭，那么储蓄者怎么办？实际上最后一条所说的情况发生过很多次。

道廷之役

1871 年，切斯尼（G.T. Chesney）在《黑森林杂志》（*Blackwood's Magazine*）上发表了一篇虚构的故事，名为《道廷之役——当威廉降临》（*The Battle of Dorking When William Came*）。这大概是有意识地运用未来情景法最早的作品之一。核心的情节是发生在 1987 年，也就是相对当时而言一年后的未来，德国对英国的一次入侵。德意志帝国的建立和战胜法国成为故事的铺垫。威廉指的就是威廉大帝。

切斯尼描述了下面的情节：英国军队散布在世界的各个角落。他们在印度镇压暴动，保护加拿大不被美国压制，还要帮助爱尔兰抵抗拿破仑三世的打击。在此期间，德国人发明了鱼雷等新技术。有了这些技术，德国人迅速击败了留守北海的英国舰队。就连英军在道廷之役中做出的最后抵抗也宣告失败。接下来发生的无非是必要要发生的事：德国人占领了英国，进而攫取了对整个英联邦的控制权。这段情景描写至此完结。

这篇文章在英国引起了巨大反响。英国首相震怒，认为文章不可理喻。然而，《道廷之役》却引发了一场讨论，迫使英国对其军事战略进行了一次彻底的反思和纠正。保卫本土再次成为重中之重。那么，如果切斯尼没有发表这篇情景描述，结果会发生什么呢？可能什么都不会发生。可能这一切都毫无根据。我们无法看到平行世界的样子。但也可能是，这则小故事恰恰阻止了它所描述的事件的发生。

美国政府希望借助情景描述来拓展想象力

美国政府反恐怖袭击委员会主席曾表示，之所以发生了2001年"9·11"事件，缺乏想象力是其中一个主要原因。"9·11"系列恐怖袭击的结果是，原有的22个部门和机构被合并成为美国国土安全部，联邦应急管理署（FEMA）也隶属于该部管辖。为了不再输在缺乏想象力上，FEMA针对各种可能的意外情况进行了情景研究。他们设想出了15个情景，比如恐怖分子携带核武器袭击华盛顿、以炭疽和昆虫病原体为手段实施的大规模生物袭击、目标明确的食物投毒，以及以腐蚀皮肤物质和破坏神经气体为手段的化学袭击。当然，虚拟的网络攻击也少不了（见下文）。在这15个情景的基础上，美国当局制定了一系列战略、准则和具体办法，以应对以及预防相应情况的出现。

当然了，就算150个情景也不足以覆盖所有可能发生的情况。而且，一些预示着可能发生某些事件的明显信号也常常会被误读和忽视。2004年，白宫的一份简报中还在断言"9·11"恐怖袭击是无法想象的，理由是一般劫持飞机的人都会让自己活下来。而实际上，在基地组织2001年对美国实施袭击以前就已多次发生过意图使飞机坠毁的劫持事件。尽管如此，情景描述还是能够起到拓展想象力的作用，帮助人们更好地对意外的未来进行准备。

狮子公司错过了平板商机

狮子公司（LOEWE）作为德国老牌电视机生产商，2003年开始走向滑坡，这句话摘自媒体报道。在电视机市场上，新兴的平板显示器技术虽然已经为人们所认识，但却普遍不被看好。所以，当市场迅速调转方向时，这家公司感到很意外。2003 年 6 月，德国显像管电视机销量同比下降了 27%，而平板电视机销量却增长了 152%。直到日本的竞争对手——夏普公司，一家行业领先的平板电视机供应商，对其进行注资，狮子公司才免于破产之患。[1] 可以说，危险其实一直就在眼前。之所以演变成了意外，就是因为管理层做出了错误的未来判断。毕竟显像管电视机的生产和销售还都不错嘛，虽说这是 2002 年的事了。

IP 电话撼动传统电信集团的生存根基

VoIP（通过网络账号传送语音），即 IP 电话。几年来，它一直威胁着传统电信集团的地位。比如，德国电信公司的电话接通次数已经比原来少了几百万次。就连手机也早晚要网络化，那么到时候通话几乎就是免费的了。如此，则最后的利润来源也要枯竭了。[2] 德国电信虽然认识到了这个威胁的存在，却长时间没有认真对待，更不要谈做出应对了。如果可以预见到的威胁被忽视得太久，那么它就会变成意外。早在几年前，德国电信旗下的咨询公司 Detecon 就曾在一份内部研究报告中警告道，公司的支柱业务可能会在两年内瓦解。[3]

金融界的 Ebey 威胁银行信贷业务

小小的英国网络公司 zopa.com 在 2005 年创立了私人信贷（P2P 借贷）网上中介平台。2006 年 2 月，美国 prosper.com 公司也以相似的理念开始了创业。Zopa 公司通过一种类似拍卖的方式使资金的借方和贷方得以直接交易，而不必使用银行作为媒介。这样做的优势在于，原本被银行赚取的大部分利润将留在客户手中。贷款方需支付的手续费只有 1%（银行的利息差约为 3%），而借款方

---

[1] www.heise.de（2004）：夏普入股狮子公司，http://www.heise.de/newsticker/meldung/48508，2004 年 6 月 23 日，引用自《经理人杂志》，第 9 期第 30 页。

[2] 《技术评论杂志》(*Technology Review*)，2006 年，第 4 期。

[3] www.portal.de：德国电信研究报告对自身网络运营提出质疑，2007 年 2 月 3 日，引用自《德国经济周刊》。

的手续费则为 0.5%。

Prosper 所秉持的理念比之 Zopa 更为深入。Zopa 将客户的每笔出资分成至少 50 份，然后分散地划拨给不同的贷款人，这就相当于替客户做了一些风险管理工作。而在 Prosper 那里，出资人可以，或者更确切地说是必须，完全自主决策，自担责任，按照自己控制风险的需要来决定将资金分散给多少个贷款人。

假如这种平台在全世界遍地开花，那么传统的银行在借贷业务领域将遇到严峻的竞争。对危机重重的银行业而言，借贷已是最后的收益支柱之一了。目前网上交易市场还仅限于金额相对较小的资金，但从其潜力看，进行项目融资和企业融资也完全是可以想象的。

壳牌公司与石油危机

壳牌公司（Royal Dutch Shell）是运用情景描述法防范可能意外情况的先驱之一。早在 20 世纪 70 年代初，相关技术就已在壳牌得到应用了。当初名为"计划小组"的部门设想出了很多情景，其中之一就是由皮埃尔·瓦克（Pierre Wack）和泰德·纽兰（Ted Newland）分析出的原油价格急剧上涨的可能性。当时的石油价格仅仅为每桶（159 升）2.8 美元，而且在实践中人们还从未遇到过价格突然大幅波动的情况。因此，在 70 年代初就能想象出原油价格可能达到 6 美元每桶，这无疑是一个大胆的情景描述。但是，当时由世界主要石油输出国组成的卡特尔组织 OPEC 已有 12 年的历史了，所以这绝不是全无可能发生的事情。

这个情景成了后来一系列弹性措施的依据和出发点。壳牌公司针对可能存在的漏洞列出了一份措施清单。其中之一是，通过签订长期合同预定油轮运输服务，但合同中不能写入满载条款。因为一旦写入这样的条款，即使价格上涨，需求突降，导致油轮无法满载，公司也必须按满载支付油轮运费。壳牌公司想出了一个很简单的办法，只是在与油轮运营方签署的合同中加入了一句话，即在油价达到 6 美元时，壳牌公司有权退出合约。

"然而这里，如其必然，所发生的事情并非所想。"——威廉·布什（Wilhelm Busch）

1973年，当石油危机爆发，油价远远超过6美元时，壳牌公司用上面所说的措施以及一系列应急战略保护了自己。与其他六家石油巨头相比，壳牌所受的冲击要小得多，对危机明显更有准备。在利润方面，危机爆发前的壳牌在当时被称为"石油七姐妹"的巨头中始终排在最后几名。经历了危机的洗礼，其利润排名一跃成为首位，并得以保持这个成绩长达12年，其中只有一年例外。石油危机让壳牌登上了世界最成功的石油公司的宝座。

用战争游戏消除盲点

全球最大的汽车零配件供应商之一，此处不得不隐去它的名字，利用模拟战争游戏来分析竞争对手可能发起的攻击，并减少管理上的盲点。在多轮对战中，管理人员扮演有可能但尚不存在的竞争对手，然后针对自己的公司制定进攻战略。用模拟出激烈竞争场景的方式，找出自身竞争行为中的薄弱环节，并且还能收获强化自身业务的好办法。广泛应用战争游戏、有意识地思考不大可能发生的事情、有章法地减少盲点以及评估各种竞争场景的潜在影响，这些做法对公司的战略和竞争地位形成了有效保障。在这过程中发现的很多潜在意外情况是他们以前根本没想过的。

国家层面的虚拟空间战争游戏

美国国家安全局（NSA）是世界上最大、最强的间谍机构，它隶属于美国国防部。自2000年以来，NSA每年都要进行一次虚拟防御演习（Annual Cyber Defense Exercise），其目的是提早发现可能的意外情况。这项演习邀请美国空军学院（US Air Force Academy）等机构和部门联合组成一个计算机网络，然后

NSA 的专家想尽一切办法去攻击它，要求是网络必须保持正常运转，包括保障电子邮件、实时信息收发、数据服务器、互联网等重要功能。为了保护国家基础设施，美国等发达国家都实施过并将继续实施类似的项目，德国也不例外。他们寻找的潜在意外情况不仅仅是这些攻击本身，还包括攻击引发的紧急事态发展过程和各方做出的反应。

在德国，人们为了保护公共基础设施不遭到破坏，建立了一个工作组来模拟虚拟战争。政府机构和大企业共同模拟了一场大规模的恐怖袭击，目标是电网、通信网及媒体。如果恐怖分子只是挟持了数名公民，那么相对来讲他们是比较容易对付的。但如果他们威胁的内容是通过破坏电网和通信网危及公共安全，包括航空安全和医药保障，那么国家面临的困境可就全然不同了。假如真的有人成功实施了这样的袭击，那他基本上就可以随心所欲地提任何要求了，哪怕是要求政府从包括阿富汗在内的所有本土以外的行动区撤军。[1]

巴斯夫以完美的准备应对 2008 年经济危机

2008 年，美国一年前爆发的金融危机演变成了世界经济危机。企业订单量降幅高达 40%—50%，在一些投资品供应商那里，降幅甚至达到 90%，这让我们感到害怕。人们担心出现类似 1929 年至 1932 年的情况。我在 90 年代末就提出了一种非常简便的分析意外的方法，并把它推荐给了所有难以抽出时间进行细致的意外分析的人和在脑力上感到吃力的人使用。这个方法简单到只包含一个问题：如果你在 5 个星期内失去了 50% 的订单，你怎样活下去？被问到的人常常对我报以委婉的微笑，因为他们觉得这绝对不可能发生，这种说法我听得太多了。红色未来眼镜的作用就是处理那些不大可能发生，却具有潜在致命影响力的事情。让他们明白这件事真的很难。不过，2008 年之后再也没人对这个问题发笑了。

---

[1] www.Networld.de，2001 年 3 月 12 日。

巴斯夫（BASF）是世界上最大的化工公司。2002年至2011年期间，约根·哈姆布莱希特（Jürgen Hambrecht）担任这家公司的总裁。他毫不避讳地声称自己是一名情景式思考者。得益于他对未来管理的深刻认识和他手下的未来管理专家克劳斯·海策贝克（Klaus Heinzelbecker）的贡献，巴斯夫不但想象到了一次剧烈爆发的危机，而且也准备了相应的对策。当各行各业的公司几乎毫无准备地遭受危机侵袭时，巴斯夫在短得难以置信的时间内暂停了80家工厂的工作，静候订单情况恢复正常。竞争对手纷纷遭受重创，而巴斯夫却全身而退。

巴斯夫其实也没有准确预见到这场金融危机。但是，在其预警系统中，金融危机被当成一种有可能的并且合理的意外情况加以讨论和重视。后来，当危机刚刚蔓延至美国汽车业时，巴斯夫就在克劳斯·海策贝克的主导下推演出了化工业的相应情景。正因如此，巴斯夫才最终能快速并毫不犹豫地实施了必要的措施。

4.2 红色未来眼镜的意义和作用

它来对付不可预知性

如今大家都明白未来是全然无法预知的了，并且未来的结局完全是开放的。如果只用一副蓝色未来眼镜去观察什么可能到来，什么可能离去，什么可能保持原样，那我们就会陷入一种虚假的安全感中。这安全感只是表象而已，因为我们对它的思考并不充分。

请把草率的确信变成经过深思熟虑的不确信。

蓝色未来眼镜那里没有意外，这个错误得由红色未来眼镜来纠正。透过蓝色未来眼镜看到的只是投影式的，就是说它能在一定程度上使目光向未来延伸。

而红色未来眼镜则将你的目光对准超出你的惯性思维以外的未来。这些未来将以意外事件和意外变化的形式与我们相遇，而我们还一直以为它们是不大可能发生的，甚至是现实中绝不存在的事。

让不确定性变得更易于想象、操控和交流

红色未来眼镜帮助我们认清未来是如何不确定，以及其中不确定的东西到底是什么。对意外的未来进行假设和情景描述，这将便于我们思考未来的不确定性和应对未知。尽管可能性存在而又不可能发生之事多如牛毛，但我们却可以将其浓缩成几个容易理解的假设和情景。这些假设和情景将成大家脑海中关于可能的意外未来的共同画面和概念。

前面已经介绍过，蓝色未来眼镜通过未来判断降低可能的未来的复杂性并简化关于未来的交流。与之相似，红色未来眼镜看到的关于意外未来的假设和情景也能充当交流和沟通的手段。这副眼镜把种类繁多、乍看之下令人眼花缭乱的数据汇集起来，使其条理清晰，这样就能让思考和讨论的过程更加简单和快捷。

你能看到更多可能的未来，从而更少地对未来感到意外

红色未来眼镜拓宽了视野，帮助你认识周围环境未来更多的可能。有了红色未来眼镜，你对未来感到的意外将更少，因为你看到了更多可能发生的事情。如果某个人的脑海中出现过这样的场景，自己的产品会被一项意外出现的跨领域技术所取代，例如剃须刀片被激光剃须刀取代，或者两家竞争对手可能会进行合并，那么真的发生这种事时他就不会感到那么惊讶了。要是他通过情景式思考不仅对此留下了印象，而且还制定了应对策略，那么他不单是不那么惊讶，还比别人更有准备，就像巴斯夫对金融危机所做的一样。

红色未来眼镜是一种克服意识和思维障碍的工具。它提高了想象力，激发人们更加大胆地对可能的事情进行思考。

红色未来眼镜冲破了边界，摒弃了一直以来固化的思维定式，让跳跃式思维变得更简单。巴伯将意外未来情景对思考和战略的作用分成由弱到强三个层次：

1. 拉伸现有方案：你看到了更多的选择，但基本上不改变你的战略。
2. 拓展现有方案：你改变了你的战略和行为，但并不是持续地，而是视具体情况而定。
3. 打破现有方案：你破坏掉现有的机制，然后去寻找并建立一种全新的机制。

你会更早地发现意外的发展变化

对意外情况进行思考和想象，光是这努力的过程就能让你发现原来根本不会想到的未来情况。这是第一层意义上的提前发现。

提前发现的第二个内涵，某种程度上也就是第二层意义上的提前发现，相似于蓝色未来眼镜的网罗知识作用。使用蓝色眼镜的目的之一就是把未来判断当成网罗未来信息的工具，从而发现更多的信号和信息，无论这些信号和信息支持还是反驳我们的判断（见第72页）。同样，关于意外事件和发展变化的假设和情景也能发挥知识吸引器和注意力收纳箱的作用，它吸引的是能增加或降低事件发生概率的信息。这类信息被称为弱信号或者征兆[①]。如果你将最大客户的破产视为潜在的意外，你就会更加关注交谈中、报纸上、广播里、电视里和网上提到的相关信号和消息。

---

① Prognosticon 是古希腊语词汇，意为未来事件或发展变化的早期现象。

你为你的未来战略加强了保障

透过红色未来眼镜，映入眼帘的是存在可能性却又不大可能发生之事的模拟效果，这时这样你就会知道，你或你的组织在各种未来情形下该何去何从。通过对意外未来进行假设和情景描述，你可以让

- 你自己和你的企业
- 你的未来战略
- 你的某个决策

在面临可能的且影响深远的未来时有所保障，从而大大提高你的成功几率。

意外是我们以正常的反应能力和反应速度无法应对的情况。

红色未来眼镜的首要用途是，提前学习如何应对意外情况。不这样的话，你就会不知所措或者不能如此轻易地掌控局面。如果不提前学习，一旦此类事件真的发生了，你要么是没有经验去适应新情况，要么是没有时间，要么就是两者都没有。提前对可能意外的内涵和影响进行储备式的思考，既可以丰富你应付它们的经验，又可以减少你制定和实施应急策略所需的时间。

1964年，吉拉尔德·卡普兰（Gerald Caplan）将人类的心理防卫机制分为下面表格所示的三个层次。这种分级方式现在已几乎被所有医疗领域采纳，而且得到了世界卫生组织的认可。红色未来眼镜的首要作用就是防卫，主要指一级防卫和二级防卫，而其他颜色的未来眼镜则服务于促进广义上的健康——也就是保健，它与专注疾病的"治病"式医疗相区别。这种专注促进健康的保健在表格中称为"原始"防卫，所以它的位置排在一级防卫的前面。

表11：防卫的分级

分级	在医疗界	在企业界
保健 （原始防卫）	■ 加强与促进健康（保健）	■ 增加成功 ■ 增强生存能力
一级防卫 （健康阶段）	■ 阻止或延缓疾病的发生 ■ 预防 ■ 接种疫苗	■ 阻止危机的发生（减少意外） ■ 实施预防战略
二级防卫 （前临床阶段）	■ 早期发现疾病（筛查） ■ 将疾病控制在微弱程度 ■ 早期康复和治疗	■ 早期发现危机 ■ 实施应急战略
三级防卫 （明了阶段）	■ 减少疾病产生的后果 ■ 后期康复和治疗 ■ 复原 ■ 防止复发	■ 减少危机产生的后果 ■ 实施应急战略 ■ 扭转亏损局面和整顿治理

第2—4项参考了卡普兰1964年的研究成果

红色未来眼镜使制定应急战略成为可能，应急战略又分为预防战略和紧急战略。

预防战略是在意外发生之前就已付诸实施的战略，相当于给自己接种疫苗。比如，微软公司购买Foldershare软件就属于这种情况。Foldershare和Groove是两款用于异地用户间数据同步的软件，都运用了P2P原理，完全绕开了服务器，而后者是微软公司的主打产品。之所以购买Foldershare，显然只是为Groove加一道保险。类似的还有吉列公司的做法。在面对来自激光剃须刀研发公司Palomar带来的潜在威胁时，吉列选择了与这家公司建立合作。与预防战略相反，紧急战略是虽然被提前制定出来，但要到危急情况（意外）真正出现时才会使用的战略。比如，那些有责任感并善于前瞻的企业，他们的抽屉里都会备有危机公关方案。

一个国家、一个组织或者一个人，如果曾经历一次重要的、有战略意义的意外情况，那么在这之后他们通常就会对类似的偶发事件做足保障和准备。1923 年的东京大地震夺走了 14.3 万人的生命，而 2011 年发生的海上地震，尽管震级更强且引发了海啸，但造成的死亡人数却低于 2 万。这说明人类对自然的学习首先要借助经验，其次才借助展望未来。

"诺亚造方舟的时候并没有下雨。"——霍华德·拉夫（Howard Ruff）

然而，从经验中学习也能增强展望未来的能力，进而让人们对意外情况准备得越来越充分。但是，节奏日益加快的世界变化越来越让人无法估量，在预测意外上取得的进步甚至最终可能演变成保障度上的倒退。

在研究系统论的科学中，人们或许会把红色未来眼镜与敏感性分析联系在一起。敏感性分析就是测量某个系统对单个参数变化的敏感程度，然后在此基础上得出关于该系统稳固性的结论。

你会提前做出必要的转变

心理学认为，真正的人格转变主要发生在危机时期。即便黄色未来眼镜能给我们展示出极具吸引力的愿景，但促使我们产生自我改变意愿的多半还是红色未来眼镜。

一般来说，人们只有陷入自身经验范围以外的境遇时才会改变自己的行为。如果你能在想象中模拟出危机的情形，这将增强你做出积极转变的意愿。很多企业家和经理人都总是有意识地在墙上画出一些潜在的威胁（不一定是意外），目的是提醒员工们，让他们保持一定的危机感。

你会发现更多未来机会

有些事第一眼看上去似乎自相矛盾，这正是红色未来眼镜该出场的重要时刻之一。当你努力地去想什么是不大可能发生但又存在可能性的未来时，你同时也为发掘机遇打下了基础，这是毫无疑问的。如果你发现，某个竞争对手可能会采取一种新的商业模式，那么你就不难想到，为什么自己不利用这个可能性作为未来机遇呢？

> 红色未来眼镜为寻找新道路、新方法和新决策在思想上创造了先决条件。

对意外的发展变化进行情景描述，这样做的一个重要作用就是创造备选项。[1] 如果我们强迫大脑去想象那些不大可能发生的、距离我们有些遥远的未来，那么大脑就更容易设计出一些变通的战略。我们有理由相信，即便是在很有可能发生的未来，这些变通的战略也是非常有益的，甚至往往是特别容易带来成功的。试想一下，如果所有飞机都不得不待在地面，所有火车必须停在车站，所有汽车必须停在车库中，你该如何做你的生意？然后你就将明白，差旅费大部分都被用在了沟通这件事上。那么，反过来想想，很多物理上的商务旅行是不是可以通过视频电话和视频会议，甚至是通过普通电话来替代呢？

> "如果你不敢做那些令你感到害怕的事情，那么害怕就将控制你的人生。"——格伦·福特（Glenn Ford）

2010年，冰岛的埃亚菲亚德拉冰盖火山爆发，导致欧洲航空运输大范围中断长达数日。从那之后我们才知道，这个情景虽然不大可能发生，但也不是绝

---

[1] 文当卡（Mendonca）和库尼亚（Cunha）称之为"实时决策创新（realtime decisional innovation）"，2004。

对不可能的。虽然谁也无法提前猜到事情的起因会是一座冰岛的火山，但这不重要，问题的关键是出现航空运输受极大影响的这种情况。

你会优化你的风险管理

自从一些国家把企业风险管理写入法律法规，风险管理就走入了企业的经营实践中，其实有些企业着手这项工作还要更早一些。要管理风险，必须先发现风险。在看到风险并进行管理之前，我们其实可以通过信号和迹象，也就是预兆或者所谓的弱信号发现这些风险。红色未来眼镜为风险管理在管理内容上打下了基础，提供了素材。

因此可以说，风险管理与红色未来眼镜是相互关联的，但它们又不是一回事。红色未来眼镜主要针对未来的意外，正面的也好，负面的也好。而风险管理则是对未来的变化做防卫式的应对，尽管风险管理人士总是竭力宣称风险中也蕴含着机遇。

4.3 红色未来眼镜的思考对象

意外类问题

从事红色未来眼镜的工作时要用到意外类问题，通过这些问题将注意力引向那些潜在的、影响非常大的意外情况。

意外类问题用以确定你对所处环境中可能的、影响强烈的意外情况主要有哪些认知需求。

就像企业的商业模式和每个人的人生规划各不相同一样，意外类问题也是

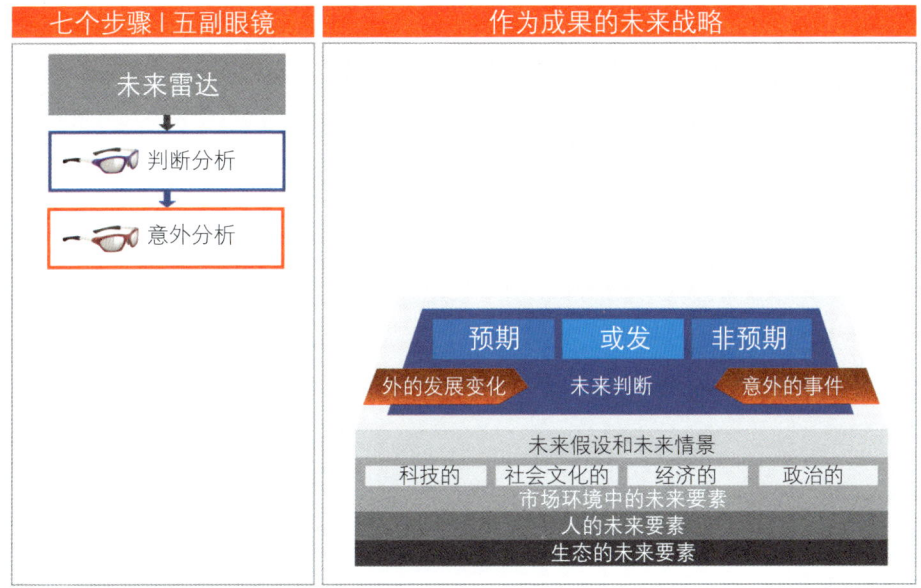

图 11：红色未来眼镜及其思考对象

极为个性化的。要找准意外类问题，最简单的切入点就是，找出你为蓝色未来眼镜选择并做出未来判断的那些关键因素和观察领域，以它们作为参照。我们曾介绍过，这些因素就是指下面这些方面发生的改变：

■ 你的顾客的行为
■ 相关科技
■ 市场和竞争的情况
■ 法律法规
■ 生存的自然基础

从中我们可以得出类似下面的这些意外类问题：

1. 在何种情况下，我们的顾客对我们服务的需求会突然急剧下降？
2. 在何种情况下，我们的核心产品会被一种新科技替代？

3. 在何种情况下，竞争形势会在短期内发生剧烈变化？

4. 在何种情况下，法律法规的框架条件会改变，使我们受到严重影响？

5. 在自然界和周边环境中可能会发生什么情况，导致我们的经营活动岌岌可危？

> 比知道意外到底会怎样发生更为重要的是，知道你哪里容易受伤害和受怎样的伤害。

意外

意外与蓝色未来眼镜的非预期之间的区别在于，可能的意外以及由此引发的投影式思考大多根本没有进入决策者的视野。而非预期作为一种可能性先是被纳入了观察范围，然后又被赋予了很低的可能性预期值。比如说，人们通过两个极端假设观察市场总额的增加或减少，最终得出一个看法（未来判断）。这是蓝色未来眼镜的一个典型用法。

> 市场有可能被一项已知的，或者尚未知的替代科技完全破坏掉——这是我们，特别是很多企业的经理人必须通过红色未来眼镜迫使自己去想象的一件事。

蓝色未来眼镜所观察的是渐变式的变化，是连续的（线性）发挥作用的，而红色未来眼镜观察的则是不连续的发展趋势和作用，具有突然跳跃的特点。这两种思维方式需要不同的思考立场和思考工具。我们给意外定义如下：

> 意外是对环境中某个发生概率很低，但潜在影响很大的事件或发展变化的假设或情景描述。

这个定义说明，对意外的思考也是通过假设和情景描述这两种表达形式进行的，也就是说与蓝色未来眼镜的思考对象很相似。意外之所以让人感到吃惊，是因为它本身的变化速度以及它产生影响的速度超过了人们的反应速度。

某些事物让人感到吃惊，原因是人们对它

- 从未想象过
- 认为几乎是不可能的
- 太早寄予了期望
- 太晚寄予了期望

意外既可以是事件化的，也可以是进程化的，如表 12 所示。在实际工作中，两者有着根本的区别，可惜这个区别在描写"非常规牌"（Wild Cards）的文学作品中总是不被重视。

事件化意外（非常规牌）

道廷之役的例子（见第 105 页）描写的就是一个事件化的意外情景。事件可以是意外发展的导火索。比如，柏林墙倒塌就是从核武器军备到欧盟的税收和财政政策等无数个趋势的转折点。全球互联网的发展，也可以说是用户友好型上网界面的发展充当了汽车业的转折点，或者成了证券市场和期货市场的转折点。因特网深入发展，演变为基于 HTML 的全球互联网（World Wide Web）。然而这个突破更确切地说是我们意料之中的事情，因为互联网在沟通方面变得越来越简单符合计算机技术典型的发展过程。

表 12：两种意外

分类	事件化意外	进程化意外
定义	■突然出现的意外，其形式是环境中的某一事件	■逐渐出现的意外，它将所处环境的未来发展引向另一个方向
举例	■2006年，空客的产品缺陷被公之于众 ■2004年12月26日发生的海啸 ■2001年发生的"9·11"恐怖袭击 ■1989年11月9日柏林墙拆除 ■1986年4月26日切尔诺贝利核泄漏事件 ■第103页起的内容中列举的例子	■淘汰掉物理乐器音乐市场 ■工作时间缩短后又再度延长的劳动力市场（趋势转变发生在2003年，而10年前就已初见端倪）
作用	■平衡被快速打破，也有被永久打破的潜在可能	■平衡被缓慢地改变，这种改变多数是永久的
提前预见的可能性	■由于预兆（弱信号）缺失或很少，实践中无法提前预见	■由于预兆可发现，因此基本上可以提前预见
反应时间	■几乎没有	■有
典型方法	■非常规牌分析法（干扰事件分析） ■创新技巧 ■类比	■对不同的未来可能性进行情景分析（补充了蓝色未来眼镜的功能）

进程化意外（另外的未来）

与事件化意外相反，新型经济（New Economy）的短期下挫和延续一个多世纪的劳动时间缩短趋势发生转折，这些更确切地说应该归为进程化的意外。预先出现的迹象、弱信号和预兆让我们可以提前发现和预测某一进程的不连续性。例如，2003年德国东部的劳动者为争取将每周工作时间缩短到35小时举行了一次大罢工，结果以失败告终。而其实早在十年之前，一些企业就已开始把被缩短的实际劳动时间再行延长了。针对进程化的意外，我们所使用的思考工具就是所谓的情景描述（严格意义上的）。红色未来眼镜尤为适合情景描述法发挥其优势。

如表12所示，在意外的概念中，突发性发挥的作用并不像我们原来想象的那么显著。因特网并不是突然出现的，早在1964年就已有多份研究报告明确预测将出现因特网之类的东西。1962年人们设想出了阿尔巴网[①]，并于1969年将其实现。即使是在当时，阿尔巴网也明显只是一个雏形。尽管如此，因特网能在几年的时间内让市场和世界发生如此深刻的变革，这还是令不计其数的行业、企业和个人感到非常吃惊。

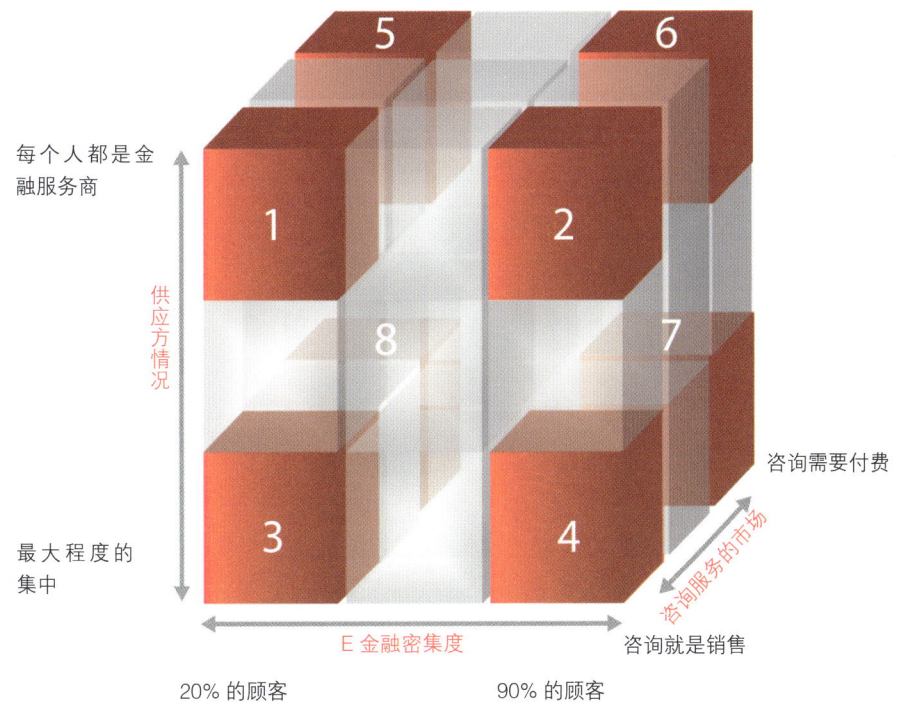

图12：银行市场的8个情景

---

① 阿尔巴网是因特网的前身。——译者注

上图画的是一枚"情景骰子",它呈现的是一幅由银行业市场的不同未来组成的结构图,其中包含 8 种意外发展的情景。这枚情景骰子有三个轴,分别对应三个意外类问题(此处与判断类问题相同)。每个轴的两端都是相应问题的极端化答案。这幅结构图与蓝色未来眼镜的假设很相似(见第 80 页表 9)。

1. 横轴 E 金融密集度:把 E 金融作为处理个人银行事务首要手段的人占百分之多少?是 20%,即通过互联网做这种事的人很少呢,还是 90%,即几乎所有人都使用这个办法?

2. 纵轴咨询服务的市场:在未来,金融咨询需要单独付费的程度如何?是理所当然要付费,还是咨询仅仅是一种销售工具?

3. 竖轴供应方情况:金融服务的供应方市场碎片化程度将如何?是只有很少几个大型金融服务商,还是不管哪个行业的哪个公司实际上都在提供金融服务呢?

把三种极端情况组合在一起,我们将得到一些可能发生性非常低,却又可以想象的未来情景。比如右上靠远端的组合,就是

a. E 金融密集度达到 90%
b. 咨询就是销售
c. 每个人都是金融服务商

这是被称为"传统银行之死"的一种情景,因为在这个未来中,几乎只剩下少数的结算中心还在维持经营了,他们为各行各业的金融服务商提供清算服务。而另一种情况则是,很小比例的个人寻求咨询服务,且咨询的内容主要是价值很高的产品和解决方案,金融服务的费用还是主要通过销售佣金的方式来支付。这样的三重组合位于左下方的前端,即

a. E 金融密集度为 20%

b. 购买金融服务需付费

c. 最大程度的集中

这里呈现的情景与之前的相反，人们称之为"寡头金融咨询商的繁荣"，因为在这个未来中，金融服务还只停留在私人业务的层面上，需要单独付费。然而，由于数额较高，佣金也给消费者造成了很大压力，因此必须通过大集团的规模化经营才能从根本上降低后台的运营成本。

4.4 红色未来眼镜的思考立场和原则

在思考立场和思维方式方面，红色未来眼镜对使用者提出的要求与蓝色未来眼镜有很多共同之处。就像蓝色眼镜一样，红色未来眼镜也是从宏观角度来放眼世界的，它的观察角度主要是朝向外界的，着眼于周围环境。因此，透过它看未来的目光是保持距离的、被动的、观察着的。为了模拟出未来可能的意外造成的后果，用红色未来眼镜进行思考时，看待目标是悲观的、宿命论式的。为了能想象出未来给你准备的意外，你需要些消极的想象力。

请把红色未来眼镜对准周围环境

与蓝色眼镜一样，红色未来眼镜关注的完全只是你的环境以及你的企业所处的环境。你自己在其中完全不发挥作用，正如前文中对被动性提出的要求（见第87页）。可惜很多实践家谈到情景时，他们指的其实是自己可采取的行动和可施加的干预。每到此时，我以及很多专家都感到他们说的内容文不对题。

不要把红色未来眼镜与诸如"什么会失败"这样的规划类问题或者与"风险"相混淆。

意外还需要与"风险"在概念上划清界限。德语中的风险"Risiko"一词源自意大利语，意思是危害和冒险。在法语中，风险对应的词"risquer"意思则更清楚，就是人们把自己或其他人或物带到危险中或者孤注一掷。也就是说，风险需要人们主动的行为，即人去冒风险。一般来讲，这些风险来自正常的经营活动，或者来自经营带来的附加活动。但这种风险几乎都是有意识的、主动的行为造成的。而威胁这个词的含义却有所不同，威胁指一种不必经自己的行为即可产生的危险。

学会跳跃式思考

当人们对其周围环境进行思考时，刚开始多数人都会用投影的办法，想着现在正发生的变化延续下去会怎样。这种思考是典型的蓝色未来眼镜式的思考。很明显，我们大脑的结构决定了我们回忆过去和设想未来使用的是同一块大脑皮层。所以，我们常常只能看到我们认识的东西。然而，大多数与战略密切相关的非连续性事件并不能用已知的统计学或经济学模型来预测，因为用过去的因果逻辑规律无法解释这种变化，或参与这种变化的"外来变量"无法进行量化。

使用简单的投影式思考，你几乎看不到意外。

红色未来眼镜更需要一种非连续性思考，我们必须强迫我们的大脑这样做。怎样才能出现截然不同的结果呢？得发生什么事情，我们的未来战略才会从根本上发生动摇呢？得发生什么事情，我们才能在极短的时间内一下子获得成功呢？类似这种问题可以帮助我们看到那些意外的、预料不到的以及不大可能发生的事情。

寻找不大可能发生的事情

意外的未来要求我们去思考不大可能发生的事情。既然意外是未来中唯一确定的东西，那么我们就得假设，我们主要的未来判断将出现错误，而未来的景象将不同于你之前所想。

> "没有意外发生的未来才是最让人意外的未来。"——赫尔曼·卡恩（Herman Kahn）

需要我们拓展视角，克服惯性思维模式的恰恰是那些宏大的、看似不可能发生的意外。长时间没有网络可用，这听上去既不可想象，又好像没什么大不了的。但曾经把手机忘在家里的人，或者曾一整天无法收邮件的人将会感到紧张，因为他更容易明白网络瘫痪将引发怎样的全球性灾难。如今，互联网赖以生存的是 13 台根服务器，它们全部位于美国。理论上讲，美国有"关闭"绝大部分互联网的可能性。

请将意外保留在你的日程簿上

很多人倾向于把不大可能发生的事置之不理。他们已经习惯了（用蓝色未来眼镜）寻找可能发生的事情，并把注意力都放在其中。所以说，红色未来眼镜得强迫，是的，强迫人们去思考未来不可能发生的事情。毕竟这不那么容易。因为你的同事和员工希望你能集中精力去处理"现实的事务"，而当意外成为工作重点的时候，你就不得不违背他们的上述要求。

说起来容易，做起来难。当你向别人指出可能的意外时，几乎总会遭到批评、怀疑，同情已经算是最好的待遇了。

> 蠢材总是自信满满，智者却疑虑重重，多么可悲！——伯特兰·罗素（Bertrand Russell）

请将未来可能带来的压力均匀分散开来

减少对未来的意外还意味着,把因为某个意外的出现而产生的压力打碎,然后把压力从未来带到当前。这样,你就可以降低痛苦的甚至是致命的压力峰值,将压力尽可能均匀地分散到你的生命中。

> 红色未来眼镜会造成压力。但是,始终保持压力大一点总比意外遭到致命一击要强得多。

这与降低耗电成本的原则很相似。高峰电价非常高[①],为了不产生用电高峰,我们就要避免各种电器和设备同时开启,就要将用电量好好地进行调配。

对于某个潜在的意外,我们知道的越多,它的威胁就越小,这是因为我们用以应对潜在意外的方案和应急战略会变得更加明朗。

请不要只看到意外的负面影响

虽然我们选择红色作为意外的颜色,但这并不表示意外就是带来威胁和危险的。生产拉链封口塑料袋的厂商就经历过这样一个意外:当时有关部门突然出台了一项规定,要求每位乘坐飞机的旅客必须把随身携带的液体物品装入这种塑料袋中,并在安检时出示。

> 很少有什么意外是对所有人都不利的。它总是对某个人来说是坏事,又对别的某个人是好事,反过来也一样。

经济适用型核聚变反应堆的研究意外取得突破性进展,它制造出的能量超

---

① 德国实行阶梯电价。——译者注

过了消耗掉的能量，这是一件令人高兴的事。人类的能源问题和地球的气候问题有望很快得以解决。但是，有些人可能会不那么欢迎它，那就是经营传统发电厂的人。他们的发电市场将会被核能发电厂挤掉。彼得森曾举过一个关于"非常规牌"的例子，一件对我们不利的事情，但同时带有积极的副作用：人类的精子浓度大幅下降，但这却有利于降低人口密度。

危机往往是向好的预兆。大流行性流感瘟疫在 14 世纪夺去了半数欧洲中部人口的生命。瘟疫过后，由于没有足够的工人，农民获得了话语权，他们从农场主手中拿到了更高的工资和更低的地租。当然了，假如能够天遂人愿，不会有人为了一半的人获得更好的福利而去谋杀另外一半人的生命。

别指望从意外中获得方向的指引

传统的情景描述法以未来根本无法预知为前提，试图通过大致 3—5 个情景来展示未来可能的情形，这几个情景所对应的未来具有相同的可能发生性或者相同的不可能发生性。人们需要在此基础上制定出一套对每个情景都一定程度上适用的未来战略。在传统的情景描述法中，除了设计平行的可能未来的情形以外，并没有其他用以观察环境的未来发展的手段，因此其情景具有一定的导向功能。而在五色未来眼镜体系中，在埃尔特维勒模型中，负责上述任务的是蓝色未来眼镜，它有意识地对可能发生的和不大可能发生的未来做出判断并持续检查这些判断。所以，红色未来眼镜无需再具备明确的导向功能了，也正因如此，对红色未来眼镜的假设和情景的缜密性要求就低一些（见下文）。

在五色未来眼镜构成的埃尔特维勒模型中，导向功能由蓝色未来眼镜承担。

请寻找合理的意外

根据定义,意外应该是主观看来不大可能发生的,但它却必须是合理的。如果什么是合理的,那它就必须是清晰的、可理解的、可信的和确凿的。合理性是衡量一种意外情况发生可能性高低的标准。关于某个潜在意外的假设或情景,描述得越好、理由越充分,那么它看起来就越合理。

2005年人们在日本东京湾下面发现了第四层地壳板块。这个发现导致该地区发生地震的风险显著上升。据测算,一旦大范围地震致使东京大部分地表塌陷,将造成1.1万人死亡,经济损失可达8110亿欧元。这可能会导致日本金融市场资本外逃,进而使金融市场陷入危机。虽然就连最权威的专家也不能确定或者排除发生这种情况的可能,但这一潜在的意外仍被认为具有一定的合理性。

人的直觉使我们很容易混淆合理性和可能发生性。我们将在几星期的时间内迎来一个只有善没有恶的世界,这个说法既不是可能发生的,也不是合理的。要想让这样一种意外变得可信,必须编出一个令人吃惊到窒息的故事。未来十年,人类将发现外星智能生物的存在,这个说法的可能发生性同样很低,因为十年对于宇宙来说只是极短的一个瞬间。但是,这个假设比起出现一个完全真善美的世界来说却要合理得多。

意外必须是具有挑战的,但也必须是合理的且可想象的,只有这样它才能被人们认真对待。

一个意外需要人们发挥的想象力越多,那么它遭到的反对也就越激烈。嘲笑是致命的。太过大胆的情景有遭到管理层全盘否定的危险。在挑战达到一定的程度后,合理的怀疑是理所当然的,毕竟要对极度不合理、不可能发生的意外做准备,在时间和财力上都是做不到的。意外的效用先是随着挑战度的上升而增加,之后就会直线下降。

可能的意外的数量正在增加

如今,要发现和理解可能的意外及其影响已经变得越来越困难了。意外的数量趋近于无穷大。造成这种局面的是下面一系列发展趋势:

复杂性增加

人类让世界变得越来越复杂。从定义就可以看出,意外是一个系统复杂性的标志。一个只是构造上比较复杂的系统,比如一个开关电路,总体来讲不会产生什么意外,这还算不上复杂系统。而一台计算机已经可以被视为复杂系统了,在输入相同指令时并不总是出现相同的结果。如果人类再参与到复杂系统中,那么就变成了复杂的自适应系统,因为人类或多或少都会做出一些有利于自己的决定。例如一个市场或者一个社会,就是这样的系统。它们是完全无法被准确预测的,它们不停地制造着意外。

要素不断增加

复杂性提高的原因在于系统中积极和消极的成分变多了。人更多了,企业更多了,组织更多了,计算机更多了,干脆地说就是东西更多了。这让统筹所有基本要素这件事变得越来越困难,更别提去发现和理解要素之间的相互作用关系了。

不断提高的网络化

不管是在信息沟通方面、相互依存度方面还是相互影响方面,利益相关者之间的联系日益紧密,这使得可能造成意外的原因越来越多。不断提高的网络化是上面所说复杂性的推动器。在发明互联网之前,像网络严重失灵或者出现新的纯网络化竞争者这样的意外根本不会出现。一条发布在网站上的信息使德国境内发生袭击的概率在短短几天内大幅上升，这在以前也是不可想象的事情。

潜在意外的数量随着变化速度以及复杂性的上升而增加。

连锁反应和累积作用

意外几乎不会引发可预见且可理解的连锁反应。意外的累积作用同样难以预见和理解，不会像连环儿童谋杀案一样，最后一起谋杀终于催生出新保护措施的出台。人们无法将作用的漩涡，就是说一个意外在整个进程中导致的变化的总和尽收眼底。勒内·托姆（René Thom）的灾难论曾声称解决了这一问题。按照他的说法，我们用该理论就能像对待连续发生的演变过程一样去理解和计算不连续的发展变化。真能如此的话，连锁反应的爆发和整个行进过程就能像趋势一样被计算出来。很可惜，这个数学模型从未真正发挥过作用。

关联度蕴含在潜在的效应中

一个潜在的意外，人们不可能一眼就看出它将产生什么样的效应。相对于常见事物而言，意外是相当新的东西，因此人们还来不及对它和它的效应进行充分思考。一个意外产生的作用越强，说明它的关联度越高，也就越需要人们赶紧想办法应对它。

人们所做的准备不应针对意外本身，而应针对它的影响。

有些事听起来理所当然，但落实到行动中却没那么容易。如果你给这件事起个简短的名字，然后先问问自己，你的成功主要仰仗哪些核心要素，然后模拟完全或部分失去这些要素的情形,这样事情就简单多了。对于作为生活主宰的个人、对于企业,或者说得更直白一点,对于任何一个组织,销售和收入都是重中之重。因此,我们能想象到的最快速且最简单的不连续性分析就是,提出并回答"5 和 50 的问题":

如果我们在 5 个星期的时间内永久性地失去了 50% 的收入来源,我们该怎么办?

如果你知道了能想象到的最坏影响,那么造成这种影响的意外也就没什么大不了的了。

你为了在这概括性的不连续情况中生存下来所做的一切将保护你不被别的可想象的意外情况所伤害。如果 50% 的业务滑坡对你而言稀松平常,那么就请你想象一下 60% 甚至 80% 的情况。

请抽出必要的时间

意外的影响常常被低估或高估。如果有人只是想了两秒钟就知道某件事会带来戏剧性的结果,或者断定某个意外根本不成问题,可以不必介意,那么你要多加小心,不要轻信于他。因为就算这样的意外看起来相当简单,它的后果和它与其他要素的相互作用也可能是非常复杂且意义深远的。

在灵活性缺失的地方寻找你的薄弱点

假如我们不把分析限制在最重要的潜在意外范围内,意外分析工作将是无穷无尽的。下面第 134 页的图表可以帮助你确定,针对哪些战略成分需要制定应急战略。

> "能够存活下来的物种既不是最强壮的,也不是最聪明的,而是最善于适应变化的。"——查尔斯·达尔文(Charles Darwin)

表中第一列是相关的观察对象。第一行列出的是能够短期调整的战略成分。例如你的定价机制,这是你能很快改变的东西。在这种情况下,你和你的企业非常灵活,就像一艘摩托艇。

接下来一行是长期固定的战略成分。这里指的是房地产、信息技术,特别是企业文化等等。这些成分就像是一辆坦克,要调整方向乃至掉头都是非常缓慢的。企业文化即便能够改变,一般也得需要几年的时间。最后一行对应的是其他所有战略成分。

观察对象	时间点	在冒险意愿极强的情况下	在有风险意识的战略中	在对安全要求极高的情况下
能短期调整的战略成分	今天		不需要预防性应急战略	实施预防性应急战略
	未来	在必要时做出反应	在必要时做出反应	实施紧急性应急战略
长期固定的战略成分	今天		■实施预防性应急战略 ■尽量避免长期固定成分 ■用尽所有可用的弹性措施	■尽可能实施所有预防性应急战略 ■将长期固定成分最小化
	未来	在必要时做出反应	实施紧急性应急战略	实施紧急性应急战略
所有战略成分	今天		建立预警系统	建立预警系统
	未来		持续预警	持续预警

图 13:意外分析的重点

你为了追求效率而牺牲掉灵活性最多的地方就是你最容易受伤害的地方。

第二列对采取应对行动的时间点进行了划分，包括今天要做什么和未来要做什么。第三列描述的是一种非常强调冒险的战略，对风险的容忍度很高。对大多数企业来说，这种战略是无法施行的，因为它首先就不符合法律要求。最右边一列描述的是一种对安全顾虑非常多的战略，这种战略有可能同样很危险，因为在你拒绝一切风险的同时，显然也会毁掉所有机会。只有剩下的一列，即有风险意识的战略，才是最理想的选择。它既仅针对存在的风险做防护，又能拿出足够的企业责任感和迎接风险的意愿，从而能在竞争中获得并保持较好的市场地位。

有风险意识的战略主要关注长期固定的战略成分，因为正是在这些地方人们才会为追求竞争力而在灵活性上牺牲得最多。你的企业灵活性越低，就越需要高瞻远瞩。

灵活性与前瞻可以相互替代。

因此，检查那些可想象的意外这项工作的重点应该是，弄清楚它们会在多大程度上触动长期固定的战略成分的根本。比如，你的IT系统有可能由于一次突发的市场革新而变成一堆废铁，那么为此制定一套应急战略就是有意义的。作为预防性措施，你可以对IT系统进行更新换代，把旧设备淘汰并弄走；或者，作为紧急性应急战略，你可以通过签订合同，确保一旦出现问题时有备用系统可用。

灵活性只是保健药，并不是制胜关键。

有了这个模型，你就可以检查一下所有的长期固定战略成分。这将使你的未来战略更为周密，更能够抗击意外的未来发展变化。

用极端情况扎紧可能性的围栏

在实践中，要把所有可能的意外都想到并想透彻，这既是做不到的，也是没必要的。多数情况下，只要对一系列极端未来情况进行考虑就足够了。比如，一家银行的领导团队可以想象一下，在可预见的时间内出现下面的未来情况，即 90% 的私人客户都在网上办理银行业务，咨询服务由始至终都不需单独付费，且几乎任何一家公司都能额外提供金融服务。其实在这个臆想出的困境中，传统银行已无生存空间可言。如果管理团队在这种情况下仍能找到足以维持银行生存的应急战略，那么其他的意外情景再多都不在话下。

几个极端的假设和情景就足以确定可能性的空间范围。

少数几个情景就可以划定意外空间的边界，但这并不意味着像很多情景描述法专家那样，找三五个情景就够了。我的建议是，在实际工作中要对更多的平行未来的情景（意外的发展变化）和意外事件加以考虑。

你要有意地减少意识中的筛子和障碍物

不管红色未来眼镜有多强的系统性和理性，使用它的时候还是难免掺杂进心理因素。"群体思维"的概念描述了这样一种现象，即相互协作良好的团队往往容易过快形成统一的意见和思维方式。在当今节奏不断加快且情况日益复杂的世界里，这一点可能是极其致命的。

一个人发现潜在意外能力的大小取决于很多因素，比如，他的基本知识有多少，他对现实的判断是否符合其他人看到的真实情况，他喜欢什么（爱好），他不喜欢什么（厌恶），他有多聪明，他懂多少种语言和绘画，他目前的身体和精神状态如何等等。所有这些都有可能造成意识障碍、自知障碍、想象障碍和行动障碍，而这些障碍将会影响对潜在意外的提前发现。

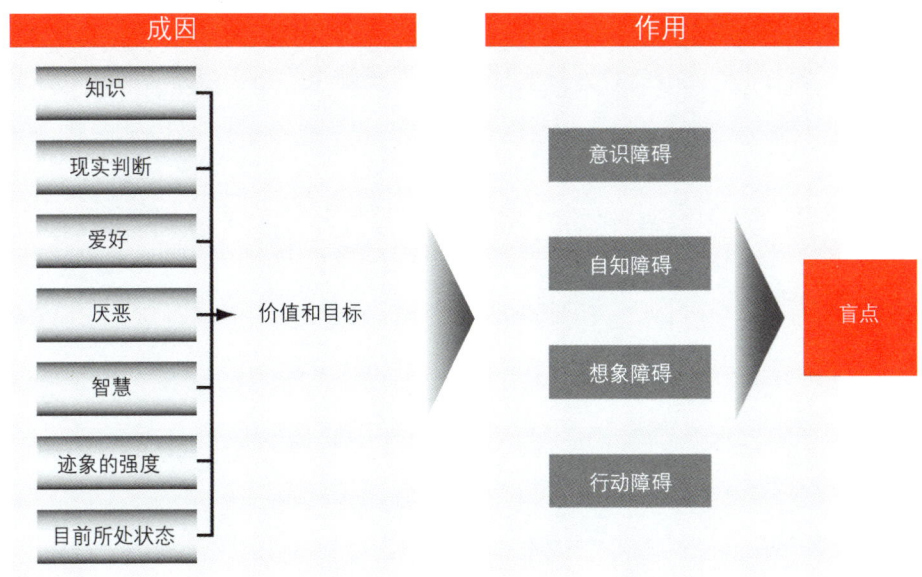

图 14: 盲点的心理成因

如果人们了解这些筛子和障碍物的存在，并能够在团队中针对这些可能出现不公正判断的地方相互提醒，则可以削弱筛子和障碍物造成的影响。

"哲学给我们上的第一课就是告诉我们，每个人都可能是不公正的。"——威廉·杜兰特（William Durant）

获取知识须兼顾内外

仅仅依靠你下属机构中专业人士的眼界是不足以发现未来意外的。红色未来眼镜需要四个方面的知识，如表 13 所示。

所以，为了让红色未来眼镜的工作有意义，既要有专业上的深度，也要有跨领域的广度。为了做到后者，你最好咨询一些局外人、门外汉以及非本行业的专家，还可以利用非本行业的媒体和会议上的信息。

所以说，不过分重视行业经验这一点在使用红色未来眼镜时非常重要，因为行业经验知识要到分析意外产生的结果时才能派上用场，而此前的三个阶段需要的通常是你公司里不具备的一些知识。

表13：使用红色未来眼镜需要具备的条件

阶段	主导问题	需要的条件
发现意外	■会发生什么意外的事情？	■主要是外来知识
定性意外	■这个意外到底是如何起作用的？	■关于潜在意外的机制和特性的知识
意外对整个系统产生的作用	■意外会导致系统和环境发生什么变化？	■关于系统整体的机制和原理的知识
意外对观察者产生的作用	■这个意外会给我们造成什么后果？ ■我们怎样应对才最有利？	■关于相关市场、企业或问题涉及的其他分析对象的知识

设计情景要选择一条实用的道路

情景描述的方法不计其数，它们覆盖的哲学和技术领域之广可想而知。这里我想具体谈谈其中两个极端的派别，一个是直觉派，另一个是数学派。

直觉派的情景描述法把情景对其应用者的影响放在首位。这种方法简单易行，它做出的描述只在大致上是清晰、易理解、可信和有说服力的，这让情景具有一定的合理性。但这样程度的合理性却在数据完整性方面较为薄弱。也就是说，不能保证情景中的假设之间完全没有矛盾。直觉派认为，数学意义上的数据完整性无足轻重。

数学派情景描述法的观点与此相反。他们认为，在分析一个系统，比如一个市场时，要得到真正的数据完整性，也就是完全无矛盾的结论，必须要做到以下几点：

1. 所分析系统的每种成分及代表它的字段（可量化的属性）都要被纳入进来；
2. 所有成分间的相互关系要描述得清晰无误；
3. 所有关系的性质、强度和作用方向都应一一说明；
4. 每种成分的所有可能的发展变化都要被考虑到。

数学派认为，只有这样才能制作出天衣无缝的未来情景，也只有这样高质量的情景才能被接受。如此高要求的完备性显然只能通过全面而精准地建立计算机模型加以计算才能实现。

诺伊豪斯（Neuhaus）将数学派的立场总结为"算得正确最要紧"，而将直觉派的态度归纳为"深入内心的管理模式最要紧"。这两个派别的代表人士分别被称为"情景语法学家"和"情景实用学家"。

这两个极端，无论是计算出来的情景还是简单创作出来的情景，对于实践来说都不是最优选择。

1. 直觉派在其直觉逻辑的基础上直接创作出情景，这虽然能够顺应内心原有的模式，而且可以加快学习过程，但却没有或者说几乎没有像样的方法论。这违背了大多数经理人的求真精神，所以会很快被指责为江湖骗术，不管它是多么能带来灵感、多么方便好用。

2. 就连数学派计算出的情景也有其缺点。第一，数学派要求未来达到的周密程度就连现实中也是不存在的。第二，数学情景法起源于 70 年代，当时许多人都深信，只要有更好的计算机就能更好地掌控未来。但广为外界所诟病的其实是人们在情景中计算出了不大可能发生的未来，这一点仍旧没有改观。第三，通常要获得数学意义上的完备性需要投入太高了，与简单方法相比较，这种完备性对实践产生的边际效应则非常小或者根本没有。毕竟简单的方法也能得出可用的情景。第四，数学派用电脑创作出的情景存在"所有权"和能否被接受的问题，因为应用者自己来发现这一点尤为重要。

> **在实践工作中，我推荐借鉴直觉派的方法，同时也尊重数学派的原则（但不建立数学模型）。**

关于你所处环境或者你所在市场的可能的发展变化，你已经通过蓝色未来眼镜进行过了解。其间你也已经分析并估算了极端的假设和情景。如果你熟悉你的市场，那么你可以跳过复杂的模拟环节。有经验的市场专家不需要这样做。系统建模给出的结果常常是令人失望的。因为对于一位行家来说，它拿不出什么新鲜的东西。只有当你研究一个陌生市场时，进行复杂的建模和计算才有意义，它能帮助你系统地认识这个陌生的市场。

4.5 操作手册

红色未来眼镜主要适用于分析那些未被蓝色未来眼镜作为非预期观察到的未来。所以，事件化的意外（非常规牌）在此处比一般的情景更为重要。本节内容将为你列出一张清单，以方便你在企业中的工作，或者为你的人生提供帮助。

4.5.1 企业应该怎样做？

1. 召集你的未来团队。
2. 确定你的意外类问题，参照上文第118页起提到的内容和事例。
3. 使用下面的方法和技巧设计出意外事件的假设和情景：

a. 凭借本能去回答意外类问题，从而查找出那些不需花费高昂成本就非常明了的意外。这样做足以取得良好的效果。这里再次强调一下，设计出特别富有想象力的意外毕竟不是关键，发现你的薄弱之处才最重要。

b. 把你的未来判断颠倒过来。反过来阐述你的未来判断，并将之描述成一种突然发生的未来。假如你的未来判断是，你的市场年均增长5%—8%，那么由此衍生出来的潜在意外就是，你的市场在一年之内萎缩了20%—30%。假如你的未来判断是，私人咨询服务始终依赖人类劳动才能进行，那么你就必须由此得出这样的意外，即人工智能取得了巨大突破，或者干脆出现一款革命性的软件，导致半数的咨询服务可以免费获得，不再需要真人的参与。

c. 利用未来要素（未来的趋势、科技和主题），参见第75页起提到的事例。几乎每个未来要素都能针对你的意外类问题引申出一些答案。这项工作与绿色未来眼镜在方法上有想通之处，你可以参考未来要素分析的三个层次（见第176页）。

d. 利用"非常规牌"目录。书籍中有很好的资源可供查找此类目录，如卡尔海因茨·施泰因穆勒（Karlheinz Steinmüller）的《无拘无束的未来》（*Ungezähmte Zukunft*）、约翰·彼得森（John Petersen）的《走出蓝色》（*Out Of The Blue*）。但是，这些书中提到的非常规牌需要你根据需要进行加工和细化。

e. 询问前瞻者和跨领域思想家。前瞻者既存在于你的行业内部，也能在外部找到。提出不寻常观点的文章和书籍的作者、博客的博主都是很好的对象。问问他们怎样看你的意外类问题。

f. 认真看看你的机遇全景图和备选的愿景。检查一下，哪些机遇和愿景是你不想给自己使用的。然后想象一下，假如这些东西被你的竞争对手采纳了，并且由此获得成功会怎样。

g. 想办法找出"敌人"。请一些人来设计能对你的公司造成威胁的手段。可以通过简单的头脑风暴来做这件事，也可以把它当成项目加以研究。用这种以攻为守的方法，你将会增加提前发现有害意外的概率。

h. 开展战争游戏。上文第109页提到了两个运用战争游戏的事例。这些以前被称为角色游戏或者模拟游戏的东西，由于分析竞争形势的需要，如今被冠以战争游戏的名号。这个工具能够显著缩小管理意识中的盲区。出于节省时间的考虑，我们建议完成以下三个游戏环节：

- 假定你有三个竞争对手，真实的或者臆想出来的都可以，每次将自己想象成其中一位对手。试想他们会对你采取什么行动呢？
- 为了避免遭受损失，甚至为了从中渔利，你将如何应对他们的每一次进攻呢？
- 这些竞争者又会对你的行动做出什么反应呢？

4. **提出意外发展变化的情景，准确地说是平行未来的情景。** 强迫自己和公司的其他领导者想出未来的其他可能，即那些你用蓝色未来眼镜看不到，也因而未出现在你的判断全景图中的未来。相关事例你可以在上文第121页起的内容中找到。

  a. 从蓝色未来眼镜所做的判断分析中找出三个你认为不确定性最高的判断类问题。
  b. 给每个问题制定两个极端的答案。
  c. 按照情景骰子模型将这些极端答案组合在一起，得到平行未来的八种情景。
  d. 将这八种情景用假设的形式表述出来，尽量让表述显得合情合理。
  e. 用矩阵的方法让情景中每个说法（假设）都与其他所有说法进行逐一对比检查，确保情景没有不能接受的自相矛盾之处。

5. **再加上标准意外"5和50"**：如果我们在5个星期的时间内永久性地失去了50%的收入来源，我们该怎么办？

6. **分析意外对你（目前）的未来战略可能造成的影响。** 你之所以戴上红色未来眼镜，首要目的是确保你的愿景、你的使命和你的准则不受事件化意外和进程化意外这些不可预知未来的干扰。如果你列出的意外清单上只有10条到20

战略成分		意外 A	意外 B	意外 C	意外 D	意外 E	意外 F	意外 G	意外 H
规范类成分	任务成分				☀				
	愿景成分		☀				☀		☀
	战略准则			☀			☀		
实施类成分	目标					☀			
	进程		☀						
	项目						☀		
	系统				☀				
成分条件类	发展机会		☀						☀
	应急战略								

图 15: 对未来战略的影响矩阵

条,那么你可以对每条意外都按照上面所说的办法做一次。但如果你列出的意外数量比这多很多,你则首先应该凭直觉评估它们可能的影响的强度。这与使用蓝色未来眼镜的做法一样,你应该使用德尔菲法对你未来团队的成员进行问卷调查。下面这幅图介绍了影响分析的基本思维结构。

7. **或者:分析意外对你目前的公司可能造成的影响**。如果你只需要保持现状,就不需要思考意外对你目前的未来战略产生的影响,而是应该想一想意外对你现在的公司产生的影响。为此,你需要把意外与可塑区域联系在一起,这些区域你将通过绿色未来眼镜划定出来(见第 159 页表 15)。

8. **根据意外产生影响的强度确定意外的优先顺序**。还是将之定义为 1–9 级,参见第 97 页内容。你如果不想让自己的生活和你的公司陷入瘫痪,就只能对很小一部分有可能导致你和你公司受损的意外真正地做好准备。但有些意外,一旦发生会让你追悔莫及。这样的意外你应该给予较高的分数。

你可能后悔的程度在评价意外时起到关键作用。

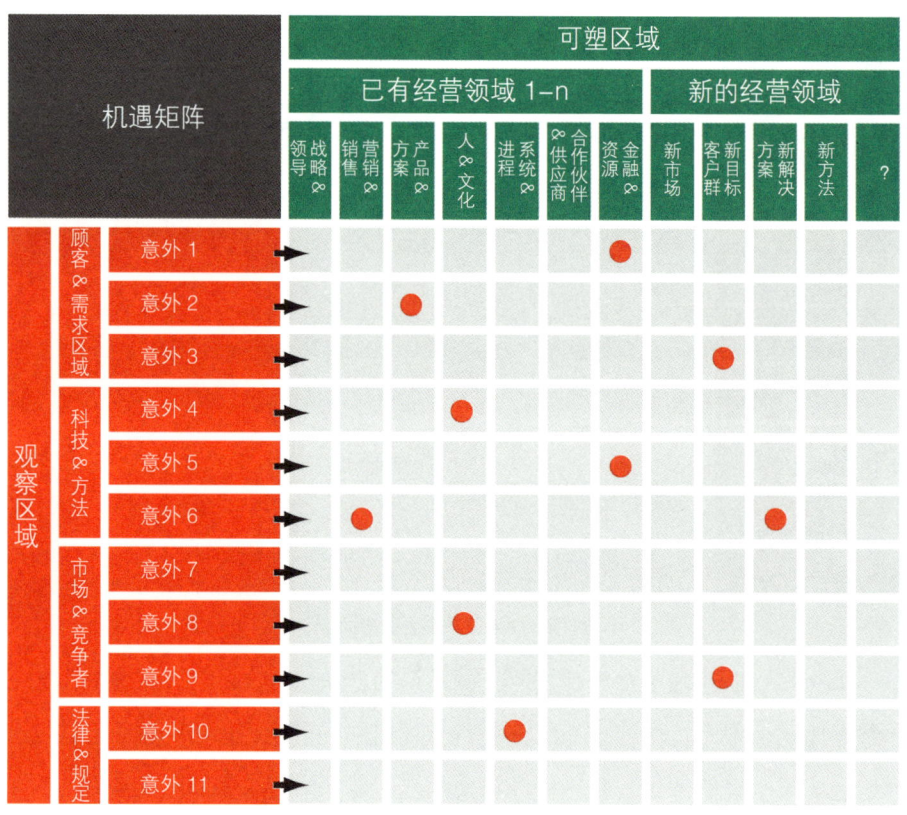

图 16：对可塑区域的影响矩阵

9. 制作一张意外全景图。前面你已经（为蓝色未来眼镜）制作了一张关于可能发生性的判断全景图，现在你要为红色未来眼镜制作一张意外全景图，也就是一张将发现的潜在意外及其可能的影响汇总在一起的表格，里面还包含对这些意外的强度的评价。

10. 完善你的愿景、使命和准则。你目前的未来战略必须针对每一种可能演变为威胁的影响做出相应的调整。在下文介绍紫色未来眼镜时，第259页的表20还会指导大家如何制定应急战略。绿色未来眼镜也将对完成这一任务有所助益。

4.5.2 作为人生总裁应该怎样做？

针对你的个人生活运用红色未来眼镜时，你可以集中完成下面几个步骤，并把结果写下来：

1. 提出你的意外类问题。

a. 在个人生活中，除了要问上文 4.3 小节中提到的与职业和企业有关的问题以外，还要特别增加关于健康、家庭和伴侣的问题。如果你靠双手劳动：假如你失去了双手该怎样过活？如果你靠你的嗓音混饭吃：假如你的嗓子长期无法正常发声，你该怎么办？

b. 找一个标准问题，这个办法同样适用于个人生活：假如你突然并永远地无法从事现在这份职业了，你该怎么办？

2. 用几句话描述你能想到的意外情况。如果你愿意多花些时间，也可以借用上面介绍的为企业设计的方法清单。

3. 研究一下意外可能对下面几个方面产生的影响：

a. 你的职业活动；

b. 你的家庭以及你的社会关系；

c. 你的心理和精神状况；

d. 你的物质财富；

e. 你的生活环境。

4. 通过黄色未来眼镜提高你的工作成效。下文紫色未来眼镜部分中第 259 页的表 20 将为你介绍如何制定应急战略。

5

**绿色未来眼镜：
你拥有哪些
未来机遇？**

**Ihre grüne
Zukunftsbrille:
Welche
Zukunftschancen
haben Sie?**

只有抓住未来机遇才能创造未来。

船长和船员们通过佩戴蓝色未来眼镜已经得出了关于海洋和天气未来发展情况的判断，然后又了解了潜在的意外情况，并做好了相应准备。现在他该问问自己，有哪些好的目的地值得他们驱船前往了。人们向往找到并占有富饶的岛屿和大陆，即使那里至今还未曾被人类踏足，即使人们只在神话或传说中得以一窥其芳容。富饶的岛屿是绿色的，如同我们的绿色未来眼镜。

只有抓住未来机遇才能创造未来。机遇是对我们有利的可塑性，是一种原料，从中形成我们的决策选项和未来战略。未来机遇有相当一部分来源于你对未来（市场）发展情况的估计，也就是说来源于你运用蓝色和红色未来眼镜得出的结果。但你也有可能从其他任意一个来源中攫取机遇，可以通过创新的方法从别人那获得灵感，或者直接照搬别人的东西。

绿色未来眼镜的目的是，通过或多或少的系统性思维和漫无边际的创造性思维，尽可能多地找出未来机遇。这其中有两个重点，用两个问题表达如下：

1. 我们有哪些可视为未来机遇的长期可塑性选项，供我们决定我们的战略愿景和方向？

2. 我们有哪些可视为未来机遇的中期和短期可塑性选项，供我们实现我们的战略愿景？

就连多桅帆船的船长要问的也不只是可能的目的地有哪些，他还要自问有哪些手段可用来抵达已经选好的目的地。也就是说，在运用五色未来眼镜的整个过程中，绿色未来眼镜要出现两次，而不是一次。

5.1 绿色未来眼镜的案例

丰田（Toyota）发现了混合动力发动机的机遇

人不能等到口渴时才去挖井。在这条警句的鞭策下，丰田公司在90年代初就对汽车市场的未来情景进行了描绘。从中，丰田公司管理层得出了这样的未来判断，即一些国家和地区的政府出台了越来越严格的尾气排放规定，比如加利福尼亚州，而普通的驱动技术已无法满足其要求。

当别的汽车生产商还在忙着完善陈腐的发展纲领时，丰田公司发现了费迪南德·波尔舍（Ferdinand Porsche）关于混合动力发动机的想法。他早在1896年就为此申请了专利，1902年才真正实现了这个想法。丰田看到了其中蕴含的未来机遇。虽说当时气候变化问题早已不再新鲜，石油稀缺也尽人皆知，这两件事已是大势所趋。但还没有任何一家大型汽车生产商批量生产出混合动力汽车，这种动力理念极具未来前景。

1997年，丰田普锐斯（Prius）成为第一款大规模量产的混合动力汽车，其燃料节约率达到30%左右。此举奠定了丰田在混合动力技术领域的世界领先地位。不仅如此，丰田还成功地将这些技术知识移植到豪华车型中，推出了雷克萨斯（Lexus）品牌混合动力汽车。

人人都能拥有的 E-Mail

90年代中期，沙比尔·巴蒂亚（Sabeer Bhatia）和杰克·史密斯（Jack Smith）提出了一个未来判断。他们认为，在不久的将来，每个人都能拥有个人电子邮件地址。当时，因为在工作中总是碰到系统防火墙妨碍相互传送数据的问题，他们产生了电子信箱的创意，希望借此实现在世界任何一台电脑上都能通过互联网浏览器查看邮件的愿望。正是这个被提前发现的未来机遇催生出了Hotmail公司，这是一家专门从事个人电子信箱业务的公司。1998年，两人以4亿美元的价格把这家公司卖给了微软。

莱因哈德·沃思发掘出公司的潜力

21岁那年，莱因哈德·沃思（Reinhold Würth）继承了父亲的螺丝产品批发业务，当时那只是一家地区性的贸易公司，刚刚开始接触国际业务，经营的重点集中在螺丝的大宗交易上。莱因哈德·沃思说，当时他一看到强力胶生产商就会觉得，他们那边多卖了一个马克就意味着他这边少卖了一个马克。这其中的关系他怎么都想不明白，直到后来他问了自己这样一个问题：顾客到底为什么付钱给他呢？一开始，答案是"为了固定"，意思是说顾客需要把活动的东西固定到其他东西上。后来答案变成了概括性更强的"为了连接"。如沃思所说，想通了这个道理，他才彻底打开了自己的思路，认识到公司所蕴含的无法想象的巨大潜力。从此，他带领公司一步步从产品贸易商转型为功能供应商。通过潜心钻研产品功能，这家公司紧紧围绕自己的核心竞争力实现了业务范围的拓展。就这样，沃思集团摇身一变，成为最早销售车用黏合材料的供应商之一。如今，该集团拥有约6.5万名员工，业务覆盖80余个国家。

从农用杀虫剂到保险

农药生产商所想的东西都是数以吨计的。在这个商业领域里，人们经常用杀虫剂的吨数来说明需要的杀虫效力和使用面积。如果你问某位客户或者农民，他付钱给农药生产商真正买的是什么，被问的人将很快想到答案，告诉你他真正买的不是农药，也不是杀虫剂。他的目的一方面是提高收成，另一方面是保障收成。现在让我们来设想一种情况，即农民突发奇想，只为达到上述效用付钱给农药生产商。解决办法就是，农药生产商直接把农药洒到田地里。这样一来，农药厂商的成本依然是按照农药的公斤或者吨数计算。但农民却不照此付钱，而是要把通过使用农药获得收益的20%付给农药厂商，另外再加上5%的保险费。

要是这家农药厂商拒绝这个办法，那农民就去找别人，直到有人愿意接受这项新的交易为止。一旦农药厂商同意接受，其经济运作方式就在这一刻发生了彻底改变。以前他的业绩是用卖出多少吨农药来衡量的，卖得越多越好。从今以后，目标则变成了尽可能少地使用农药。

按照新的思路继续思考，原来的农药专家将会发现使用其他手段也能达到农药的效果。经过多方查找，他得到了基于生物技术和纳米技术的解决方案，而且他还考虑到了化肥的问题。然后，他明白了，自己其实做的是保险生意，只是之前没发现而已。权衡利弊，他决定不再扩大生产，而是购买生物技术、纳米技术以及保险。最后他提出了一个终极问题，为什么还要自己生产农药呢，国际市场上的农药价格如此低廉。就这样，农药厂商华丽变身为农效专业公司，通过将育种、农药、化肥、保险等各种手段进行最优组合，使耕地的收成得到保障并从中获得丰厚的收益。结局如水到渠成！最后，农药厂商打定主意，卖掉了农药生产线。要知道，不久之前那可还是他的生存之本和全部的荣耀所在呢。

这一切到底是怎样发生的呢？不过是一个顾客和一个供应商把他们的买卖从头到尾想了一遍，看到了事情的本质，然后一举改变了他们的世界。

"个人制造机"（Personal Fabricator）的未来机遇

科幻系列剧《星际迷航》（*Star Trek*）的热播让剧中的神奇打印机深入人心。这神器何时能真正来到我们身边呢？别急，希望的曙光正缓缓跃出地平线。在剧里的未来情景中，人们只需要把自己想要的东西告诉这打印机，比如一杯鸡尾酒或者整件的物品，这台机器就会一个原子一个原子地把它"组装"出来。以今天的眼光来看，这似乎是痴人说梦，但这样一个未来机遇有可能真的实现，那就是"微组装"（Fabbing）创意。在未来，每个人都会像拥有个人电脑（PC）一样拥有一台个人制造机（PF）。人们可以从网络上下载产品的电子模型，然后在家打印出实物。这件事通过今天的 3D 打印技术就能实现。通过 CAD 软件设计出来的复杂模型能够在车间进行打印。目前这项技术的应用还局限于少数几种材料上，因此主要用在产品研发领域。许多企业现在都在研究和开发新的打印材料。

勾勒可想象的未来机遇——银行的愿景选项

绿色未来眼镜为多桅船长创造了战略选项。他能由此看到那些潜在的目的地，也就是可供选择的愿景。接下来他必须借助绿色未来眼镜在这些愿景中做出抉择。这些可供选择的愿景清晰地勾勒出了自我未来的可塑空间。下面的表格粗略描述了几种可供银行选择的战略愿景。根据里面的描述，再加上一点点想象力，你或许能猜出这些描述对应的企业原型。

表 14：可供银行选择的几种愿景 2020

银行愿景	简要描述
"Ryanaldi"银行	最简单明了地办理业务，没有冗余机构和废话连篇。顾客需要的是一些核心服务，也只为此支付非常低廉的价格。
"CIT"银行	完全面向私人顾客。产品、服务和咨询都有极为详细的标准。外来产品都必须融入该银行自己的服务项目中。

续表

银行愿景	简要描述
"PLM"银行	将客户关系放在首位。要让顾问与客户保持紧密的联系，这虽然需要增加成本投入，但却能获得客户长期的忠实并带动关联业务。顾问陪伴客户一起变老。
银行愿景	简要描述
"MCK"银行	专门从事高度职业化的企业家和企业咨询服务，与传统的管理咨询和企业咨询有很强的关联。
"MCD"银行	致力于提供易于理解的服务项目，提倡费用透明化、手续简单化。标准的选项让选择更轻松。去银行是件方便而实惠的事，值得体验一下。
"TschiPOS"银行	哪里有顾客，哪里就有银行，特别是在那些人们每周都愿意光顾一次的购物中心。除了金融产品和咨询服务，人们还能在这里找到丰富多样的商品。
"Tiffany's"银行	只为极高层次的高净值私人客户提供服务。定制化和私密化的服务能够满足顾客对高质量客户关系的要求，让客户关系一代代地传承下去。
"Community"银行	将团体客户摆在首位。这家银行是为团体解决问题和提供重要服务项目的平台，服务不局限于金融服务。服务只面向会员。
"3M"银行	始终追求创新的办法，没有业务领域局限的概念。利用新机遇，开发新市场，采取下属企业独立运营的经营模式。
"3I"银行	这是一家投资银行，投资于独立的业务领域和企业，并让他们归于一家拥有战略主导权的控股组织旗下。
"Brainpool"银行	这是一家项目银行，以一支高素质团队实施各种项目。其核心实力在于员工的商业智慧和工作能力。

5.2 绿色未来眼镜的意义和作用

你能从可塑的未来中看到更多

未来机遇对于个人或者企业来说都是生存的选择。绿色未来眼镜帮助你看清楚未来的可能性，为你照亮昏暗的空间，让你更好地了解它的规模和特性。地球上几十亿人都是未来的塑造者，他们对未来的看法也一定程度上决定着什么在未来是可能的。

> "愿望是一种对我们自身蕴藏能力的预感，预示着我们有能力做到的事情。"——约翰·沃尔夫冈·冯·歌德（Johann Wolfgang von Goethe）

绿色未来眼镜与环境无关，而与你自身有关。它不管海洋和天气，管的是可供选择的目的地和可能的行船策略。

你将提高你的成功概率

有选择的人，往往更自由，也更幸福。你可以选择的道路越多，就越有可能从中找到非常适合你的道路，或者说找到能更简单、更快捷地获得成功及自我实现的道路，不管这里所说的成功指的是物质上的还是非物质的，也不管这成功是个人人生管理方面的还是大型跨国集团领导工作方面的。

如果再也看不到任何能让生命有其价值的机会，那么人就会自我了断。如果摆在自杀者面前的各种选择中没有哪个是值得为之活下去的，或者没有哪个至少是可接受的，那么他将结束自己的生命。反之，假如有些机会其实是可以想到的，也是可以被发现的，只是这生无可恋之人以前没看到这点而已。那么，如果能为他指出这样的机会，阻止他自杀就是可能的。

未来机遇对个人和企业来说都是一种生存能量。

你为公司发掘出的增加竞争优势的未来机遇越多，公司的机遇版图越辽阔，公司就越有可能获得成功，地位也就越稳固。每一个被额外发现的机会都将提高公司的价值，根据机会种类的不同，要么是使公司在当前的市场中获得强有力的市场地位，要么是进入其他已存在但尚未涉足的市场，要么是建立起全新的市场。

"没有什么比有且只有一个想法更危险。"——埃米尔·查特（Émile Chartier）

有人说，如果只有两个可能性的话，应该选择第三个。其用意在于说明，你的可选余地往往多于你在决策时已知的范围。你认识到的决策余地越大，很可能你做出的决定就越好，至少有这种潜在的可能。在你做决定之前，绿色未来眼镜将帮助你更轻松地把一件事彻底地想清楚，从中认识到更多的未来机遇，也就是更多可塑性和行动的可能性。至于选择多了，做决定反而困难，则是另一回事了。

你可以更早动手并收获更多

发现未来机遇虽然与做预测（蓝色未来眼镜）无关，但它却是一种先期的行为。我们可以这样认为，机遇在被发现之前就已经存在了，也就是说它应该归入可能的但尚未想到过的未来里面。例如，早在1894年，奥克塔夫·伍泽安（Octave Uzanne）就在一本讨论书籍末日的书中提出了索尼Walkman随身听的想法。

> 提前发现机遇就是，想出一个将来早晚都会被想到的想法。

积极地利用机遇就是，去做些将来早晚会有人做的事。我们的生命都是有限的，绿色未来眼镜将有助于我们获得充满经历和成功的人生。对企业而言，它将直接带来更多成功。

你会更清楚地看到对手将做些什么

有了绿色未来眼镜，你将领先于你的竞争对手（并且从根本上说也领先于你自己）。你可以更早地培育成功、获得成功和享受成功。从这个意义上看，绿色未来眼镜也实现了一点点红色未来眼镜的功能，因为它为你指明了可能的意外。有时候，未来机遇就像是漂浮在空气中的东西，通过有针对性和系统性地研究机遇，你能看到更多竞争对手正在思考和计划的东西，或者他们在不久的将来要思考和计划的东西。

你将把威胁转化为机遇

一提到未来，人们总是喜欢谈论机会和风险，或者说机会和威胁。从纯粹的语义学上来看，如果我们主动地采取行动，并因此把自己置于危险境地，那么这就是风险。如果我们被动地经历环境的改变，并且危及目前的处境，那么这就是威胁。无论是威胁还是风险，通过绿色未来眼镜进行提前辨别都能将其转化为机遇。

> 与较晚发现威胁相比，提前发现威胁让你有机会更轻松地抵御它。

一般情况下，威胁随着时间的推移而增长，时间越久，抵御它和战胜它就越困难。即便是发现威胁为时已晚了，绿色未来眼镜仍能帮你借助发散思维和想象力看到更多的机遇，从而使威胁变为机遇的种子。万不得已时别忘了还有句谚语：凡事都有好的一面。所以，现代社会的老龄化现象也可以被我们视为一种机遇，一种对健康、生活、年龄、智慧和死亡的现有观点进行反思的机遇。

同样，你所冒的风险也可以通过绿色未来眼镜变为机遇。谁能提前了解风险，谁就更有机会去回避风险，降低风险，或者利用风险去完善战略。所以说，除了红色未来眼镜以外，绿色未来眼镜也是一件提前发现风险的工具。发现风险后，分析和处理风险的工作可以交由你公司的风险管理部门来完成。

你能够更好地适应未来的发展变化

如果你能认识并获得更多塑造未来的余地，那么在面对通常挑战性极强的未来发展变化时你就游刃有余得多了。谁看到更多的未来机遇，谁就能以更加乐观的姿态面对未来，至少是更加冷静。相反，如果一个人对他目前的生存之道完全没有备选方案，那么他就会觉得任何变化，甚至整个未来都是一种威胁。

> 更多的未来机遇意味着更多的灵活性，更多的灵活性则意味着更多的未来安全感。

这将成为你的未来战略的零部件

未来机遇是制作未来战略的原料。也可以说，未来机遇是零部件，需要你来把它组装成使命、愿景、准则、目标、项目、流程和系统。这里的规律也一样：你拥有的选项越多，结果就越好。

强化意志和自信

如果你能看到更多的未来机遇,进而拥有更大的在未来获得成功的机会,即使面临威胁也能发现积极的行动可能性,那么你看待未来时无疑会更加自信,而且会更加意志坚决地朝着摆在未来中的成功而进发。机会给你和你的公司注入了更强的能量。有些企业、机构抑或家庭里,死气沉沉,正是因为那里的成员根本看不到什么未来机遇。

> "未来有希望,现在就有力量。"——约翰·麦克斯韦尔(John Maxwell)

假如你能为员工指明,虽然你的公司目前面临着威胁,但却有着更多可贵的未来机遇,需要你与大家一起去实现,那么你就会打造出一支乐观而敬业的团队。下面这句话说得不无道理:展望更好的明天能让人更愿意承受今天的艰辛。

5.3 绿色未来眼镜的思考对象

机遇类问题

机遇类问题决定着到哪里去找未来机遇。这些问题将寻找未来机遇的行为引向那些有可塑性,并且对你和你的企业来说非常重要的领域。毕竟很多好主意不是在研讨班或者创意会上想出来的,而是诞生在出乎意料的时间和最不可能的地点。

> 机遇类问题用以确定你对企业的重要可塑领域的塑造可能性主要有哪些认知需求。

第 5 章　绿色未来眼镜：你拥有哪些未来机遇？　　159

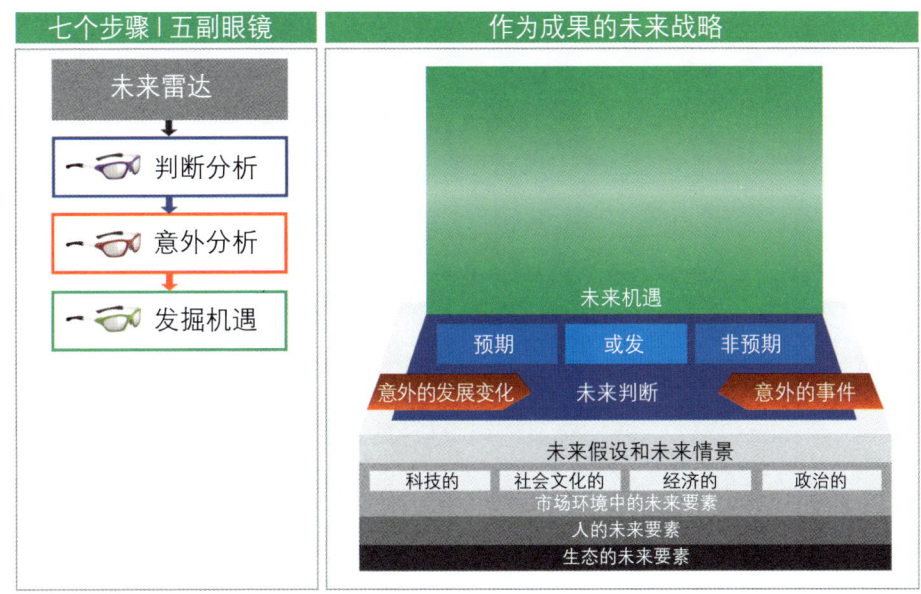

图 11：红色未来眼镜及其思考对象

你要借助机遇类问题确定一下，你到底要拿未来机遇去做什么。比如，船长的故事中这些问题就是关于可能的目的地、行船策略以及团队或者船本身的可塑选项。

机遇类问题关注的是可塑领域。所谓可塑领域，就是对企业所需的发展要素进行粗略地分类，这些要素要么是企业生存和成功的配料，要么是主要成分。每个可塑领域对应着一个或几个机遇类问题，如下面表中所示。

表 15：可塑领域和机遇类问题

可塑领域	机遇类问题举例
战略和领导	■我们给自己设定了哪些任务？ ■我们给自己的定位是什么样的？
市场和业务领域	■哪些市场我们可以开发？ ■我们能建立哪些业务领域？

续表

可塑领域	机遇类问题举例
营销推广、销售及并购	■ 怎样获得新顾客？ ■ 怎样留住现有顾客？
产品和方案	■ 怎样能改善我们的产品和方案？ ■ 我们可以提供哪些新产品和新方案？
人与文化	■ 怎样能吸引市场上的优秀人才？ ■ 怎样能让我们成为业界最好的团队？ ■ 怎样才能创造一种文化，让我们在快乐和满足中使工作业绩最大化？
系统和流程	■ 如何通过增加产出实现高效率？ ■ 如何通过减少资源投入实现高效率？
合作伙伴与供应商	■ 哪些新的合作伙伴能使我们更具竞争优势？ ■ 怎样让我们的业务关系网成为致胜要素？
金融和资源	■ 怎样以合理的成本得到具有灵活性的融资？

未来机遇

我们在书籍和实践中找得到的未来机遇的定义徘徊在三种不同的理解之间。第一种将机会理解为环境的一个有利的属性，第二种将其视为对成功而言有利的条件，而第三种则认为机会是有利的可塑性。我更青睐第三种定义：

机会是一种有利的可塑性。

这个定义涵盖了另外两种，并把它们当成前提条件。机会其实就是做某些事的可能性："我们要打入中国市场"或者"我们要成立一家物流公司"。在理想情况下，机会既对环境有利，因而也对你有利。

一个未来机遇可能会以多种方式出现，比如下面列出的这些方式：

1. 作为预料到的或者未预料到的未来的结果；
2. 作为一种能通过提前发现而转变为机会的威胁；
3. 作为一种塑造未来的选择，也就是说作为一种可供选择的愿景、目标或者其他可能的行动（表14中列举出了一系列可供选择的愿景，它们都是特殊形式的未来机遇）。

从概念上来讲，就连威胁也可以变为未来机遇。毕竟你始终有这种可能性，以这种或者那种方式来应对它。比如说"出现了来自其他市场的竞争者"，这个威胁就可以变成机遇，即"通过收购一个类似的公司来应对这个来自其他市场的竞争者"。

我们之所以使用未来机遇这个概念，是因为它还包括要在很遥远的未来才能被认识到的机遇。创新常常被当成机会的同义词，而我们却认为创新其实是把机遇变为触手可及的现实的过程。还有想法这个概念，它与机遇的含义也不完全一样，因为想法不是仅仅指想出来行动可能性这个动作。机遇是想法这个概念的子概念。

表16为你展示了一幅未来机遇的结构图（构成方式）。要描述出一个未来机遇，你可以赋予每种成分一个或多个属性。通过这种方式将产生诸如此类的机遇："我们（当事人）要设计（行动）一款软件（可塑领域），利用人工智能（来源和手段）自动（成果）做出投资决策。"

表 16：搭建未来机遇

成分	属性	
来源	■ 未来要素 ■ 未来假设	■ 意外 ■ 其他
当事人	■ 我 ■ 我们（团队） ■ 我们（组织）	
可塑领域	■ 战略 ■ 市场和经营领域 ■ 营销推广、销售及并购 ■ 产品和方案 ■ 人与文化 ■ 系统和流程 ■ 合作伙伴与供应商 ■ 金融和资源	
行动	■ 创造 ■ 改变 ■ 完善 ■ 结束 ■ 排除	■ 融合 ■ 实施 ■ 复制 ■ 选择 ■ 增强
手段	■ 战略 ■ 准则	■ 科技 ■ 方法
成果	■ 不同的 ■ 新的	■ 更好的 ■ 不再的

5.4 绿色未来眼镜的思考立场和原则

绿色未来眼镜观察未来的角度是微观的，出发点是你自己的世界。这种内部导向的目光观察的是对你而言可塑的未来。你要把自己视为当局者，是积极作为的人。绿色未来眼镜的思考立场主要是乐观的、创新的、富有想象力的、循序渐进的和善于转变的，因为绿色未来眼镜最终要探明未来的可能性。

未来机遇助你打下竞争力的基础

未来机遇是构建竞争力的砖和瓦。如果你能发现数量更多的未来机遇，那么竞争力的基础就更牢固。如果你还能把这些机遇运用到实际中并因此获得更强大的竞争力，那么你就再度为发现更多未来机遇创造了条件。在评价和遴选未来机遇时，有几条衡量未来机遇质量高低的标准首当其冲，其中之一就是看它对增强或提升竞争力的潜在贡献如何，至少在经济领域是这样的。而对个人而言，"对幸福的贡献"可以作为评价机遇的一条标准。只有当某个未来机遇能够通过较早地利用带来好处，并且很难被竞争对手模仿或照搬时，这个未来机遇才会对提高竞争力有所贡献。任何人都能马上复制出来的东西不可能真正对竞争力有很大的帮助。

相信一切会更好

蓝色未来眼镜需要实事求是的精神。对它来说，就世界和市场的未来走向去发挥想象力没有任何意义。而绿色未来眼镜需要你秉持乐观的看法，这样才能在深度和广度上穷尽一切可能，想象出可塑的未来。

我们当前的现实情况在很多方面都比以前人们想象过的未来要好得多。莱茵河在上一代人的时候还是欧洲的"下水道"，而如今在它流经的很多地方，当地居民和游客又能在河里戏水了。德国的森林并没有大面积损毁。年轻人也没有浸淫在"没有未来的消沉态度"和毒品的泥沼中无法自拔。第三次世界大战到目前为止还没有爆发。

众所周知，悲观和恶意地对未来的可能性进行想象会加速其实现。谁要是认为未来将比现在更差，那么他就只能做些无力的尝试去改善他和世界的处境，更有甚者连尝试都不愿意尝试。因此，绿色未来眼镜需要一种乐观的思考立场，但别忘了这只是为了乐观而乐观。

灌溉你的潜意识

通常情况下，未来机遇的出现就像杂草一样，完全是无计划的，常常是无心的，极少是有意的。很多伟大的想法并不是那些天才发明家在系统化地构思机遇时产生的，而是在他们散步、洗澡或者做梦时想出来的。尽管如此，我们还是应该有意地并且系统地去寻找未来机遇，原因有两方面：第一，面对当今飞速发展的市场，你不能坐等天才的想法自动找上门来，时不我待；第二，通过着眼未来，你相当于在灌溉你的潜意识，帮助你实现在散步时或做梦时本能地、近乎"偶然地"发现和提出更好的未来机遇。

以初学者的精神戴上绿色未来眼镜

在使用蓝色未来眼镜分析判断时，专业素养和经验是有利条件。经验于此是一种成功要素。未来管理者经验越老道越好。然而，在研究机遇时，这个优势却起了反作用。你拥有的经验越多，就越无法想象出新的未来。经验变成了成功的除数，谁在某个领域知道的越多，他在研究机遇时获得的成果就越少。中国人说，在初学者眼中有千万种可能，而在专家眼中却没剩下几个。心理学家将这种现象称为消极转移。人们会把从一个地方得到的经验、办法和规律转而运用到别的地方，这就会给自己设置障碍。就绿色未来眼镜而言，这种消极转移的方式则是从过去世界转移到未来已经变化了的世界中。

> "我已经学会了小心翼翼地使用'不可能'这个词。"——韦纳·冯·布劳恩（Wernher von Braun）

你越是能够用有距离感的目光看待你当前的情况，你能想象和认识到的可能性和机遇就越多。所以说，在研究机遇时，你面临的最大挑战就是真正做到从远处观察你的企业和市场。

绿色未来眼镜不允许任何批判

你必须把创造精神和批判精神对立起来。说到创新和头脑风暴，该说的几乎都有人说过或者写过了。创造精神和批判精神能够彼此削弱。可惜的是，大家都懂得的这个简单道理运用到实践中却非常糟糕。

> 在绿色未来眼镜这里，批判精神有损于你的生存能力。

未来机遇之所以在早期如此难以辨别，是因为它需要很多宽容与想象力。在我们的文化中，人们极为推崇批判精神。毕竟我们不该别人说什么都相信。这是为了让我们不受蒙骗！可是，当我们面对创新这件事时，我们一辈子所受的批判精神训练就会对我们形成巨大阻挠。特别是那些经理人，他们依赖实证主义的规范流程获取知识，只相信能够确切证明或者确切反驳的东西。他们觉得，让他们不经评判地接收那些看起来有问题的想法是非常过分的要求，至少是一种很大的挑战。只有实证才能让他们感到舒适，然后他们会为自己的批判力所陶醉。自然科学家和法律工作者常常如此。

我经常碰到这种情况，即使是经验丰富的管理顾问，在我们的引导和反复提醒下仍然不能由始至终遵守创新规则。给别人的想法挑毛病的癖好真是难以压抑。

> "踩死一只甲虫，哪个笨男孩都会，可是要制作一只甲虫，世界上任何一位教授都做不到。"——亚瑟·叔本华（Arthur Schopenhauer）

发掘机遇是一项需要聚精会神去完成的创造性工作。相反，践踏一棵柔弱的机遇幼苗需要的智慧能量极其微小，然而可能造成的危害却很大。一个微小到人们眨眨眼就能毁于一旦的机遇，有时却可能具有数百万甚至数十亿的价值。

恰恰在你感到某个想法很离奇时，当你感到它很荒谬或者觉得它不可思议时，一个充满成功的新纪元很可能就要诞生了。我们戴上绿色未来眼镜，为的不是看谁说得更有道理，而是为了最大限度地将未来机遇和选择收入眼底。

思想的边界就是成功的边界。

弥补弱势的机遇不如强化优势的机遇

强化优势与弥补弱势相比，前者对提高竞争力的贡献更大，这是关于竞争力的一条基本法则。既然如此，你的能量，也就是你的财力、时间和精力，就应该首先投放在扩大现有优势方面。这条法则往往能为你指明通往成功的正确之路，但前提是当前的市场或者未来要经营的市场值得你去强化优势。假如说顾客完全不在乎你是否进一步缩短了供货时间，那么一切为此所做的努力都是白费工夫。假如顾客对产品的次品率很在意，而你在这方面又落后于竞争对手，那么在这种情况下，寻找弥补缺陷的好办法也可能蕴藏着巨大的机遇。所以说，未来机遇也不能一概而论。

寻找那些还处在萌芽阶段的机遇

一个未来机遇被发现得越早，它的价值就越大。一个未来机遇最早被发现指的是它第一次被发明、发现或者被想到。

一个机遇一旦被发现，它首先会缓慢地在少数人的头脑中进行传播，接下来它会越来越快地传入更多人的头脑中，然后传播的速度逐渐放慢，但知晓机遇的人数还在增加，直到最后传播完全停止，这个过程就像一条 S 型曲线（也称为逻辑函数或扩散函数）。如果它被遗忘了，或者它的受体死亡了，那么关于

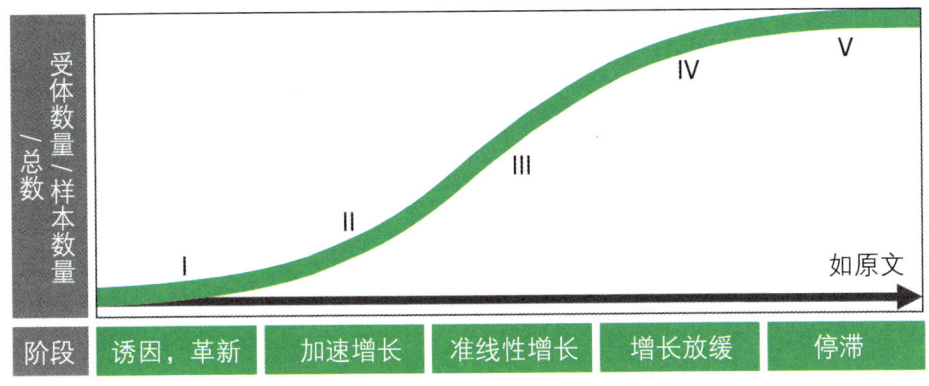

图 18：关于未来发展的 S 曲线型思维模式

这个机遇的知识传播甚至还会出现下降。道金斯（Dawkins）提出的记忆学理论中描述过此类传播过程的演变机制。

> 机遇被发现得越早，作用就越大。

在传播的过程中，机遇被发现得越早，它对发现者而言可发掘的价值越高。这个道理显而易见，究其原因则可以理解为，在早期，能从这一机遇中受益的潜在人数相当多，利用机遇的成本相对较低，竞争对手的数量很少或者为零。

大机遇隐藏大风险，反之亦然

这个道理众所周知，但尽管它浅显易懂，却还是常常被忽略、忽视或压制。想要在最短的时间内以低成本和低风险获取巨大的收益，这样的机遇基本上不存在。像红牛（Red Bull）那样明显很容易获得的成功非常罕见。根本没有什么投资项目能让人毫无风险地赚到10%甚至20%的利润。通常情况下，很明显的好机遇会很快被市场上所有的供应商发现并加以利用。还有一些机遇对大多数人来说是毫无用处的，这些机遇要么根本算不上机遇，要么附带着巨大的战略和经营风险。

这个道理也可以换个说法表述：

一个机遇越是具有革命性，越是需要做出改变或者引发改变，那么抓住这个机遇所要冒的风险就越大。

关于这条原则，我能想到的例外情况非常少，仅限于寥寥几个不需要特别大投入而仅用一项创新就解决了紧迫问题或者满足了巨大愿望的案例。

金融风险等于失败的概率乘以投到这件事上面的金融资本。计算结果反映出的是如果利用了这个机遇但最终失败将会造成的经济损失。

战略风险等于失败的概率乘以为这件事所牺牲掉的灵活性。

这个公式的数学意义无法解释，它的目的在于揭示利用某个机遇常常会降低企业的灵活性，进而减弱企业的生存能力。比如，一家企业购置了更高效的生产设备，却因此变得更固化和僵硬了。这还不包括在利用机遇的过程中出现失败的风险。

经典的企业经济学推崇效率，能够对效率进行计算。但这个学科对灵活性的问题却几乎视而不见，这导致人们很少把灵活性减弱当成一种缺点或者风险。

不要去找全世界都没发现的新机遇

本杰明·富兰克林（Benjamin Franklin）说过，看到机遇不算本事，能第一个看到机遇才是真本事。在生活中的很多方面，这句至理名言可能都是对的，但是用到经济中以及人生的管理中却不尽然。借助一个机遇得到幸福并且/或者变得富有的人往往并不是发明或者发现该机遇的第一人。

因为一个机遇过上了幸福生活的人，既不是最先想到该机遇的人，

> 也不是最先发现该机遇的人，而是第一个抓住这个机遇的人。

很明显，想到一个机遇是第一步，而去实现它必然是第二步。所以，光是看到自以为全世界都不知道的机遇还不够，这并不能带来收益。而且，实际上你也无法绝对肯定某个机会是否是全新的。

从生活经验中，以及从上面说到的 S 型曲线理论中，我们可以看出，在一个时间区间内，比如一年之中，总是只有一小部分的未来是真正被首次想到的。可以说，未来的每一年只有 5% 是创新，而其余的 95% 则是传播。从这个意义上讲，就像歌德曾经说过的，其实一切都已摆在那里了。

> "所有至理名言都曾经被想到过，人们需要努力做的就是，在正确的时间再次想到它。"——歌德（Johann Wolfgang von Goethe）

聪明的人应该这样去想，即你通过观察周围环境能够发现的未来机遇都是已经存在的，你能想出来的机遇，别人早已经想过了。因此，在发掘机遇的创造性工作中，如果一个未来机遇在你的生活中或者在你的企业中还没得到实施，那么它就已经足够新了。

想一想不抓住机遇的危险

利用了某些未来机遇，但是失败了，无数的经理人因此被解雇，不计其数的企业因此以倒闭告终。假如他们启动了一个项目，最后产生了亏损，甚至赔上了整个公司，那么这很明显是他们的"管理错误"。假如他们采取保守态度维持原状，只敢做一览无余、风险微乎其微的事，其中蕴含的机遇自然也微乎其微，这样他们就能在员工以及公众的心目中，甚至在股东的心目中更好地保全自己。因为在这种情况下公司陷入失败的境地，那是市场的错，而不是管理层的错了。除非这时候某个竞争对手利用未来机遇获得了更大的成功，怀疑的声音才会出现。不过，就算这样，大多数人依然能说服股东去相信自己。他们会说，不能拿员工的饭碗和公司的命脉在风险如此大的战略上孤注一掷啊。要么就是说，其实就是那个竞争对手运气好而已，真那么做说不定会出现完全相反结果，这绝对不是负责任的企业领导方式。

这些说法也有一定的说服力，除非还有其他竞争对手也利用了该未来机遇，这时他们自然就会陷入无法自圆其说的窘境。无论是出于理性还是感性，通过这个雷区最好的办法就是采取"快速追随者"策略。这个策略非常受欢迎，它的可取之处在于，是不是第一个这样做的人不重要，重要的是要成为第一个做得对的人。也恰恰是这个原因才能解释，为什么经理人中的先锋者如此之少。因此，你应该确保自己对公司里有机遇但不利用的情况心中有数，至少不能鼓励这种做法。

> 要排除掉一切风险，也将毁灭掉一切机遇。

你要比"快速追随者"更正直一些

要是某个人眼中只有追逐利润和利润最大化，那么他就会把抄袭——或者说得好听点，叫系统性模仿，视为最适合的战略。当然了，系统性模仿能给企业带来成功，这一点许多案例都可以证明。然而，没有哪个经济体，也没有哪个公司能永远依靠模仿生存下去。

> 仅仅靠仿冒只能获得一时的成功。

仿冒或许能带来成功，但却不是真正的成功，没有荣誉，没有骄傲。既然你来读这本书，那么你关心的一定不单单是金钱。正直、荣誉和骄傲一定也是你的员工在乎的价值，而这些是单纯靠仿冒无法实现的。

尽可能让你的未来机遇简单一些

席勒①曾一针见血地指出，成熟的结果就是简单。无论是实践还是理论都强调，未来机遇要尽可能地简单。有些机会，人们会很严肃地自问，万一没提早发现它会怎样。这样的机会往往就是最有价值的机会。一个简单的机会往往是，但并不必然是容易抓住的机会。

一个机遇可能在原理上是简单的，但要实现它却意味着很大的挑战，就像过去和现在所做的简化电信资费的工作一样。机遇是简单的、清晰的，但要实现它却需要动用很多资源，还得埋头苦干一番。

在可实现性和竞争优势之间掌握平衡

容易的事谁都能做。简单不等于容易，就如前面所举的电信资费的例子。任何一个竞争对手都能立即学会的东西，不管是拙劣地伪造还是创造性地模仿，它都不是真正的巨大机遇。这与我所要求的简单并不冲突。简单与获取竞争优势的潜力应该达到一个均衡的状态。

越容易实现的机遇，它能带来的竞争优势越小。

有些机遇，要实现它不论是在管理层面②还是在行动层面都意味着一定程度的挑战，这恰恰是一个好机遇需要具备的前提条件。这其中，非物质要素的作用变得越来越重要。一家以积极的、友好的或者创新的形象为标志的企业，即使它的产品长期被他人高度模仿，依然可能继续享有其竞争优势，并且很难被复制。苹果公司就是一个好例子。情感上的竞争优势能够长久维系，几乎是无法被复制的。

---

① 弗里德里希·冯·席勒（Friedrich von Schiller），18世纪德国著名诗人、哲学家、历史学家和剧作家，德国启蒙文学的代表人物之一。——译者注

② 布拉德福德（Bradford）、唐肯（Duncan）和塔尔西（Tarcy）建议以推测的管理成本为标准（2000）。

一个机遇的价值只能被不准确地确定

依照经验来看，你的机遇中只有百分之几的部分适合为你的未来战略添砖加瓦。要弄清楚某个机遇的效用，可以使用效用价值分析的方法，也就是将未来效用的估计值与最低限度的未来投入成本的估计值进行比较。

在经济范畴内，一个机遇的名义效用取决于它对提高竞争做出的贡献。在大多数案例中，要精确计算出一个机遇的名义效用，也就是计算出它扣除利息后的未来收益的资本价值或者现金价值，这是不可能的。就拿用混合动力发动机替代纯燃油发动机这件事来说，虽然从技术上和经济上进行计算很容易，并没有多少不确定的附加条件，但其可预期的长期收益仍旧无法确定。顾客行为、竞争对手行为以及要到未来才能发明出来的科技，这些都使得预测本身充满了不确定性和风险。从另一个角度说，也正是这种不确定性才使我们有望得到超出一般水平的利润。

最有效的评估方法是以有限的成本在理想的条件下进行实验。

没有试错法（trial and error），就不会有随身听、便利贴和电视机这些东西。你不可能在有限的时间里把150种机遇从头到尾都试一遍。那么，在实践中检验就可以作为评估的第三个阶段。这样做能够获得快速且较为可信的反馈结果。假如你的某个机遇注定要失败，那么你必须尽可能早地失败。

在私人生活的范畴或者精神世界中，这种模式同样适用，只是概念的定义有所不同而已。提高竞争力对你个人而言可以换成提高幸福感，对一个慈善组织而言可以换成对完成任务所做的贡献。

慎重决定你要拱手相让的未来机遇

未来机遇绝不会流逝。如果你不利用，就会有别人来利用它——这个别人常常是你的竞争对手。如果实现某个未来机遇是有意义的，那么它早晚会被什么人实现。可惜的是，当有人过快地否定掉一些未来机遇时，让他们注意这一点非常不容易。我总是不得不反复提醒我的客户注意这件事。所以，当你发掘未来机遇时，不要先去想它对你或你的公司而言是不是真正的机遇，也不要想它是不是太不方便利用或者政治上行不通。你应该为所有的未来机遇亮起绿灯，因为你的竞争对手面临的条件可能比你的更自由，顾虑更少。

用正反论据差值法确定一个机遇的成功前景

为了评价一个未来机遇的成功前景如何，最好的办法是制作一张论据汇总表。一边列出所有支持该机遇拥有良好成功前景的论据，与之对立的另一边是所有对此进行反驳的论据。如果有必要且时间允许的话，你还可以给这些论据进行加权。两边论据之差反映出该机遇的成功前景。

提前考虑到后期的谨慎筛选

不管在思考机遇时多么积极和富于创造力，到了要实现那些创新性极强的未来机遇时，大多数人都会再度变得极具安全意识。开始时，人们希望想得越远越好，让思维"挣脱牢笼"，即使思维的地平线延伸得再远也没关系。然而在实际操作中到了评价未来机遇的环节，那些非常保守的考虑就要被纳入进来。风险得是有限的，提高竞争力的作用得是明显的，必须能够在短时间内实现，投资额不能超出自身能力范围，这些都是人们喜欢使用的机遇标准。而那些创新性最强、思考得最为长远的未来机遇一般都会被这些标准拒之门外。你应该在你的工作中提前考虑到这些保守的态度。这样的话，那些需要投入太多时间和资金去思考的非常遥远的未来机遇就只会被划为例外情况的一类。尽管后期会变得小心谨慎，然而广泛而深远地挖掘未来潜力仍是有意义的，只有这样人们才能具备足够的创新性。

预期应该是合理和适度的

人们常犯的一个错误就是，希望从绿色未来眼镜中找到成熟到可以申请专利的发明、足以获得诺贝尔奖项的发现或者充满冒险精神的突破。这些是完全有可能发生的。然而，由于这种情况极其罕见，所以它不应该被当成机遇发掘工作的首要目标。前文中已说过，所有你尚未实现的且明显对你有益的事情，对你来说都是未来机遇，这是一条基本原则。假如这些未来机遇让你额外获得了难得一见的殊荣，或者说它们对你的市场乃至对整个世界而言是全新的，那么你应该为撞上这样可遇而不可求的事而感到庆幸。

> 在要求和期望中保持适度，这在未来管理中是一则通用的好原则。

请保持现实。回想一下 10 年前的情形。在过去的 10 年或者 20 年中，你发现并实现了哪些未来机遇？人们在你的公司里或者在你的市场中发现并实现了哪些机遇？在这两个问题的指引下，你找到的答案就是值得你去追求的最大值。不要奢望更多了。

5.5 操作手册

本节的内容将为你一步步讲解如何在实际工作中运用绿色未来眼镜。你首先读到的是作为一家企业的负责人应该怎样做，接下来才是作为生活总裁需要掌握的一份更短的操作手册。

5.5.1 企业应该怎样做？

1. 机遇挖掘的工作同样需要你与你的未来团队共同完成。
2. 确定可塑领域，就是那些你要发掘和找到机遇的领域。第 159 页的表 15

中给出了一些例子，你可以从中进行选取。

3. **通过清楚的机遇类问题更加准确地找出你的机遇需求。**机遇类问题是下达给绿色未来眼镜的工作订单。你可以借助下面几个问题来想出你的机遇类问题：

a. 在我们必须做出改进的经营业务中，什么是关键的成功要素？

b. 我们目前的发展面临的最大阻碍来自哪里？这样问是因为，哪里阻碍最大，哪里的新机遇就特别有价值。

c. 关于我们的未来战略行动，哪些问题能让我们不惜以每个问题100万欧元的代价去寻求答案。

4. **从未来判断中发掘未来机遇。**

从蓝色未来眼镜的成果中发掘机遇，包括威胁和教训，这是绿色未来眼镜责无旁贷的义务。这幅未来判断与机遇矩阵图揭示了思考的过程以及判断与可塑领域之间相互连接的关系。这里除了已有经营业务中的可塑领域以外，还包含在新的经营领域中发现机遇。机遇类问题就是针对这些可塑领域提出的。如果事情这样发生（预期），你将得到哪些机遇？如果事情不这样发生（非预期），又或者如果事情要么这样要么那样发生（或发），你将得到哪些机遇？比如说，"人们追求简单和方便的愿望将继续强烈增长"这样一条假设，对应机遇矩阵的可塑领域"系统和进程"格子时，它就是实施"把事情变简单"（make it simple）项目的一个机遇，这个项目将推动所有结构和流程的简化工作，从而使之更为高效。在可塑领域"人与文化"的格子里这句话则可以被当成另一个机遇，即培训员工去发现工作中的简化可能性，并把简单主义融入到企业文化中。在可塑领域"产品和服务"中蕴含的机遇更加一目了然，即大刀阔斧地削减基本产品的数量，同时提高产品的模块化程度。

5. **从未来要素中发掘未来机遇。**未来的任何一个趋势、一种科技或者一个主题（issue）都是一束变革的能量，所以也是未来机遇的源泉。要从每个未来

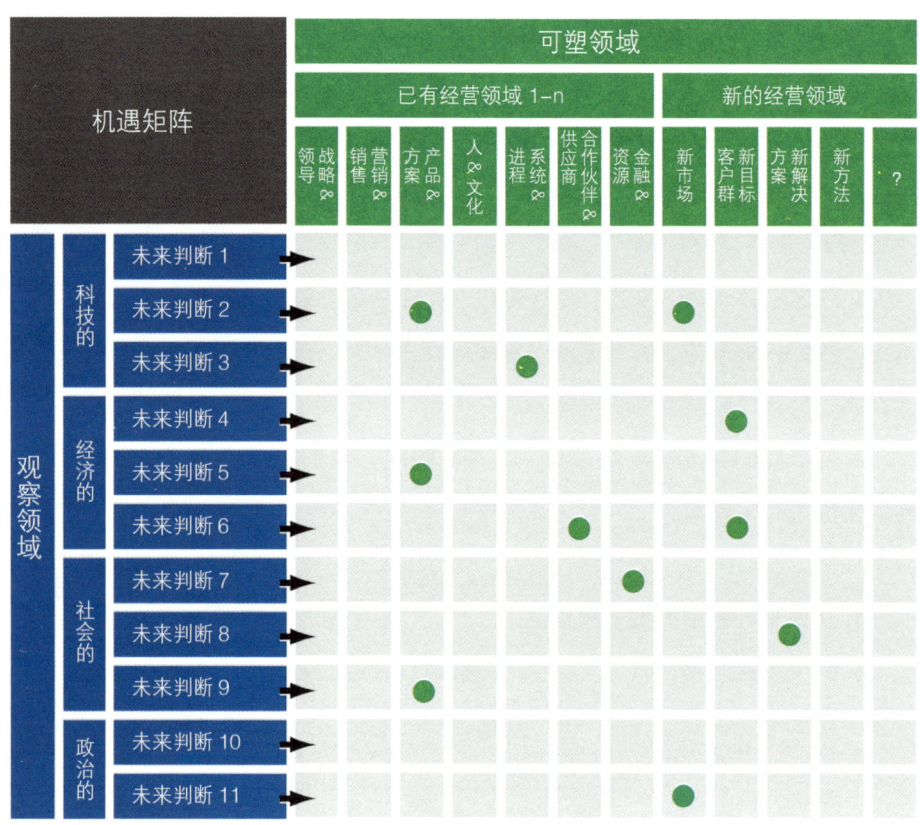

图19：从未来判断中发掘机遇

要素中发现有价值的机遇，必须展开足够长久的深入思考。未来要素与机遇矩阵能够帮助你将思维条理化。要发现未来机遇，你有三条道路可以选择：

a. 你可以概观统览，在众多的未来要素中"冲浪"。在广度的基础上施展你的创造力。

b. 你可以深入细微，每次拿出一个未来要素仔细揣摩。在观察深度的基础上施展你的创造力。

c. 你也可以采取组合法，每次有意无意地选择两个、三个或者四个未来要素，通过各种方式进行组合来激发灵感，找到富有创造力的机遇。

6. **通过广泛问询发现机遇**。不要只把你的机遇类问题抛给你的未来团队。还要把员工、顾客、专家、顾问和合作伙伴也拉进来。他们的点子常常多得不得了,这样一来你就可以省去许多条理化的创新工作了。

7. **用类比法发现机遇**。

a. 以史为鉴,发现机遇。将你的市场或你的公司今天的情况与历史进行类比。分析以往人物面临类似挑战时采取的策略,推导出现在及未来有利于你自身行动的机遇。那时候的人们利用了哪些机遇,或者有哪些可利用却被忽视的机遇?

b. 类比科幻作品,发现机遇。几乎所有的科技和可想象的人类群居方式都

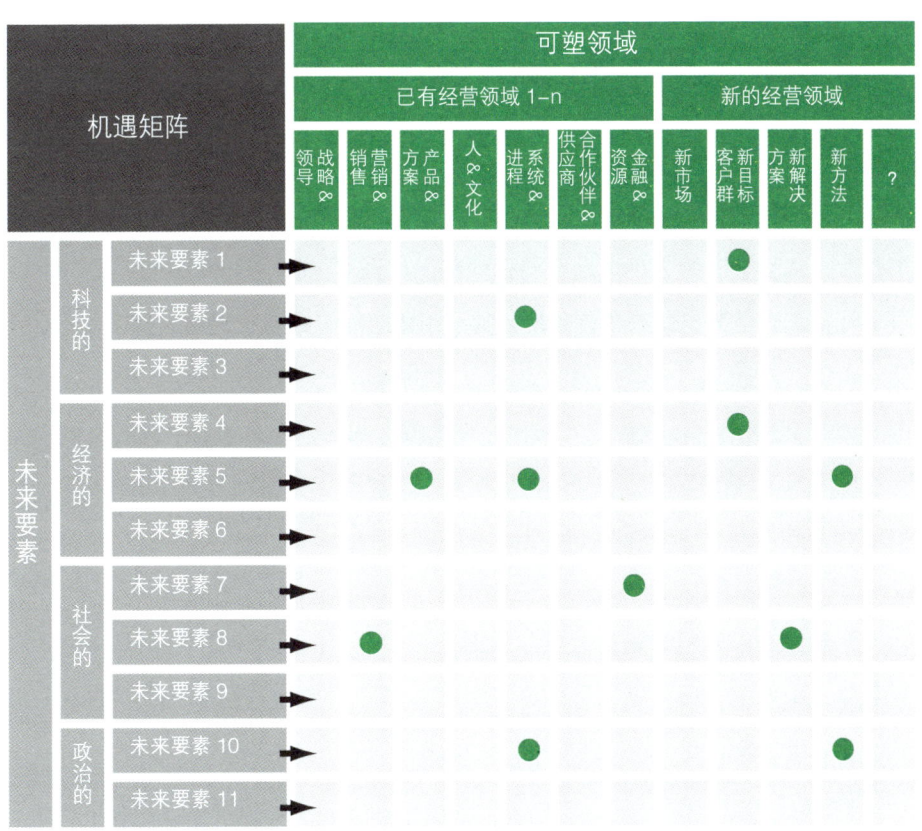

图20:从未来要素中发掘机遇

在科幻类小说或电影中出现过。那些非常重视故事合理性和现实依据的作品恰恰是蕴含想法和真实未来机遇的宝藏。

c. 类比行业，发现机遇。有些科技、商业模式或管理理念"突然"给整个行业带来了变革，而其实这些东西往往在数年前甚至数十年前就已经在其他行业落地生根了。特别是战略上相互关联的行业，它们承诺给用户的使用效果、提供的产品和服务、面向的目标顾客群以及采取的战略和结构都非常相似。你能从这样的近亲行业中学到什么呢？

d. 类比地域，发现机遇。世界上其他国家和地区的文化和市场通常与你的国家是不同的，这种现象非常有趣，也很有启发意义。通过观察其他国家和地区实现一次虚拟的时光旅行，你能学到些什么呢？

e. 类比自然，发现机遇。借助自然实现创新的做法由来已久，不仅仅是在以仿生学为主导的技术领域。对企业的战略和组织形式，大自然也拥有多样化的资源可供我们借鉴，比如说自我组织和专业化分工的原则。"大自然"会对你的机遇类问题给出怎样的答案呢？

8. **通过换位思考发现机遇**。设身处地地为你的顾客着想。这样做的方法数不胜数，从科学上的人种学到参与式观察，再到 IDEO 公司的各种换位思考法。很多时候，光是努力做到角色互换，做到用顾客的眼睛看世界就足够了。

> "能够把自己放在他人的角色中去考虑问题，并且懂得研究他人的思维方式，这样的人永远不用担心未来之事。"——欧文·扬（Owen D. Young）[①]

9. **对你的未来机遇进行分类**。根据未来机遇可能发挥的作用和意义对其进行划分。比如说，你可以用下面这些类别。它们描述的是你未来战略的各个组成部分，也是最需要未来机遇的地方，即潜在的

[①] 欧文·扬（Owen D. Young），美国无线电公司（RCA）公司创始人。——译者注

a. 愿景成分；

b. 使命成分；

c. 战略准则；

d. 目标；

e. 项目；

f. 流程；

g. 系统；

h. 应急战略。

10. **制作一张机遇全景图**。这里指的是一张未来机遇一览表，里面记录了以下信息：

a. 可塑领域；

b. 机遇类问题；

c. 未来机遇；

d. 支持和反对某个机遇的论据；

e. 每个与之相关的人的评价；

f. 综合评价（取中间值）；

g. 未来机遇的争议（表现为标准值偏差分布的形式）。

11. **评价你的未来机遇**。最重要的评价标准通常有两个，一个是看未来机遇是否适合作为你提出的机遇类问题的答案，另一个是看未来机遇是否有助于提高你的竞争力。在前文 5.4 小节中，你还能找到其他的判断标准。要想让你的评价更为牢靠，你还可以额外为每个未来机遇制作一张论据平衡表，具体可以参考蓝色未来眼镜方法说明部分的内容。

5.5.2 作为人生总裁应该怎样做?

如果向洛克菲勒(Rockefeller)看齐,那么可以说,花一整天的时间思考未来机遇要比花一个月的时间努力工作更有意义。原则上讲,你也可以按照上面为企业设计的方法进行操作。

为了适应个人需求,我们来把流程简化一下,你至少要完成以下步骤,并把结果记录下来:

1. 提出你的机遇类问题。
2. 把你一下子能想到的机遇类问题的答案记下来。
3. 研究一下,从你的未来判断中能够引申出哪些未来机遇(如果你前面已把未来判断记下来的话)。
4. 研究一下,从前文第76—78页提到的例子中的未来要素里,你能发现哪些未来机遇。
5. 调查一下,你的朋友、同事和家庭成员会提出哪些未来机遇作为对机遇类问题的回答。
6. 根据未来机遇对提高你的职业满足感并且/或者增进你的职业成功所做贡献的大小来评价未来机遇的价值。
7. 以类似记账的方式为未来机遇制作一张机遇全景图。

THE FIVE FUTURES GLASSES

6

黄色未来眼镜：
你想创造
什么样的未来？

**Ihre gelbe
Zukunftsbrille:
Welche Zukunft
wollen Sie schaffen?**

许多实证研究表明，优秀企业的成功或多或少都始于对企业未来清晰的设想。

戴上黄色未来眼镜之后，船长带领他的队伍得以在众多通过绿色未来眼镜发现的可能目的地中做出决定。他选择了一个小岛，那里有最美丽的沙滩和最和煦的阳光，这就是黄色未来眼镜。透过黄色未来眼镜，你将看到那个你想在某个时间点实现的未来。那是你人生的或者你公司的战略愿景，它由你用绿色未来眼镜发现的未来机遇搭建而成。

> 许多实证研究表明，优秀企业的成功或多或少都始于对企业未来清晰的设想。

黄色未来眼镜催生出关于使命的决策，也就是你的长期根本任务，催生出战略愿景，也就是长期的目标画面，还有就是约定好的规则，也就是肩负着使命朝着战略愿景行进过程中需要注意的事情。未来战略的这些因素的共性在于其规范意义，也就是说它们都是有意识、有方向的决定。

愿景是个时髦的词汇。大多数专业化管理的企业都拥有一份标题带有"愿景"字样的文件。标题下面往往写的都是辞藻华丽、意境高雅的语句，内容关乎质量、增长、利润和公平。然而黄色未来眼镜关心的不是这些，而是关于所追求的未来的清晰决策。

如今一谈到愿景这个概念，很多人虽然觉得无聊透顶，但却无法否认，愿景并不是追赶管理学书籍文献潮流的产物，它不同于那些早晚要被时尚遗忘的

"单薄"词汇。我们每个人都在追求着某种愿景，有时候是一个具体的、可以想象的未来，有时候是一种个人的价值或者一种生活感受。追求更好未来的欲望可不是什么时尚，它是我们的天性。每个人、每个组织在任何时候都具有某种形式的愿景，只是你的愿景与你同事的愿景是否一致以及是否与环境始终相适应的问题。

> 愿景是一幅关于未来的具体图画，它所描绘的未来是令人着迷的、共同追求的并且是可以实现的。

可惜在德语中，愿景（Vision）一词有些不认真（不严肃）的意味，还有遐想、幻想的意思，此外还有因疾病或者药物滥用导致的幻觉的意思。德国前总理赫尔穆特·施密特（Helmut Schmidt）曾说过："谁要是有Vision，就该去看医生了。"① 由于这个词有幻觉的意思，所以这这句话也有它的道理。但是，我们透过黄色未来眼镜看到的是一种战略愿景，而不是什么玫瑰色的梦境、幻想或者乌托邦。每个公司、每个组织、每个国家、每个家庭以及每个人都可以有自己的战略愿景，那是一幅令人着迷的、共同追求的并且可以实现的未来图画。有愿景的人比起没有愿景的人要成功得多、幸福得多。对一个人或一个组织的成功来说，几乎没有什么比一个清晰且令人振奋的愿景更为重要。

> 如果生活缺少让人追求和渴望、让人想去实现的愿景，那么人就没有动力去付出努力。——艾瑞克·弗洛姆（Erich Fromm）

良好的战略愿景应该给人以鼓舞，指明前行的方向，并且能得到人们的认同。它应该释放出一种"灯塔效应"，凝聚人的精神。除了战略愿景这个核心概

---

① 一说这句话是奥地利前总理弗兰兹·弗拉尼斯基（Franz Vranitzky）所说。也有说法称德意志银行前董事会及监事会主席赫尔曼·约瑟夫·阿布斯（Herman Josef Abs）是说这句话的人。

念以外，黄色未来眼镜还负责提出使命和战略准则。

6.1 黄色未来眼镜的案例

愿景作为被追求的未来，几个世纪以来一直决定着世界的进程。摩西画出了去往"应许之地"的道路，加洛林王朝统治者、卡尔大帝、拿破仑和希特勒以及其他无数的人都怀有伟大帝国的愿景；西奥多·赫茨尔（Theodor Herzl）的愿景是"犹太国"；马丁·路德希望未来人们能够得到上帝真言的指引；卡尔·马克思希望全人类能在民主的基础上各尽所能为社会做出贡献，过上各取所需的生活；约翰·肯尼迪想让美国人登上月球；苹果公司希望电脑人性化；罗纳德·里根想让戈尔巴乔夫看到柏林墙被拆除。从这些例子中我们可以看出，人们使用愿景力量的方式可以是积极地，也可以是消极地，可以是建设性地，也可以是破坏性地。这些例子展示出，当一个人知道自己想要什么，并且懂得如何鼓动人心和聚拢人群，那么他将能够集聚起多么大的权力。

赫尔曼·索格尔关于阿特兰特罗帕的愿景

20世纪20年代，《建筑艺术》（Baukunst）杂志的出版商赫尔曼·索格尔（Hermann Sörgel）提出了一个愿景，即在直布罗陀海峡处截断由大西洋注入地中海的水流，用150年的时间通过自然蒸发使地中海的海平面下降200米。他相信，此举将产生出一块新的陆地，其面积有法国和比利时加起来那么大。这项工程将能促进周围邻国的团结，让人们在150年中有足够的事情可做。不仅如此，为此建造的堤坝还将解决欧洲的能源问题。到那时，非洲和欧洲之间将出现一个新的大陆，索格尔将其命名为阿特兰特罗帕（Atlantropa）。这个愿景一度被纳粹限制出版，二战后，索格尔又对他的愿景加以拓展，增加了非洲的内容。他设计了一个庞大的地球环境仿自然工程，通过这个工程将产生几个大型堰塞湖，进而改变非洲的气候，使沙漠变为宜居之地。作家约翰·克尼特尔（John Knittel）将这个愿景改编成了小说，并出资拍摄了一部阿特兰特罗帕的宣传片。好的愿景必须是可实现的，就算在一开始可能还不清楚以何种方式实现。赫尔曼·索格尔的愿景显然不符合这个条件。

路易斯·郭士纳给 IBM 一个不是愿景的愿景

路易斯·郭士纳（Lou Gerstner）在 1993 年至 2002 年期间担任 IBM 公司的首席执行官。当初他接替这个职位时，IBM 正深陷公司历史上最大的危机泥潭中。公司的核心业务是大型计算机，但这块业务已濒于淘汰边缘，很快将无法支撑起公司的经营。在这个时期，新闻报道中常常引用郭士纳曾说过的一句话："现在 IBM 最最需要的就是一个愿景。"实际上，他已经为公司选定了一个愿景，尽管他不把那称之为愿景。他认为，IBM 这个业界巨人应该加紧把业务核心从生产大型计算机转移到服务上面来。他把公司的一切活动都围绕着这个愿景加以安排。就这样，他书写了商业史上最令人瞩目的企业转型故事之一。当他在 2002 年卸任公司 CEO 时，IBM 的服务类业务几乎占到了营业额的 45%。[①]1993 年时，这个比例只有 15% 左右。[②]从这个例子中我们能看出，人们对愿景这个理念的理解是多么的不同。

> "与既成事实做斗争无济于事。要改变些什么，必须建立一种全新的模式，把已有模式淘汰掉。"理查德·巴克敏斯特·富勒（Richard Buckminster Fuller）

---

① IBM 年度报告，2005。
② IBM 年度报告，1994。

关于软件的一个愿景

一家小型软件公司,更确切地说,当时只是一家刚起步的小公司,营业额不高,资金还很少。公司的领导层用一种在当时看来非常令人向往的产品开发战略愿景来鼓舞他们的团队,这个愿景的描述如下:"一种软件解决方案,它能理解文字的含义,能把来自各种渠道的信息联系在一起并从中概括出主要内容,还能用人类的语言与人们进行沟通。"现在这个愿景听起来可能已经不那么新鲜了,但也因此它才很适合在此处被引用。

戴姆勒-奔驰变换的战略愿景

埃德萨德·路特在1987年至1995年期间担任戴姆勒-奔驰集团的董事会主席。他曾做出一个未来判断(蓝色未来眼镜),即未来汽车业务将无法再维持必要的增长率,必须在多个科技领域积极作为,才能在各个市场中平衡风险和机遇。路特追寻的愿景是"综合科技集团"。作为结果,戴姆勒-奔驰公司收购了AEG、Dornier、MTU和MBB等公司,有些收购甚至在路特上任之前就开始了。后来在约根·施莱普(Jürgen Schrempp)的倡导下,戴姆勒-奔驰又收购了Fokker公司。1995年,当路特将大权交给施莱普时,戴姆勒-奔驰公司亏损了约30亿欧元。尽管梅赛德斯-奔驰是世界上最强大的汽车品牌之一,但这个品牌带来的收益也只能一定程度上缓解上面的亏损而已。

1995年至2005年,在约根·施莱普担任董事会主席期间,汽车再度回到了管理层关注的中心位置。但是,约根·施莱普同样提出了一个野心勃勃的愿景,那就是"世界公司"愿景,即通过极为庞大的产品目录成为真正的国际巨头,将协同作用的潜力发挥到极致。这个愿景的提出是基于这样一个未来判断(蓝色未来眼镜),即未来只有很少几家超级汽车制造商能存活下来。1998年,约根·施莱普与其他决策者共同主导了与克莱斯勒公司的合并,更名为戴姆勒-克莱斯勒股份公司。不仅如此,施莱普还大举参股三菱公司,以及小比例参股现代公司。

施莱普曾说过，在初期他将与克莱斯勒的董事会主席罗伯特·易顿（Robert Eaton）一起决策，然后才会独自领导"公司"。他做出上述决定的动机从这段话中可见一斑。经济学家赫伯特·吉尔施（Herbert Giersch）曾指出，合并行为彰显了管理智力的匮乏。以公司股票市值计算，这次由愿景推动的战略行动所带来的金融灾难几乎是史无前例的。合并后的公司市值仅相当于原来的1/3，合并以来克莱斯勒公司的工作岗位减少了4万个——不管谁是股东，毕竟价值才是根本的投资动力。当然了，领导公司不可能像盖房子一样，把所有事情都完完全全计划好，有一点点偏差就等同于失败。但是让公司价值在股市大幅上涨期间蒸发掉2/3，这就不仅仅是倒霉的问题了。

这个例子为我们展示出，从战略愿景中衍生出的力量是何等之大。同时我们还可以从中看出，愿景不一定是，大多数情况下也不应该是大胆创新的冒险之举。保守的愿景可能是最好的愿景。

特里尔2020

千年之交刚过不久，作为德国历史最为悠久的城市之一，特里尔市制定了一项战略愿景。但这次他们并未像往常那样委托外部专家和专业机构来完成，而是直接由市长赫尔穆特·施罗尔（Helmut Schröer）本人和他的幕僚、重要部门负责人，如城市发展署署长约翰内思·魏南德（Johannes Weinand）以及一批来自社会、文化和经济界的代表共同制定。

制定这项战略愿景综合运用了埃尔特维勒模型和五色未来眼镜。这项战略随后被分解为下一年度的具体目标、路线图，然后是各个项目。它为中期和长期的金融和投资规划、土地使用规划以及可操作的细分计划指明了方向。通过这种方式，地区的决策、规划和行动实现了高度一致性和合理性。下面的表格概括出了这项愿景的主要内容：

表 17：战略愿景"特里尔 2020"

可塑领域	2020 年的愿景成分
人与环境	■ 在我们的城市里居住着 10 万人，年龄与劳动结构均衡。 ■ 对有孩子的家庭来说，特里尔市和市内的几个城区是很有吸引力的居住地。 ■ 特里尔风景优美。 ■ 特里尔内城是社会、文化和经济中心。 ■ 交通设施根据需要进行扩建。 ■ 人们能感受到特里尔拥有的特色文化。
经济	■ 作为德国历史最悠久的城市之一，特里尔国际知名。 ■ 特里尔是欧洲极具吸引力的知识和教育重地。 ■ 特里尔是经济交往中心和物流枢纽。 ■ 在特里尔，以可持续发展为理念的企业和家庭占很高比例。
市民和管理	■ 以近中央区的北部为中心，开发出一块公共文化和经济区。 ■ 组织并实施企业化的管理。 ■ 居民以独特的方式参与公共事业，特里尔为此而闻名。 ■ 我们的城市是区域合作联合体的一部分。 ■ 地方政府收支实现平衡。

从贸易公司到私人 X 经理

为了不损害相关企业的利益，我对这个案例做了些改头换面的处理。一家经营范围遍及整个欧洲的汽车零配件贸易公司在 2004 年时认识到自身的处境面临着极大的竞争压力。公司的领导层没有只在提高已有业务效率上下功夫，而是寻找既能让公司在竞争中独树一帜，又能让员工重振旗鼓的新战略愿景。在众多的愿景选项中，管理人员最终选择了一个让公司在目前经营的产品领域朝着私人 X 经理人方向发展的愿景。这里的 X 代表的是一种特定的需求，但我在这里不能具体说明。产品本身不断提高的复杂性以及顾客由此产生的简单化需求为选择这一愿景打下了基础。这个愿景很快使公司充满了蓄势待发的氛围。

这种氛围持续发酵，公司在愿景的激励下一步步完成了由此及彼的积极转变，公司的盈利能力也相应得到加强。

6.2 黄色未来眼镜的意义和作用

处理日常事务就像做拼图，愿景是你的范本

你玩过由 1000 个小碎块组成的拼图吗？没准还是几个人一起玩的呢。要拼好拼图需要什么？一张桌子、组成拼图的碎片、饮料、零食、一颗贪玩的心。还有呢？一张范本图！你绝对不会让你关心的人在没有范本的情况下拼图。你也绝对不会让需要你按时间付酬劳的人在没有范本的情况下拼图。

先不说这样能不能拼得出来，至少这样做效率极低。如果领导者不给他的团队一个战略愿景作为日常事务拼图的范本，那么他就相当于在这样做。他放弃了一个强大的领导工具，甚至是最有力的领导工具。只有明确了战略愿景，日常工作才有章可循，众多的小决策才会有范本可参照。

借助黄色未来眼镜，你将决定你的人生或者你的公司要实现什么样的未来。要评判那些你通过绿色未来眼镜发现的未来机遇是否值得实施，要看它们在未来的环境下是否符合你的主要追求，以及符合的程度如何。每每用到"愿景"这个词，人们总要搭配上华丽的辞藻，然而咬文嚼字并不是一个战略愿景的关键。

战略愿景必须能让人们产生一种有画面感的想象，看到 5 年后、8 年后或者更长时间后他们的生活和工作是什么样子。画面感越强，想象起来越容易，实现这个想象也就越容易。从经济性上来看，这样产生的误会更少，指向性更强，效率也就更高。所以，战略愿景不仅有利于促进经营活动的成功，还能很大程度上帮助优化成本结构。

企业作为一种复杂的自适应系统，对其进行领导将更加容易

我认为，对一家企业的成功而言，在同等投入的前提下，制定一个适合未来发展情况的、表达清晰的且为大多数员工所了解的战略愿景所起的作用比投资于任何别的领域都要大。我对此深信不疑。像企业这样一种复杂的自适应系统不能够仅仅通过项目、方案和措施来领导。你的所有行为，至少是主要的行为，都必须朝着同一幅未来画面前进。如果只是孤立地去解决组织结构、生产、销售、员工满意度、顾客满意度等问题，而不知道公司为什么要发展、要向哪里发展，那么做这些事就都失去了意义。只有战略愿景才能提供必要的方向感。愿景使目标一致、连贯、和谐，这正是中期和短期行动要取得有效性和合理性不可或缺的东西。没有战略愿景，企业的战略规划就完全失去了意义。不管是生活中还是企业里，一个具备必要的详细度和足够的灵活度的战略愿景是实现战略规划的最有效的实践步骤。一个人要是有了清晰的愿景，他就会更快地、也更加幸福地前行。一个团队要是有了清晰的共同愿景，这个集体就会忘我地投入到共同追求的未来中。

> 一家企业里的人有了明确的愿景，这家企业就更易领导、更能赚钱，未来就更有保障。

你将给自己和你的团队带来方向感

好的战略愿景能够释放灯塔效应。它是所有战略决策和经营决策的基础。利用磁力把物体吸引到目标点要比利用磁铁同极相斥的原理把物体推向目标点容易得多。同样，用战略愿景去领导别人也要比长期用蝇头小利甚至指示和命令去控制别人容易得多。正因如此，人们才会说领导员工，而不是驱使员工。

我们要领导别人，而不是"驱使别人"。

员工的创造力可以通过战略愿景以合理的方式集中投入到最有效的几个点上，也就是说集中投入到最重要的目标和项目上。一个增强创新力的办法就是，将创新人员的焦点引向更小的靶面。有了战略愿景，你就选定了这样一个更小的靶面，同时也让愿意与你共同沿着这条道路前行的人得到激励。在理想情况下，上面所说的这些适用于你的组织中的每个人。开发人员将会把主要精力投入到有利于实现愿景的方案和产品上。会计会在他的职责范围内选择对这条道路最有帮助的记账方式。销售员会把你的战略愿景当成高质量的标志，把它纳入他的销售理论中，让顾客感觉到你的公司未来将提供更好的产品。部门经理以尽可能有利于实现愿景的方式规划和领导他所在的部门。当然了，这样的和谐局面还只停留在理论层面。要实现它需要具备很高的参与度、内心接纳度和良好的相互沟通。但要是没有愿景，情况不仅不会比有愿景时更加和谐，还更易爆发矛盾。

今天，我们比以往任何时候都拥有更多的可能性，然而我们能自己掌控的要素却越来越少。这导致害怕的情绪和无助感无处不在。好的战略愿景是和谐一体的，其复杂性也相对较弱。战略愿景的整体和相对简单的特性给每天的生活带来方向感。

战略愿景能让你弄清楚，同事和员工是否愿意追随你勇往直前。一些多年无法解决的冲突往往能通过道路的分化直截了当地得到澄清，只需要明确知道每条道路具体通向什么样的前景就行了。

你将会打造出你想要的未来

制定自己的战略愿景并实现它，这是你最珍贵的权利之一。精神创造物质。制定战略愿景意味着在思想上对因和果进行互换。你给自己画出未来将出现的结果，为的是在今天创造出这种结果的成因。人类的精神是世界上大多数与人有关的效应的成因，小到私有财产，大到气候变化。这一点，罗马皇帝马克·奥雷尔（Mark Aurel）知道，无数的哲学家知道，很可能生活在所有古老文明中的人过去和现在都知道。我们的生活是我们思想和感知的结果。为了理解精神训练的真正含义，我们先得学习一下关于现代体育训练方法的一些背景知识。一个人如果能生动地想象出跨越下一个障碍的场景、（跳高）跃过 8 米杆的场景，或者击败拜仁慕尼黑球队的场景，那么他至少为做到这些事创造了前提条件。所以说，战略愿景就像针对整个公司甚至整个国家进行的精神训练一样。

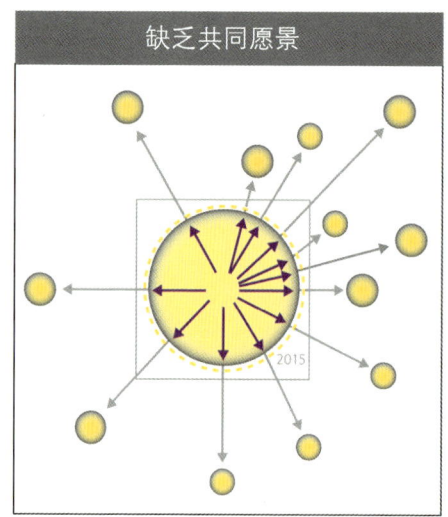
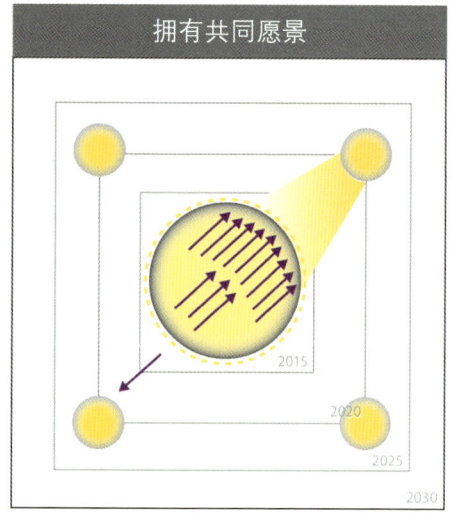

图 21：愿景的作用

"构建出身体的是精神。"——弗里德里希·席勒（Friedrich Schiller）

社会学家及未来学家弗莱德·波拉克（Fred Polak）穷极一生都在研究一个问题，即一个国家所有个人的愿景的总和对这个国家的未来具有什么意义。他的著作基本可以归纳为这样一个论点：一个国家，进而推广到任何一个人类群体以及任何一个个人，都倾向于创造出她或他所期望的未来。假如没有借助黄色未来眼镜制定出的愿景，那么未来就将呈现出别人希望的模样，或者随机呈现的模样。如果人们预期的是一种消极的发展变化，那么人们的预期将会增加事情照此发展的概率。

你将能够提高效率并降低成本

我在本章开头使用了拼图的比喻来说明，黄色未来眼镜为许多日常行为和决策提供了整体的范本。通过这种方式，你甚至还能得到一些人们通常不会与"愿景"相提并论的收获，那就是降低成本。战略愿景可以成为一个组织降低成本最有利的工具。可惜我无法证明这个论点，因为我们无法就同一机构在同种条件下对其有愿景和没有愿景的情况进行对比。很遗憾，我们不可能进入平行空间。我能做的只是在这几页的内容中写出一些论据来佐证，有效的愿景能从根本上提高一个组织的效率。

> 愿景能将管理层和所有员工的注意力和行动拧成一股绳，从而提高效率并降低成本。

你将激发自身的工作能力

莱因哈德·沃思，这位自 1954 年起把一家只有两个人的公司变成一家拥有 55000 名员工的世界级公司的企业家，始终坚持赋予其公司以一种着眼长远发展且充满挑战的愿景。如他本人所说，他这样做是为了让公司尽可能长时间地保持成长的状态，也可以说是春天的状态或者年轻的状态，因为企业的生存周期分为成长期、保持期和消亡期三个阶段。在他的企业里，人们应该时刻保持警醒，竞争中不进则退。要是缺乏具有挑战性的愿景，那么员工，特别是 3 万多名外勤服务人员将很容易为成功感到自满，然后往后退一两步。

> 战略愿景使人拥有高标准的但却可以实现的未来视野，激励员工发挥最大的工作才能。

要是没有对希冀未来的愿景，个人、企业、城市、地区和国家就不会取得他们原本有可能取得的成功。黄色未来眼镜能够帮助我们开发这些潜力。

你将为自己设定更好的目标

要是没有作为长期目标的清晰画面，你就只能费力地设定时间跨度较短的目标，还得让各个目标之间彼此匹配，然后想办法采取必要的措施。虽然我们的行动只能发生在现在，今天的作为却必须以我们所追求和希冀的未来作为指引。

> "没有明确的未来画面，我们既无法生活，也无法制定计划，不知道自己现在该何去何从。"——豪斯特·奥帕舍夫斯基（Horst W. Opaschowski）

你可以把你的战略愿景当成一个模板，用它去衡量你的生活或你公司当前的状态，对照一下在哪些地方要求和实际之间存在偏差，这些地方就是需要你采取行动之处。在实践中，这个抽象的模板就是一张表格，里面有三列，分别是"应该如何"、"现在如何"以及"解决方案"。

你更容易判断什么是重要的以及什么是正确的

有了战略愿景，你将能够做到把 20% 的精力集中在目标、项目、计划和行动上，其余的 80% 则集中在结果上。因此，战略愿景能够引导智力、资金和时间资源集中投入到在未来以及对未来较为重要的领域。

> 黄色未来眼镜引导着你的注意力，因此也引导着你的未来发展。

尤斯图斯·冯·李比希（Justus von Liebig）发现了矿物质肥料的原理。该原理表明，一株植物在其生长过程中的任何时间点总是只缺少一种元素，即最低元素。在这种情况下，再添加别的元素都是徒劳无功的，只有最低元素，也叫瓶颈元素才能使生长过程继续进入下一个环节。沃尔夫冈·麦维斯（Wolfgang Mewes）把这条用于规划和控制生产活动的基本原理与他的聚焦瓶颈战略结合在一起，推广到人员和企业的管理当中。在种植作物时，愿景可谓一目了然，但到了人员和企业这里，愿景却必须由人先制定出来。只有明确了长期追求的发展目标，你才能知道在某个时间瓶颈是什么。没有愿景，何谈真正的瓶颈。如果你不知道你的公司要朝哪里发展，那么你就无法判断在通往那里的路上最大的障碍是什么。

战略愿景帮助你在当下做出正确的决策。在你的公司里，每个人面临任何一个决定、任何一个机会、任何一个想法和任何一个问题时都可以采取这种检验办法，即看它是否有利于他以及公司朝着愿景的方向前进。

你能更早地发现威胁和机遇

没有战略愿景时，你在评判趋势和未来科技的价值时只能参考它们对你（公司）现在的影响。有了战略愿景，你的评判依据就不光是未来发展变化对现在的影响了，还有它对你未来的影响。

> 战略愿景就像一枚伸向未来的探针，有了它，你能明显更早地发现未来环境变化带来的机遇和威胁，并对其进行评判。

未来战略需要不断修正，以适应新出现的或新预见到的变化。有了战略愿景，你就有机会在这些必然发生的变化还没被市场或者竞争对手发现的时候便驾驭这些变化。由此一来，在其他多数人还不知道事情必然要发生之时，你已然能付诸行动了。谁要是能先于竞争对手看到某项业务即将发生的事实，那么他就赢得了先机，争取到了可以充当战略工具的时间。

在艰难时期，你将传递出自信

> "知道自己'为什么'而活的人，几乎任何一种活法他都能忍受。"——维克多·弗兰克尔（Viktor Frankl）

这是心理学家维克多·埃米尔·弗兰克尔（Viktor Emil Frankl）描写他在纳粹集中营的经历时曾说过的一句话。怎样能让人鼓起勇气？怎样能帮助一个有自杀倾向的人重拾生命的乐趣？办法就是让他相信未来可以比现在更好，而且很有可能比现在更好。可信的战略愿景能够帮助人们，为了更好的未来去忍受和接纳眼前的困境与不幸。如果为了安慰别人而口是心非地说过些日子一切都会好起来，这种谎话终将被拆穿，然后就会产生与安慰者本意相反的作用，这一点无须过多解释。

如果一家企业陷入了生死存亡的境地，那必须承认战略愿景只是重要性排在第二位的措施。第一位的当然是弄到足够的资金确保企业存活下去。紧随其后的任务就是重新给企业员工一个明确方向，让他们尽可能快速且高效地脱离危机。

你将在竞争中独树一帜

在实践中，人们将战略愿景的作用善加运用的情况简直少得令人震惊。虽然几乎每个公司都有一份叫作愿景的文件，里面写满辞藻华丽、慷慨激昂的句子，但这些文件却不是本文所说的战略愿景。正因如此，运用好战略愿景的诸多积极作用才能作为一种机遇，一种从竞争中脱颖而出的巨大机遇。

如果你能把几个愿景选项组合成你的战略愿景（见第152页），并由此在市场中树立起一幅迷人的、共同追求的并且可实现的未来的画面，那么你就能拉大自己的领先优势。

整体而言，你将更加成功

有战略愿景的人和企业与没有战略愿景的人和企业相比，谁更为成功一些呢？对这个问题，系统化的研究结论与人类根据常识做出的判断给出了一致的答案。虽说成功远非金钱与利润这么简单，但请允许我们暂且就这一点来衡量某一时刻的成功。对此，斯坦福大学的柯林斯和波拉斯所做的一份研究报告给出了明确的回答，即战略愿景能让人更为成功。科研人员开展了一项长期研究，观察18家拥有战略愿景的企业，并将他们与18家同行业的、主要以短期利润为目标的企业进行对比。为了消除人们对研究结果是否具有说服力的必要疑虑，该项研究进行了多次调查，每次调查都得出了同样的结果。以长期利润为衡量标准，有愿景的企业要更为成功。

> "当空想的绿洲陷于干涸，平庸和无奈的沙漠就会蔓延。"——尤尔根·哈贝马斯（Jürgen Habermas）

6.3 黄色未来眼镜的思考对象

黄色未来眼镜不仅仅能用来制定战略愿景，还可以额外制定出使命以及战略准则。战略愿景处于首要位置，因为在一般情况下，与使命和准则相比，战略愿景与现实的差异最大。但是如果你要改变公司的根本任务，那么使命就变成了重中之重。

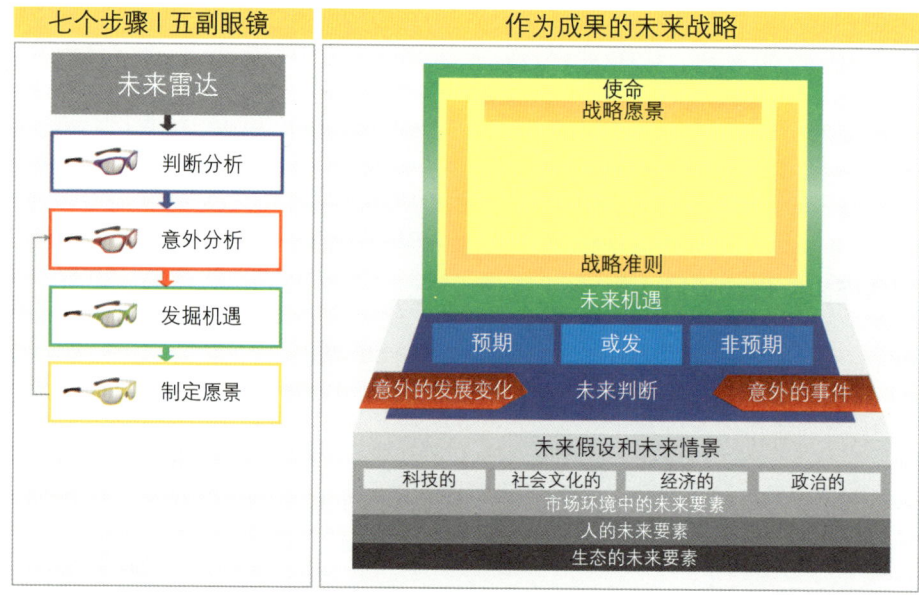

图 22：黄色未来眼镜及其思考对象

愿景类问题

其实这里指的是愿景类问题、使命类问题和准则类问题。为了方便，我们将它们统称为愿景类问题。同样，我们也把黄色未来眼镜的工作流程统称为制定愿景，虽然在这过程中还要制定使命和准则。

愿景类问题用以确定你对所追求的未来主要有哪些决策需求。

这与三个看似简单的问题有关：

1. 愿景：我们公司在20××年应该是什么样的？
2. 使命：我们公司未来到底是为什么而存在？
3. 准则：我们未来要怎样决策和行动？

下面的表格中列举了一些严格意义上的深入的愿景类问题。如果你的愿景中包含多个业务领域（在一个使命之中），那么这里的大多数问题必须由你就每个业务领域分别作答。

表18：严格意义上的愿景类问题

可塑领域	愿景类问题
战略和领导	■ 我们在哪些市场上开展活动？ ■ 过去几年我们都在哪些地方进行了投资？ ■ 通过哪些手段我们能积极地与竞争对手相区别？ ■ 我们怎样能实现最高水平的领导？
营销推广和销售	■ 为什么我们的顾客会对我们的业务感到兴奋？ ■ 我们怎样才能有效地获得并留住我们的顾客？ ■ 为什么我们在合作伙伴和公众的眼中是一家友好的公司？
产品和方案	■ 我们给顾客提供了哪些特别的效用？ ■ 我们的业务在哪些方面得到赞誉？ ■ 我们具有或者增强了哪些实力？
人与文化	■ 我们怎样能招聘到市场上最好的业务人员？ ■ 我们为何种文化感到骄傲？
系统和流程	■ 是什么让我们高效而强大？ ■ 我们是怎样保持良好的灵活性的？ ■ 我们工作的环境是什么样的？
合作伙伴与供应商	■ 我们如何很好地与我们的供应商合作？ ■ 我们如何很好地与合作伙伴合作？与哪些合作伙伴合作？
金融和资源	■ 我们是如何在资金上为质量上和数量上的增长提供保障的？

战略愿景（愿景成分）

下面是我给战略愿景下的定义：

> 战略愿景是一幅关于迷人的、共同追求的且可实现的未来的具体的画面。

如果要用一句话表述一个战略愿景，那么它可以是这样的："到2020年，我们将是欧洲研发速度最快的个人美妆产品公司。"作为复杂的、着眼未来的远期目标，几个愿景成分（愿景的各个部分）组成了一个愿景。

> 战略愿景与使命和战略准则共同为一个组织打下了孕育未来的基础。

这样来看，愿景就是由愿景成分在未来机遇的基础上构成的整体。在这里，我还是要不厌其烦地举一下约翰·肯尼迪（John F. Kennedy）的例子。他曾在1961年提出一个愿景，要在十年内把人类送到月球上，然后再安全返回地球。在提出这个愿景之前，他肯定已经发现了某种机遇，使这样做从根本上成为可能，而且这样做在道义上和军事上都能带来一系列的好处。在你提出要在自己的业务领域成为世界冠军的愿景之前，你肯定已经在某个时间发现了能获得这种冠军地位的机遇。

前文中的表18已经说得很清楚，战略愿景不能只是几句漂亮话。这张表给出了制定战略愿景的基本结构以及一些典型的导向问题。

使命（使命成分）

使命是愿景的框架。使命提出了一项比赛，愿景则描述出想要成为什么样的选手，以及在某个指定时间点要取得什么样的成绩。使命是你企业的"永恒订单",可以说是决定你企业在所处环境中要做些什么的总指标。所以,从公司目的的层面上讲,使命是公司存在的意义。而愿景则是你通过公司在其使命框架内要达成的未来。你的愿景可以以某种极为出色的方式完成你的使命。如果你将公司的使命定义为"高品质食品供应商",那么你是霸气地占领世界市场,还是建立以价值观为主导、不依赖增长并且有合理利润的可持续型经济组织,在使命中找不到对这个问题的回答。我给使命下的定义是这样的:

使命是一个组织要为其(广义上的)顾客实现的概括性的长期目的。

使命是由使命成分构成的整体。就像愿景成分一样,使命成分也来源于机遇。要用一句话说出一个使命,那么可以表述为"我们减少事故造成的财产损失"(一家保险公司),或者"我们从事水和能源的计量和结算"(Techem 公司[①])。

个人的使命很少能表达得如此明确,因为幸好没人想把整个生命都奉献给一个单一的目的。但是如果只针对从事的职业来说,一个人的使命也可以像一家公司的使命一样专一。

战略准则

准则是为未来设置的安全防护栏。准则决定的不是愿景,不会指明你或你的公司应该朝哪里发展,它明确的是今天你在前往愿景的路上所要遵守的规定和原则。我给战略准则定义如下:

战略准则是关于战略价值观和行为方式的规定和原则。

"我们要把 5% 的销售额投入到研发工作中",这就是一条战略准则。准则可以

[①] 德国一家从事供暖、供水以及制冷等业务计量和结算的企业。——译者注

1. 针对规范战略的层面（与愿景和使命一同）；
2. 针对文化战略的层面；
3. 针对操作战略的层面（与目标、项目、流程和系统一同）进行制定。

黄色未来眼镜主要与第一项和第二项有关。而针对经营战略层面的准则更确切地说是紫色未来眼镜的关注对象。

战略准则加总在一起可以称为宗旨。我之所以不用宗旨这个概念是因为这个词随处可见，而且就算不用它也无伤大雅。很多人将宗旨理解为愿景，特别是在瑞士德语地区。但是，那些公开的宗旨，多数都是些关于公司里人与人如何相处、如何与顾客相处以及如何与环境相处的基本主张，所以我认为其性质其实是着眼当前的，应归为企业哲学范畴。

6.4 黄色未来眼镜的思考立场和原则

黄色未来眼镜关注被追求的未来，它在未来学的传统理解中并不被重视。但是，它对于指导实际的未来管理学却是不可或缺的。黄色未来眼镜提供了一幅关于当事人希望实现的未来的规范性的画面，因此它的视角是宏观的，从本质上讲是由内而外的。它具有一种混合的属性。既乐观又现实的眼光、既有创新性又有批判性的思维、直觉与分析并举、经验与前瞻并重，所有这些一起构成了这副眼镜。

请用黄色未来眼镜做出明确的决策

黄色未来眼镜服务于决策工作。作为运用黄色未来眼镜的最重要成果，战略愿景是在综合排列出各个发展可能性优先次序后得出的结论，是关于真正前进方向的最终定论。就像大帆船上那位船长用黄色未来眼镜从所有可能的目的地中做出选择一样，你要用它为你的人生或你的公司决定一个方向，难就难在选项众多，做出选择也就意味着做出放弃。用史蒂芬·柯维（Stephen Covey）的话说就是，黄色未来眼镜是用来决定要爬哪一座山的，而不是用来决定要怎样爬这座山的。

> "对于不知道要驶入哪个港口的帆船来说，什么风都不是顺风。"卢修斯·塞涅卡（Lucius A. Seneca）

如果一个愿景只是描绘出一幅关于迷人的、共同追求并能够实现的未来的具体图画，从头到尾决口不提意外和风险，那它仍然有可能是个好愿景。但是，如果一个愿景里面没有真正的决策、没有明确的前进方向，也就是说包含着许多潜在选择和方向，那么这种愿景就形同虚设。好比一块道路指示牌，上面指出了通往罗马的三条不同道路。

所以说，那些从绿色未来眼镜中发掘出的机遇和选项是该支持还是该反对，你的使命、战略愿景和战略准则必须有明确的认识和决定。只有这样才能得出一幅清晰的画面，使你的家庭、你的组织或者企业里的人从中获得方向的指引。只有这样，黄色未来眼镜才能给由日常行为和决定组成的拼图游戏提供范本。

你将受益于期望的自我实现原理

"每一幅强有力的画面都会变为现实"，这是安东尼·德·圣-埃克苏佩里（Antoine de Saint-Exupéry）曾说过的话。释迦牟尼、马克·奥雷尔以及其他很多人都曾指出，生活是思想的产物。20世纪70年代以来，人们已经通过许多心理学实验证明了这个说法。对成功的预期和对失败的预期会对结果造成影响。社会心理学家延斯·福斯特（Jens Förster）证实，[①] 如果金发的女学生在参加智力

[①] 《德国时代周刊》，2005年4月28日。

测试之前听别人讲了讽刺金发女郎的笑话，那么她们的测试结果会变差。如果女性在做数学考卷前被要求填写性别，她们的成绩会更糟。当男性进行语言水平测验时情况也是如此。在实验中，当一个用细金属丝织蚊帐的任务被表述为"编织工作"时，大多女性会比男性做得更快，但织得不如男性认真。当这个任务作为技术工作被分配下去时，情况则相反。这时男性做得要更快些，但也更马虎。福斯特总结道："积极的设定会对速度和创造力产生作用，而消极的设定会提高精确性、纪律性和分析能力。"让你自己和你领导的人看到未来迷人且能够实现的一面，从而提高他们的工作能力。

用你的未来判断校正你的愿景

帆船上的长官在第一个步骤中已经提出了对大海和天气发展变化的判断。当时他们明确了按他们的估计什么将发生，什么不会发生，以及什么是无法估计的。这些未来判断是他们就战略愿景所做决策的基础。以蓝色未来眼镜的思考成果为前提，他们用黄色未来眼镜确定了的战略愿景。同样，你也必须通过这种方式用你的未来判断来校正你的愿景，目的是使你写出来的希冀未来不仅符合你的价值观和愿望，还要符合那被认定为极有可能发生的未来的情况和运行机理。

用未来机遇构筑战略愿景

我们的多桅船船长在使用黄色未来眼镜选定方向之前，他与他的船员们先是用绿色未来眼镜想出了可供选择的各种选项。

酝酿愿景的过程好比孕育珍珠。蚌类需要一个刺激，然后才能用数10年的时间孕育珍珠。至于这个刺激是尘粒、沙粒还是别的东西，众说纷纭，莫衷一是。与此相似，用绿色未来眼镜发现的机遇就算做不了制作愿景的材料，至少也提供了这样的刺激。通常，战略愿景是由一大堆机遇搭建而成的。

> 绿色未来眼镜提供选项，黄色未来眼镜从中做出选择。

请描述出你所希望的未来情况

除了极个别的例外情况，未来研究领域的所有专业人士都将愿景理解为一种未来的情况，意思是自身或者世界在今后呈现的状态。黄色未来眼镜要求使用人秉持一种真正的以自我为中心的看问题方式。你应该把自我以及你的组织视为一切的中心。

只有少数人将愿景理解为某种现实的延续、一种活动或者一种价值观建设。虽然价值观建设无疑是愿景的基础，但却不是愿景本身。如果我们把愿景理解为实现情感目的的一种手段，那么各种定义就能统一起来了。情感目的可以是权力感、满足感或者陶醉感，通过实现一个接一个的愿景可以体验到这些感觉。从企业的层面，也是我这里重点关注的层面讲，战略愿景指的是人们追求的自己人生或者企业的状态。

> 我们关心的不是"那些愿景"。愿景只有单数。

没有愿景，你能活下去，但你的企业不能

有些人觉得，愿景就是他们不幸的根源。难道非得追求与众不同、自以为更好的现状吗？难道非要让因为有些事做不到而带来的失望抵消已经做到的事带来的快乐吗？撇开高要求的目标和计划，只是简单地享受生活，这有什么错？那些陶醉在自己的作品中，在此处和当下活着并寻找幸福的艺术家，他们的存在本身难道不是一种榜样吗？为什么我们不该从每天的劳作和存在中汲取幸福呢？

毫无疑问，作为人，没有愿景地活着是有好处的。你无须忍受因为感觉到追求的未来与生活现实之间的差距而产生的紧张感。你不需要远行，踏上充满未知和意外的旅途。你可以修养精神和灵魂，免于殚精竭虑。你省去了因为一些事情做不到而产生的懊悔和悲哀。最后，你还回避了选择方向的痛苦，因为情况越来越复杂，选项越来越多，做出选择也就越来越困难。

每一天，数十亿人都在证明着，没有真正的战略愿景照样可以生活——他们中的很多人活得很幸福。如果我们坚持把愿景定义为一幅关于迷人的、（共同）追求的且可实现的未来的画面，而不仅仅把它当成一幅描绘幸福状态的图画，那么得出下面这个结论不足为怪，即人要幸福根本不需要什么战略愿景。

然而，很多人却有这样的需求，那就是不肯把他们要攀登的高山放任天命来安排。他们要创造更好的真实，并且就这个真实给自己设定一个值得追寻的愿景。他们中间有些人光是在享受追寻愿景的过程中就已经得到了幸福。

但是对于企业来说，如果不能始终给它设置一个具有挑战的任务（使命）和发展方向（愿景），那么企业将受到灭亡的威胁。从这个意义上讲，黄色未来眼镜是真正在构建一个组织。

> 即使没有愿景，人类也能活下去，并且可能会活得很幸福。相反，企业作为人的共同体，必须有使命、愿景和准则才能立足。

请把你的愿景制成图画

我们必须能像看图画一样看到战略愿景。虽然愿景在刚开始的时候通常只有文字，但是一旦追求的未来被表述成文字了，它就应该被转化为图画，理由如下：

1. 众所周知，图画传播起来更简单和快捷；

2. 图画让理解更加准确，因此能提高精确度，减少误解；

3. 图画是愿景得以实现的前提，因为只有进入脑海的画面才能唤起必要的情感共鸣，或者让抵触情绪一览无余；

4. 图画能强化记忆，提高愿景在你的以及你员工的思维和行动中的存在感，进而增强愿景的效力。

> 愿景一词来源于拉丁语的"videre"（看见）。

下一页的几幅插画摘选自同一组图画。这组图画共 12 幅，是一家瑞士公司为员工制作的直观战略愿景。这家公司的总经理说，在他们公司里，甚至连保洁人员都知道公司的发展方向。

> 撰写一则愿景时，我们应该采用未来现在时或者至少是未来完成时，也就是说它的形式是未来的现在，就仿佛到那时愿景已经成真了一样。

即便没有直观的图画，愿景的时态也能让人们的想象具有画面感。未来现在时和未来完成时，这两个时态让我们在看待现在的时候，能够把现在当成未来的过去。举例来说，未来完成时可以是这样的："到 20×× 年，我们将会已经拥有 140 家成功且热情高涨的许可经营式合作伙伴。"同样的内容用现在时表述则是，"2020 年：我们有 140 家成功且热情高涨的许可经营式合作伙伴。"这句话用未来完成时显得更理性一些，而同样的意思用未来现在时表达则会给人以略微的狂妄之感。

制定愿景是你的任务，不是别人的

无论什么样的组织机构，如果连制定和完善愿景都不算管理层的任务，那

产品吸引力	研发

模块式设备组装	新顾客群组

生产外包	个性化定制

图 23："愿景"：战略愿景的直观化表达

还有什么能算呢？如果你不去确定在你的公司里集体要实现的价值观和重点，那么也不会出现诸如愿景真空之类的情形。更有可能的情况是，几个最有影响力的员工的愿景组合成为一种隐形的愿景，但它极少会是最佳的、对你公司的生存最有意义的愿景。如果这样的愿景变为现实，那么这样的现实很可能也不是你所希望的样子。

如果你不制定战略愿景，会有别人为你制定。

所有可能的方案似乎都在等着主管做决定，好像什么都是非主管来做不可的事。但是，没有什么比黄色未来眼镜，也就是使命、战略准则和战略愿景更有资格成为只能让最高管理层自己来做的事。只有来自"最上面"的支持是不够的，这一切必须是源自"最上面"的。

很多人建议，在完成制定愿景这项工作时应该尽可能多地让员工参与进来。还有些人主张，要撰写一则愿景需要一年或两年的时间。从实践经验出发，我认为采取如此谨慎的做法意义不大。这样做主要有以下几个不利的方面：

如果愿景由几百人甚至几千人来制定，而且要让每个人都觉得合乎情理，这样制定出来的愿景在市场上不可能是非常独特的。以如此庞大的工程，最终得到一个以民主为基础、与竞争对手几无差别的愿景。然而，要取得非同寻常的成功，有别于竞争对手这一点恰恰是不可或缺的。

只有极少的企业领导者愿意出钱开展这样的大工程，尤其是还必须定期对愿景加以维护和更新。有效的战略愿景已经太少了，经不起人们再给它设置更多的障碍。

人们或许以为大工程的优势在于能让所有员工都达成一致的愿景，但是，这种优势根本不存在，因为经过反复妥协得来的愿景只能让一小部分员工为之振奋。群体中每个成员的感觉不可能是整齐划一的。

依照我们的经验，大众的聪明和智慧不适合用来进行竞争分析和竞争差异化管理。通过完全民主的流程不能得到称得上愿景的东西。

> 大众的聪明才智能够很好地完善愿景，但却不能制定愿景。

你的战略愿景应该由你在慎重思考的基础上提出草案，下一步才能就此开展广泛的对话，然后在对话过程中对其进行补充、修改和删减。

请相信自我负责的原则

所有人都对自己的处境负有责任吗？我们的现状是由我们自己创造的吗？人可以按照施普伦格（Sprenger）的"自我负责原则"生活吗？批评家打抱不平地说，对那些被强奸的受害者、受虐待的儿童或者在大街上被光头党打得血流不止的人，我们不能说人的处境都是自己造成的。难道席勒、奥雷尔和施普伦格他们都在招摇撞骗吗？其实，批评家的说法乍一听似乎很有说服力，但却是在感情用事，以偏概全。让我们借此机会进一步明确一下自我负责的含义：

> 如果很明显没有别人对自己当前的处境负有责任，那么这样理解一般是正确的，并且这样理解几乎总是有好处的，即人们对自己的处境负有责任。

让我们来试想一下两种情况的后果。不相信自我负责原则的人，他们会善于诉苦，总是呼唤别人来拯救自己。然后，过错就转移到了别人身上。"不是说人自己什么都做不了吗？那就说明没什么是必须要做的"。另一种情况下，相信自我负责原则的人，他们不管面对何种艰难的情况，总是会先问自己，我自己能做些什么来改变这不如意的处境呢。假如都有这种精神，那么世界上大大小小的经济和社会问题可能会少得多。在真实世界中，如果我们搭乘列车时恰巧跟满身大蒜味的旅客坐在了一起，虽然我们不能另外创造出一节车厢来，但我们随时都可以到过道上去。如果我们还留在原地，那只能说明，对我们而言舒服地坐着比呼吸新鲜空气更重要。

批评行动力理论的人对精神驱动物质持怀疑态度，这是在挑战古老的、我们认知中基本的世界运行规律。其实，每个严肃的哲学思维流派都是构建主义。虽然有时候精神创造的现实与创造者的希望有差距，但这并不能改变黑格尔（Hegel）所说的"先有想法，后有实践"这样一个事实。从本质上讲，是人自己创造了自己的现实。在这里，儿童、病人、无依无靠的人、犯罪受害者和事故受害者虽是例外，但却不会改变这一条根本原则。我们必须始终不忘一个问题，即造成当前处境的，如果不是人自己，那还能是谁呢？如果明显该由别人负责，那么现实不是你造成的。但如果不存在这个明显应该负责的别人，那一定就是你自己。

请相信未来可以有意为之

我们真的能塑造未来吗？如果你听信了成功学顾问说的话，就会留下这样的印象，即只要你用对了策略和方法，任何的愿景和目标都可以实现。这样夸大和妄想行动力理所当然地会引发一些反驳声音，就像米歇尔·马利（Michael Mary）所说的。

- 如果我们表达出了自己的愿景，我们就会更加幸福吗？
- 如果我们实现了自己的愿景，我们就会更加幸福吗？
- 到底有没有可能有意识地给自己设立愿景并实现它？
- 我们能否实现所有我们计划的事情？

这些行动力的传教士（如马利）在书籍、视频、录音、讲座和演讲中散布着可喜的福音，他们说任何人都能选择自己的现实，任何人的处境都是自己造成的，任何人都能成功，任何人都能改变自己的处境。单从这些论点的绝对性来看就可以说它们不符合复杂的现实情况。但是它们同样也不是完全错误的，尽管有些批评家乐此不疲地表达着他们的这种看法。其实要弄清楚情况只需要简单地区分一下：

> 我们认为，实际上，任何一个人以及任何一个机构组织都完全有可能在一定时间内做出明显的积极改变。但是，在个体看来，发生这样改变的概率相对来讲很低。

拿戒烟来说，理论上每位烟民都能做到。但是，能戒烟的只有其中的一部分。年薪 100 万欧元理论上几乎任何人都有可能做到，但实际上只有很少的人能把它变成现实。那么，为了健康的无烟生活或者为了获得高收入而制定或教别人制定策略，这难道不对吗？朝着这样的目标每前进一点点也许都是一种成功吧。

让我们暂且秉持功利的心态：谁的办法有用，谁就有理；换言之，什么东西有用，什么就有意义。有意为之的乐观主义能够提高成功的概率，这一点是关键。当所有人和所有企业都赞同这个观点时，相信自己能获得成功的人，成功的概率会提高；反之，当大家都认为设定目标也没用，因为反正是做不到的，那么成功的概率就可以降为零。批评"行动力妄想"是理所应当的，但要是有人在批评的同时还传递出"没有什么是可以有意为之的"这种意思，那么他的这个信息就会像能自圆其说的魔咒那样变为现实。那些不把可能性和可能发生性之间的细微差别区分开就大谈可靠战略的人，他们声称人只要真的想，就几乎一定能获得成功。首先，这些人是江湖骗子；其次，对许多因为没能获得成功而自责和自轻自贱的人，他们是有责任的。

归纳一下，我们就能得出一个虽不惊人但至少很实际的结论，即"行动力传教士"和否定行动力者的说法都不完全对。人可以按照意志打造自己的生活，但只是在一定的边界之内。即便如此，

> 让思维始于边界处，而不是止于边界处，这对目标大有裨益。

你要去激发和鼓舞对愿景的热情

使命、愿景和准则的力量有多大，这取决于团队或者组织的成员怀着怎样的狂热去支持它们。愿景需要分享，它必须是属于大家的，它必须讲大家的语言，并且深入人心。使命、愿景和激情，这几个词常常被放在一起来说。

在许多企业里，人们以十年为界制定诸如"愿景20××年"的文件，这种做法很普遍。其内容往往是过于冷静的阐述经营领域、销售额和利润率。激情和魅力总是无迹可寻。就连顶级经理人也常常是了无热情。那还怎么让员工充满热情和全身心投入工作呢？遗憾的是，就连中小企业的领导层也免不了落入"越多越好"的俗套中，在他们的愿景里写一些毫无意义的东西，比如"增长是第一位"。增长不可以作为目标，因为增长说的不是一种未来的状态，而是一个过程，而且增长是良好愿景和战略的结果，特别是实施愿景和战略的结果。还有一个原因就是，真正会为增长感到振奋的其实是股东。

<u>脑与心应该在战略愿景中得到均衡兼顾。</u>

彼得·圣吉（Peter Senge）将员工对待愿景的态度分为以下七种：

1. 奉献；
2. 参与；
3. 真正的赞同；
4. 表面上赞同；
5. 不情愿地赞同；
6. 不赞同；
7. 无所谓。

圣吉在此甚至不敢触及热情的概念。他这样谨慎也情有可原。人们很少会对一个不属于自己的愿景投注真正的热情。无所谓正是热情的对立面，所以它摆在热情度的负极上绝对是当之无愧的。很明显，如果公司里所有劳动者都对共同的愿景真心奉献，甚至怀抱热情，这样的公司相对于竞争对手将拥有巨大的成本和质量优势。怎样才能让所有劳动者奉献于公司的战略愿景呢？道理很简单：愿景必须是所有劳动者的愿景。

通过与个人的愿景相关联来增强愿景的共同性

每个人对于他的生活、他的家庭、他的公司、他的城市、他的国家或者这个世界理想的样子都至少有个想法。即便这个愿景不够具体，不够清晰，制定得不系统化，没能跟别人相互协调，也没对意外情况做好防备，也改变不了这个事实：几乎任何人都对其希冀的未来有着粗略的想象，我们能知道的只是他不（再）想要的是什么。你的公司里始终存在着许多隐形的愿景。

> 一见钟情这种事在战略愿景上极为罕见。大多数情况下，团队都是渐渐地爱上愿景的。

外在的思想碰撞可以擦出火花、孕育变革并产生建议。而真正的内在愿景更需要人们深入到自己的内心去感知。人们通过对某个愿景产生共鸣与和谐感的强弱来发现和感知自己内在的愿景，我把这种有待判断的可能的愿景称为愿景选项。从外界榜样或启蒙者那得来的愿景选项一点也不比你自己的差。别人建议的愿景，只要人们感觉到它与自己内在的愿景一致，就同样能激发人们的热情，就如同人们自己制定的愿景一样。这也是因为人们往往没有能力自己制定有效的战略愿景。

说来奇怪，如果人们把某个外来愿景设定为必须主动攻击的敌对画面时，对这个外来愿景的断然拒绝甚至也能充当自己的愿景。比如微软公司对苹果公司、可口可乐对百事可乐就能够起到类似的作用。

之所以很多人看起来毫无目标、庸庸碌碌地活着，原因大概就是他们还没能把他们的愿望和实际行动联系在一起，或者他们对自己的想法和想象的可行性抱有怀疑，又或者他们无法在众多备选的出路中做出选择。之所以很多企业没有真正的战略愿景，我认为原因在于他们以为写几句漂亮话就大功告成了。在制定愿景这份答卷上，他们过早地打上了对号。

一个团队或者组织的战略愿景或多或少是妥协的产物。

具有共同性的愿景才是有价值的愿景。相关性因数，也就是对个人愿景的兼顾程度决定着一个愿景具有的力量。领导团队的成员也有各自对于公司应该如何发展的大致设想。团队有多少名成员，就有多少个不同的个人愿景，那么团队就有多少种潜在的战略愿景（愿景选项）。照此来讲，团队的愿景首先在于个人愿景的交集。这个交集不会很大，这一点不用专门研究也能凭经验想到。对你的公司来说，黄色未来眼镜的首要任务就是把关键员工的已有愿景变得一致。

我曾经因为偶然的机会亲眼看到，一些人在发觉自己无法接受公司的新愿景之后毅然选择了离开。这些人决定追寻其他的愿景，最理想的情况下会是他们自己的愿景。这样的分道扬镳最终对所有人都是有利的。所以说，相关性也完全可以通过道路的分化来获得。

相关性是道美味大餐，只可惜它不是免费的。企业的众多决策者之间取得的相关性越高，企业面临的危险就越大，因为最终妥协的产物已不再有真正的特殊性可言了。

给你的愿景赢取尽可能多的追随者

只有让愿景占据你公司里劳动者的头脑和心灵，战略愿景的所有优势才能充分释放出来。很明显，支持某个愿景的人越多，这个愿景的力量就越大。但是，如果把这句话引申为每个员工都必须是战略愿景的热烈追随者，则是错误的。就连小企业或小组织都没必要这么做。虽说连清洁工都知道公司该向何处发展，这当然很好，但是你也不要忽视了由于战略愿景的细节被过于广泛地散播而带来的危险。

整个公司的战略愿景必须让所有层级的每个领导人员以及关键的专家知晓。除此以外只要达到最低要求就行了，即员工知道其所在部门的细分愿景，并且明白细分愿景与整个公司之间存在有意义的关联。公司越大，经营领域越多样，各部门战略愿景的制定和维护工作越应该分散。

战略愿景的制定者，也就是领导团队的成员必须同时担任愿景的信使。他们应该感到内心中燃烧着一把火，让他们想要把火种播撒到员工中去。他们必须邀请别人来参加关于制定战略愿景的谈话和讨论，目的是汲取大众智慧，进而更清晰地看到愿望中未来的样子，并使之经得起潜在意外的考验。

有些公司，未来管理的理论虽然懂得很多，在实际经营中却根本不把未来管理当回事，这样的公司多如牛毛。如果你在一家这样的公司里工作，那么要让员工参与进来将是非常有挑战性的。在这种情况下，如果认为能一下子让所有劳动者都接受、理解并以奉献的精神支持公司的战略愿景，那简直是异想天开。倒不如把这件事的过程想象成螺旋，因为说服工作就像是磨刀，需要打磨很多次，积极效果才会在打磨过程中逐渐凸显。

与集体打成一片

黄色未来眼镜要求以真正自我为中心的方式看问题。你思考的核心是你和你的公司。大家知道，在这个自由、人性化、分工化、市场经济化的世界，要以合法的方式出人头地，必须做到两点，首先你对别人来讲是有用的，其次，也是最基本的，你不可以打扰到其他人。

康德曾对人们提出过这样的要求，其中表达出了一条普世的道理：请像要求别人那样要求自己。

所以，就像阿尔弗雷德·赫尔豪森（Alfred Herrhausen）曾经时常说的那句话，请在思考和行动时时刻认识到自己对集体负有的责任。一个好愿景应该在某种程度上同时有利于共同利益。

请确保你透过黄色未来眼镜看到的未来与你周围的价值观和需求是一致的，而不是无谓地与别人唱反调。对待竞争对手自然是不必客气，但是对顾客和世界来讲毫无意义地直接损害竞争对手，这并不能给顾客带来好处，你也不能由此"赢得"顾客。以别人为中心做好事，为的是达到以自我为中心的利益。企业战略大师迈克尔·波特（Michael Porter）倡导企业去创造"企业社会价值"（corporate social value）。不是"责任"（resonsibility），而是价值，也就是说给社会带来实在的价值。这个价值应该由公司所从事的主要业务来创造，而不是通过做慈善。

通常所说的自我为中心的愿景，其核心无外乎是成为最大的一家或者最富有的一家公司。要实现这样的愿景，必须先服务于他人的利益。因此，拥有10万热情顾客的愿景比成为市场主导者的愿景更值得我们去追求。

中等程度的挑战最为理想

愿景这个词会唤起很多人心中对革命天真的向往。很多人认为，真正能称为愿景的只有那些大胆的、冒险的和高度创新的东西。只有当人们给思想披上最艳丽的色彩，让它驰骋到可能的未来最遥远的边际线上，并对其深信不疑的时候，这样的东西才会出现。赫尔曼·索格尔关于阿特兰特罗帕的愿景（见第186页）就属于这一类。

> 人人向往着快速积极地改变自己的生活，向往着从自己生活中不如意的部分抽身出来，这种向往会转移到成人的游戏场——企业当中。

人们渴望到远方的市场上施展大胆的冒险，但也要求冒险的成功率有所保证。把这种渴望放在企业里却只能是天真的想法，原因如下：

1.领导团队共同追求的愿景对这个团队来讲不可能是全新的，否则的话，这个愿景指明的整个公司发展前景就无法取得足够的支持。

2.一家公司不会在四平八稳的情况下大幅调整企业定位。只有在利润持续下滑，或者在未来判断中预见到了危及生存的威胁时，企业才会采取较为少见的极端定位调整。

3.纯粹因为发展瓶颈而放弃传统业务、转向新领域的案例中，只有一小部分能维持长久的成功。这一点被经验反复证明。

4.黄色未来眼镜关注的核心是战略方向决策。面向未来的项目或者制定愿景的项目一般不会发明或设计出新产品甚至新科技。这些对未来项目来讲无异于坐着直升飞机指挥地面上的人修理瑞士手表。在战略愿景的高度上无法进行细微的设计工作。但是，在一个目的明确的创新过程中产生一些基本的发明和设计却是有可能的，人们可以站在战略高度对这些发明和设计进行延伸思考。

我曾就愿景的概念请教过无数的实践家，并曾征求过其中绝大部分人对愿景定义文字表述的意见。多数实践家和未来学家都一致认为，愿景虽然是一幅关于希冀未来的具有挑战的图画，但它完全没必要非得令人感到吃惊。探索未来无限的可能性其实是绿色，而不是黄色未来眼镜的事情。黄色未来眼镜要做的更多是引导人们选定一个理性的长期方向。

最佳的战略愿景很可能就摆在离你当前业务不远的地方。与普遍的猎奇心理相反，愿景并不是离公司今天的强势领域越远越好。说到这里，肯定有人会想到那些经常被提起的、被认为是大胆战略的案例，诺基亚（Nokia）（从做雨靴到做手机）、曼内斯曼（Mannesmann）（从销售管材到经营无线通讯）、普罗伊萨格（Preussag）（从矿产开采和冶炼到旅游集团途易TUI），但这些都是特例，绝不是普遍情况。这些极端的转变都是不得已而为之。

> 值得注意的是，那些主张大胆愿景的人大多从未自负盈亏地领导过一家公司。

要求过高的愿景往往是企业一种不负责任的任性之举。它是对公司员工、对组织结构、对财务的一种苛求，最终大多也将演变成对顾客的一种苛求。这相当于拿他们进行一次危及公司存亡的拉力试验。好的愿景在理想情况下是能够与你今天的业务兼容的，特别是与你为顾客实现的功能相兼容。

> 最初，随着战略愿景与今天业务的距离拉大，战略愿景的价值会增加，之后这价值则会随距离的进一步扩大而急剧下滑。

创新的适中程度决定着价值的高低。创新得太多容易导致精力碎片化。安索夫（Ansoff）富有预见性的看法得到了实践的验证。随着愿景与你现有业务距离的拉大，风险和为实现愿景付出的代价不是在线性增加，而是在指数化暴涨。只有在当前的公司构想，也就是你的使命及其实现方式出现了根本性问题的时候，你才应该去考虑放弃你一直以来从事的生意。

米哈里·契克森米哈（Mihály Csíkszentmihályi）认为，被他称为"心流"的幸福感产生于例行事务与挑战这两条线之间。有人说，目标和愿景虽然应该保持在目光所及的界限之内，但却应该超出我们精神所及的范围。很多人都支持这幅由目标和愿景构成的图画，因为你能看见它在那里，能想象出它的模样，却还不知道怎样找到去那里的路。要求太低的愿景与要求过高的愿景一样，都是没有价值的。两种愿景都危害企业的生存。要求太低，愿景就不能调动起竞争积极性，而过于苛求，愿景则会失去人们对它的支持。

根据我的经验，所有团队维持的挑战度恰好就是他们认为自己能做到的程度。这正是我所说的中等程度的挑战。一个团队的未来实力越强，其愿景所具有的创新度和挑战度就可以越强，也将会越强。如果不仅仅你的领导团队，其他所有员工也都感到面对的挑战很大，但这个挑战是他们能够战胜的，那么你

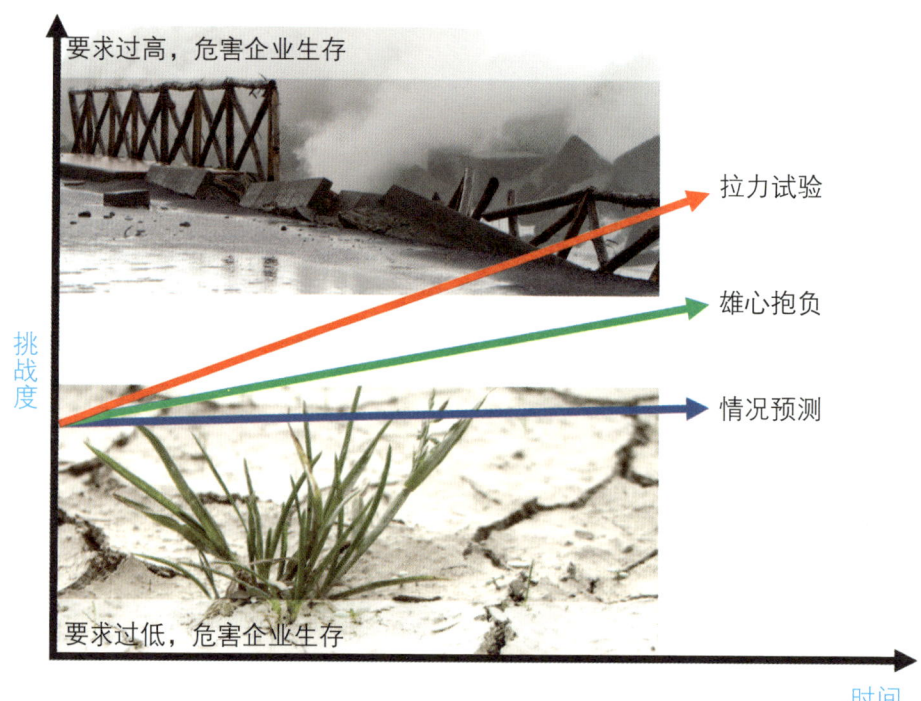

图 24：视野界限以内，可触及范围以外

赋予的挑战度就是正确的。没必要时常担心对未来考虑得太远了或者不够远，这些担心通常都是毫无依据的。

要敢于选择保守的愿景

要是当初艾德扎德·路特和约根·施莱普把损失在经营多样化和兼并收购上的数十亿资金（见 6.1 小节）投入到汽车的深度研发和推广上面，今天的戴姆勒公司会是一番什么景象？这是个有趣的思考实验。

保守的愿景也不失为最好的愿景。

从戴姆勒到戴姆勒－克莱斯勒，然后又回到戴姆勒，这段历史无疑充满了戏剧色彩。它告诉我们，宏伟的愿景并不见得就是最好的。让我们暂且想象一下，假如那损失掉的数十亿钞票用在了让梅赛德斯的每辆汽车都更好一点点、更安全一点点、更舒适一点点、更环保一点点该多好。戈特利布·戴姆勒（Gottlieb Daimler）老先生对他自己和这家公司的要求仅此而已，却已经是最好的要求了。假如这家企业和这个品牌能够很好地处理过去 20 年出现的战略类问题，一个有连贯性、有侧重点的戴姆勒，其市场地位一定会强大到不可想象。说不定那几十亿的市值损失会变成几十亿的股票增值呢。

根据能学到的本领和能获取的资源来定位你的愿景

与幼稚的猎奇渴望同样错误的还有过于谨慎。未来能够实现的最大值不是取决于今天已掌握的本领和资源，而是从今天的情况出发，你可以开拓和发掘的本领、实力和资源。肯定有些本领是你和你的企业学不到的，有些资源是你和你的企业无从发掘的。但也不能否认有些限制是可以借助想象和专家建议来消除的。

让你的愿景与你的过去相匹配

相对于你的人生履历或公司历史来说，你的战略愿景应该是可信的。一个人如果一辈子都小心谨慎，那么对他来说，要变成一个性格外向、游走于各种派对交际场的人就是有一定挑战度的事情。对企业来讲也无非如此。并不是说过去主导着未来，而是说历史造就了价值观、人格和行为模式。这不是简简单单说变就能变的。我们不能像新建一套经营体系那样建立新的价值观、性格和行为模式，否则数以百万的治疗师、咨询师和个人气质辅导工作室就都无事可做了。那些过度热心肠的气质辅导师多是些年纪轻轻的人，他们总是把历史说得无足轻重，实际并非如此。历史就是历史。

未来需要出处，也必有其出处。

不要苛求你的顾客

你的战略愿景不应该是将创新和猎奇进行最大化的产物。Smart 是戴姆勒公司与斯沃琪（Swatch）公司合作，在尼库拉斯·哈耶克（Nikolaus Hayek）创意的基础上生产的一款微型车。它是戴姆勒公司最小的车型，是具有高度创新性的整体概念车。它能横插在窄小的车位里，比如火车上的车位或停车场里的专用车位。它基于模块化的构造使得汽车外观可以随意改变。这些只是构成这款全新概念车的众多创意中的几个例子。尽管其中大多数创意已经有十年甚至更久的历史了，但很明显，这款车对目标顾客群的要求依然太高了。这虽然是个合作项目，因而难免会存在合作伙伴之间各自为政和斗争妥协的问题，但这理由仍无法为这款车的失败开脱责任，毕竟其根本创意在顾客中认可度不高。这个案例告诉我们，要取得成功，除了发现机遇以外，还必须具备很多其他先决条件。

1999 年面世的大众 Lupo 是世界上首个 3 公升系列车型。2005 年，这款车由于失败而彻底停产。即便是它存在结构设计和运算问题，更重要的原因毕竟还是想买这种让自己受委屈的小型汽车的人太少了。创新和理性败给了荷尔蒙。直到 2007 年，有车一族的想法才开始调转方向。气候研究报告纷纷做出了形势严峻的预测，这引发了人们的理性思考。出于气候保护的考虑，小型车、小马力车以及电动汽车突然变成了大众可以想象的事情。

所以说，你不能高估顾客对创新的接受能力。不要因为你追求巨大创新与飞跃的志向而对顾客提出过高要求。

让你的愿景兼具必要的精确性、必需的复合性和越多越好的灵活性

你的愿景必须描述或者绘制得足够准确，以便受众能获取到清晰无疑的方向指令，并能轻松如愿地想象出要追求的未来的模样。愿景的核心内容应该只包含人们在未来一定时间段内真正可以并且必须做出决定的内容。要让愿景聚焦关键内容，这样才便于人们就其进行交流。这就是我所说的必要的精确性。战略愿景只须在少数几个关键点上加以清晰描述，这样做是为了证明愿景是能够被实现的。而且，只要用些论据就足够了，不需要拿出严格意义上可量化的证据，因为后者一般情况下会脱离愿景的初衷。可量化的东西常常并不那么重要。

没有人知道，明天你的处境会不会因为价值观、生活水平、顾客、员工或者其他什么人或事而发生改变，因而需要借助黄色未来眼镜制定不同的使命、愿景以及不同的准则。由于这个世界根本无法预测，所以愿景以及相应的使命和战略准则都不能深入细节，而必须集中在中心内容上。否则的话，一朝选定的方向岂不成了上锁的舵轮，导致企业这艘在变幻的世界和市场风暴中漂泊的船失去了调整方向的手段。你必须能够自由地改变你的愿景，使其适应新情况。但这并不是说你可以每隔几个月就带着员工换一次新方向。我的意思是，你可以随时微调，但从根本上应该尽可能长期保持总的方向始终如一。

如果形势所迫，那么即使180度调转方向也比固执地一条道走到黑要强。灵活性能够替代高瞻远瞩。过于详细地绘制所追求未来的画面不利于维持应有的且必要的灵活性。

要在规划中制定可精确量化的目标，那么规划的时限内发生内在或外在条件变化的可能性应该是较低的。通常这种规划（紫色眼镜）对应的时间段最多是1—3年。多数情况下，内在条件变化是导致愿景不合时宜的主要原因，而不是外在条件。一旦管理层更迭，那么旧的愿景对新的掌权者来说往往不再具有吸引力。即便管理者没换，他们也会频繁地更新和调整其人生信条和经验知识，以便轻装上路，所以在这种情况下，愿景同样面临着被釜底抽薪的威胁。

复合性不同于复杂性。复杂会让愿景变得难以理解、看不透，而复合性则是对战略愿景的一项基本要求。这里的复合性指的是相互关联的东西、综合的东西、相互交叉的东西以及整体的东西。透过黄色未来眼镜的目光必须展现出一幅关于所追求的未来的完整图画。深度作为愿景的一种属性也是可取的，就是说愿景应该像一幅好画或者一篇优秀的小说，在思想上有较多的内涵。

> 要求愿景同时具有精确性、复合性和灵活性会带来很多目标冲突，但在实践中这些冲突无法得到理想的化解。

利用愿景选项获取必要的竞争差异

在董事会里随便找个人问问，公司 5 年或者 8 年后将在哪里，你多半会得到一个似曾相识的回答，即便对方领导团队刚结束为期数天的愿景培训课也不例外。无外乎是更高的质量、更好的客户关系、新市场、新科技、更适应未来的企业文化、更丰厚的盈利，对了，还有增长和市场主导地位，这些都是要追求的东西。如果问一下竞争对手们，你听到的将是……同样的说法！这样的情况太多了，即便是领导水平非常专业化的企业，其愿景也无非是一系列关于质量、增长、利润和市场主导地位的说辞。太多的企业家和经理人把一时的、短期的、以财务营收为参照的成功标杆当成了未来的标准。

> "领先是利润的天然成因。"——约瑟夫·熊彼特（Joseph Schumpeter）

如果竞争对手们的愿景是一样的，那就相当于人们很早就放弃了在竞争中保持明显差异的机会。那么，企业的生存本领，或者说，企业的经营利润和收益，在最好的情况下不过就是差强人意，在最糟的情况下则是企业走向灭亡，这一点都不奇怪。道理谁都懂，然而企业的愿景大多都难分彼此，实在是不可思议。

所有与战略有关的工作都在努力使企业持久地保持积极的差异化，也就是说让企业无可替代。战略基石所在之处，也就是战略愿景以及企业的定位，恰恰最需要保持独特性的地方。除此之外，哪里还能为可持续的成功创造基础呢？

差异化源于具体的认知和决策。如果你把两种差异化的要素相互关联起来，再加上两个保障质量的要素，这样产生出来的战略愿景就是独特的、原创的：

1. 愿景选项的多样性（参考第152页表14中银行愿景选项的例子）；
2. 使愿景选项与领导人员的个人愿景相一致，从而获得领导团队的赞同；
3. 对照你对未来发展变化的判断（蓝色未来眼镜），使愿景选项有意义；
4. 对照市场上可能的战略意外情况（红色未来眼镜），使愿景选项更为周全缜密。

处理愿景选项这项工作让我们有机会把很多备选的愿景草案放在一起，让它们展开一场类似进化的竞赛，它们要争夺的是团队在情感上和理智上的认可。

愿景选项是战略愿景的初级草案。要想更稳妥地进军未来，就不能对公司的前景仅仅做单一的想象。就好比进化过程，愿景选项的数量和多样性以及选取标准的数量和多样性其实是选出稀有的，甚至独特的战略愿景的保证。3—10个愿景选项能让我们做到，或者说至少能让我们更容易做到：

- 想象出更多更多不同的未来；
- 与标准未来相比明显拥有更广阔的空间去想象那些备选战略愿景所展示的可能前景；
- 做出真正的选择和决定，哪些战略愿景淘汰，哪个战略愿景（或者是愿景选项的组合产物）留下；
- 通过这种方式找到对你所处环境而言独一无二的战略愿景。

你在组织中所处的层级越高，你通过黄色未来眼镜得出的结论就越具有普世性，未来管理中的每一项工作都遵循着这个原则。如果只领导自己，那么事情就很容易，心理上容不容易暂且不说，至少方法上要容易得多。如果领导一个团队，那么愿景就成了妥协的产物。就拿只经营一个业务领域的中等规模企业来说，要顾及的各方利益和大环境的各种情况就已经多达数十种了。哈雷·戴维森（Harley Davidson）[①]与奥地利克恩顿州的 Kötschach-Mauthen 居民银行都秉持着下面五条指导原则，他们很可能是偶然的不谋而合：

1. 我们说真话。
2. 我们兑现自己的承诺。
3. 我们处事公平。
4. 我们尊重个体。
5. 我们鼓励好奇心。

他们陈述的不是愿景，而是文化准则。这些准则加在一起形成了一幅理想的示例图画，但这很显然不是战略愿景。

如果说用黄色未来眼镜给一个涉足领域非常广的大型集团企业制定规范性的准则，那么其结果的普世性就将登峰造极。这已不再是共同愿景的妥协产物了。比如巴斯夫公司的战略准则：

1. 我们帮助顾客获得更大的成功。为了提高盈利能力，未来我们要让自己更加适应客户的需求，为顾客和我们自己找到最适合的商务模式并加以应用。
2. 我们要打造最强的行业团队。员工是巴斯夫成败的关键。他们才是重中之重：他们的才能、他们的想法、他们的经验和他们的付出。
3. 我们始终为实现宜居的未来而奋斗。我们理解的可持续发展就是要将经济上的成就与环境保护和社会责任联系起来。
4. 我们投入资金成本，也从中挣得报酬。

---

① 哈雷摩托——译者注

你的战略愿景是一个阶段性的试验品

由于未来是不可预知的,每个新的一天都会带来对未来看法的改变。因此,你必须定期检查、修正、补充你的战略愿景。虽然说战略目标应该尽可能颠扑不破,但是,毕竟愿景与现实有着很多年的遥远距离,所以其实愿景从诞生那一刻起就附带着做出改变的需要。有时候,你读起自己过去写的信和文章会感到陌生,这是为什么呢?因为你已经发生了变化,因为在自身利益与环境影响构成的相互作用场中,你已进行了学习,然后又遗忘了这些东西。有些原本不可能的事情能够变得可以想象,也有些曾经怀抱过的希望最后证明只是空想。

战略愿景和战略准则都必然会沦为阶段性的试验品,少数情况下使命也会如此。一个愿景,一旦其根基受到了动摇,那么不确定感和嘲讽就将在人群中蔓延开来。但推倒重来大可不必,这只适用于极少数的极端情况。大多时候,我们对它进行局部调整就足够了,目的是让愿景重新发挥其灯塔作用,为人们指引方向。

愿景实现与否并不重要,关键是它当前发挥的作用

如果说战略愿景是一种阶段性的试验品,也就是说人们必须不断地把灯塔挪来挪去,那么拿愿景最终能否实现作为成功的标准,这显然是不合适的。与之相比更为关键的是战略愿景对你现在产生的作用,作用的方式就是为你和你的同事及员工提供工作的指引和意义。就算10年后,你发现现实与你10年前制定的愿景相比已经几乎面目全非,没有交集了,这个愿景也百分之百实现了它的作用。这样说乍听之下难以理解,但我的理由有两方面:

1. 人的活动不可能发生在未来,而只能在现在。所以愿景的质量必须根据它现在的作用加以衡量。假如愿景在10年的时间里始终保持不变,这当然是最理想的情况。但就算10年后的愿景较之最初已经被改得面目全非,也不能说明这是一个耻辱或者错误。

2.愿景必须立足远方，它必须在视野范围以内而又在可触及范围以外，它必须意味着一定程度的挑战。人们每朝愿景前进一年就会离它更进一些，它的吸引力也会随之减弱，直到最后人们与愿景的距离不再是 10 年，而是只剩下 3 年了。即使到时候这个愿景从内容上看还有意义，很可能它已经失去了大部分的挑战性以及连带的激励作用。也就是说，你必须在实现愿景之前，提前很长时间就着手制定新的愿景。基于这个原因也不能把愿景的实现作为目标。

6.5 操作手册

在这一小节中，我们要把上面关于黄色未来眼镜的内容进行整合，从而为企业和主导生活的个体分别给出行动指南。

6.5.1 企业应该怎样做？

1.之前你与你的未来团队已经一起戴过了蓝色、红色和绿色未来眼镜，现在请与他们共同着手愿景的制定工作。

2.首先让自己熟悉一下你的未来判断和潜在的意外情况。你的愿景必须与这些结论相一致。

3.为你的愿景确定时间界限。就像前面在蓝色未来眼镜操作手册部分提到的，你可以使用这样一个实用公式：一个业务领域的创立时间等于从想法到获得第一笔利润的时间乘以二。在大多数情况下，最初以 10 年为界是个好办法。

4.确定愿景类问题，参照第 200 页中的内容和例子。

5.根据第 201 页中的内容制定或者检查你的使命。只在紧急情况或者例外情况下改变使命。使命确定的领域就是需要制定愿景的领域。使命暂且是临时的，因为后面还必须通过红色未来眼镜来对其进行检验和加固。

6.制作愿景选项。第 226 页以及随后的内容中介绍了愿景选项的重要性。

在第 152 页你可以找到银行终端业务的愿景选项的例子。此处请不要只制定单一的愿景，而要制定各种不同的愿景选项。第 6.4 小节中提到的几个原则表明了制定愿景需要具备哪些必要的知识。最开始先别理那些限制性的条条框框，凭创造力想象出你的愿景选项。然后再运用具体的结构化思维。可以使用结构匹配法。这种方法可以比作一份菜单，里面的餐前小菜、主餐和餐后甜点都分别有 3 种选择，这样就能搭配出 27 种组合。

a. 制作一张矩阵表，把你的愿景类问题写入第一列中。其余列以选项 1、2、3 等作为标题。

b. 为每一个愿景类问题写下能想到的、有意义的愿景成分（可能的回答），并填入该问题后面的单元格中。

c. 决定每一行中各个选项的优先次序，比如给手头的各个选项打分，所有选项的分数加起来总共 100 分。

d. 现在来确定愿景选项。每次从每一行选出一个愿景成分，形成一个组合，并计算出该组合的合计分值。然后将这些组合按分值高低列出一张清单。分值最高的那些组合就是我们要选出来的愿景选项。

e. 如果清单中个别愿景选项对应的愿景成分组合是无意义的或者不可能的，那么这些愿景选项需要从清单中被划掉。

f. 选出 3—8 个可信的、有吸引力的愿景选项进行下一步加工。

7. **评价你的愿景选项**。评估方法有很多，这些方法的本质都是就愿景选项满足某些标准的程度进行比较。你可以从以下几种方法中进行选择，它们是按照复杂性由低到高排列的：

a. 进行简单的书面讨论，分别找出正面和反面的论据（简单论据汇总）

b. 论据加权汇总

c. 得分法（效用价值分析），参照多个（加权）标准

d. 参照多个标准进行两两比较，也称为萨蒂（Saaty）的层次分析法（AnalyticHierarchy Process）

8. 确定你的战略愿景核心。你的战略愿景核心显然就是那个得分最高的愿景选项。在实践中，这个选项往往要与某个或某些得分不是特别高的愿景选项搭配起来使用，吸纳其中的角度或愿景成分。有些东西第一眼看上去不尽如人意，最后却能让我们欣喜，因为它提高了战略愿景的个性化程度。不仅如此，如果部分决策者青睐其他的愿景选项，那么额外纳入一些个别的角度也有助于强化这些决策者接受该愿景的意愿。

9. 拓展你的战略愿景。第 201 页中的表 18 列举了很多愿景类问题。这些愿景类问题为我们展示出了战略愿景在内容上可能的结构。

10. 确定你的战略准则。在你评价过的未来机遇的基础上，确定出你要遵循的准则的特点，也就是说你在朝着愿景的方向前进时要遵守那些规律和"战略法规"。这里可以参考第 199 页的内容。

11. 确保你的愿景具有一致性。虽说就连现实也无法做到全无矛盾，但你的战略愿景中的说法应该做到没有明显的矛盾之处。制作一张矩阵表来帮助你，把每个愿景成分都与其他所有愿景成分进行关联，看看是否存在系统性的矛盾，如果有就要加以化解。

12. 用未来判断检查你的愿景。把使命、愿景和准则中的每一句话都拿出来，与你的未来判断进行比较。最好是采取矩阵的形式，把使命、愿景和准则的所有成分写成一列，把未来判断写成一行（或者反过来也可以），这样形成一张交织的网格。这种结构让你能更容易发现潜在的冲突，然后通过调整愿景成分来解决。

13. 用意外检查你的愿景。就像上面用未来判断与愿景成分进行的比较一样，你还应该用相同的结构来与通过红色未来眼镜发现的意外情况进行协调。在介绍红色未来眼镜的部分，第 50 页起提到的内容可以为你提供更多的方法知识。

14. 对价值观进行比较。你基本上可以忽略这个环节，因为未来团队的价值观已经在讨论和评价的过程中渗透到了愿景中。这里只是为了保持完备性才提到价值观这个方面。

15. **与同事和他人就战略愿景（以及使命和准则）进行讨论**。在思考立场和原则一节我们已经讲解过了，制定愿景虽然是领导层的工作，但与此同时，让愿景进入众人的脑海和心田，并不断对其进行检验也是必不可少的。

16. **用一句话总结出愿景的核心内容**。这样做是为了在让愿景在所有参与者的意识中深深扎根。举几个不错的例子，说它们不错仅仅是指方法，而不是其内容："思想的国度"——德国联邦总理科勒提出的国家愿景、赫尔曼·索格尔的"阿特兰特罗帕"以及艾德扎德·路特为戴姆勒－奔驰公司提出的"综合科技集团"等等。并不是任何情况下都能用一句话或者一个关键词表达出一幅复杂的未来图画。这件事绝不是一蹴而就的。作为最后一招，你可以使用"公司简称＋年份"的办法，比如"IBM2025"。

17. **将你的愿景形象化**。参照第208页以及随后的内容和例子，使愿景便于你和其他人进行沟通交流和时刻牢记。此外还可以从资料库中选取一些照片和图片来达到上述目的。

18. **实施战略愿景**。把战略愿景、准则以及使命应用到日常工作中去。实施的意思是，在人们的脑海和心田里"播种"。在需要做出重大决策时，必须始终以此为前提和框架。

6.5.2 作为人生总裁应该怎样做？

作为人生总裁的你要制定战略愿景要容易得多，至少从方法上说是这样的。如果你需要的是一种职业导向的人生愿景，那么原则上你也可以按照上面的步骤操作。如果你需要的是一般的人生愿景，那么你可以借助一个简单但却重要的问题来制定它：这辈子我还想体验些什么？你可以使用下面图表所示的结构来回答这个愿景类问题。当然了，这里面包含了多个虚构的人生。

年份	2020年	2025年	2030年	2035年
年龄	40岁	45岁	50岁	60岁以及之后
职业&财务	■成立自己的公司 ■还清债务 ■实现经济上的独立	■举办个人雕刻作品展，参观人数达到1000人 ■开办一家广播电台	■一年只工作6个月 ■举办一场有上万观众的演讲 ■成为一家公司的董事	■结识联邦总理 ■当联邦总理 ■申报一项专利
业余生活&消遣	■学会弹钢琴 ■徒步旅行去野外看狮子 ■潜水去看锤头鲨	■给自己买一艘帆船并进行改装 ■乘坐东方特快列车前往伊斯坦布尔	■住一次拉斯维加斯的豪华酒店 ■进行环合恩角航行 ■养一匹马	■偷偷地登上澳大利亚艾尔斯巨石 ■沿泛美公路旅行
家庭、朋友&社会	■生一双儿女，并让他们拥有充实的人生 ■拥有充实的感情生活	■成立一个基金会，救助饥饿儿童	■举办银婚庆典 ■帮助10名无家可归人士重获生活自信	■与A和B两个死党一起庆祝我的80岁生日
精神&知识	■到印度旅行 ■变得机智而俏皮 ■登上珠穆朗玛峰	■从外太空看一次地球 ■达到空手道黑带段位	■写一本书 ■分别在每个大陆上生活一个月 ■到泰姬陵一游	■在土著居民区生活一个月 ■获得哲学学士学位
身体&灵魂	■拥有自己的田产 ■BMI（体质指数）达到23	■暂停工作一年 ■战胜我患的疾病	■跑一场马拉松比赛 ■参加/赢一次铁人大赛	■在有阳光的地方生活一整年 ■活到100岁

图25：个人人生愿景（举例）

用表中所示的方法，你未必会得到一幅关于所期望未来的连贯的图画。从结构上来说，这更像一张结构化的愿望清单，而不是一个包含真正人生战略决策的战略愿景。但是，这样做你就保持了灵活性，想在现在和可预见的未来过上摩登生活的人怎么能少了这种灵活性呢。

> "没有目标的人就没有道路，就会一辈子围着同一个地方绕圈子。"——克里斯蒂安·摩根斯特恩（Christian Morgenstern）

在极为简单的做法与为企业设计的流程中间还有第三条路，其步骤如下：

1. 提出你的愿景类问题。你可以从前面图表列出的生活领域中提炼出你的愿景类问题。
2. 你可以参照前面提到的针对企业的形态矩阵表的做法来制作你的愿景选项。
3. 找出看上去对你最具吸引力的三个愿景选项。
4. 对愿景选项进行两两比对，分出高下，比如根据这样两条标准：

a. 这个愿景选项对我的吸引力有多强？
b. 它与我的未来判断（蓝色未来眼镜）匹配度如何？

5. 选定一个愿景选项，并将它加工成一幅关于你希望的未来的画面。
6. 将你的愿景形象化，可以自己画画、制作照片拼图或者利用电子手段。
7. 将愿景与你的未来判断进行比对（蓝色未来眼镜）。
8. 将愿景与潜在的意外情况进行比对（红色未来眼镜）。
9. 与你的伴侣、好友或者其他生活中的"股东"探讨你的愿景。
10. 确保你能经常看到你的愿景，比如以文件形式存放在你的电脑桌面上，或者挂在你的浴室里。如果选择后者，那么与你住在一起的人就难免会照此衡量你的进步大小，这既有好处也有坏处。

7

**紫色未来眼镜:
你计划着
什么样的未来?**

**Ihre violette
Zukunftsbrille:
Welche Zukunft
planen Sie?**

如果展望未来得出的重要成果没能形成具体的计划和行动,那么这种展望就只剩下艺术价值和娱乐价值了。

多桅帆船上的船员们需要一个计划，从而通过实际行动实现长期追求的愿景。计划必须包含为日常工作制定的目标、项目、流程、系统以及准则。这幅眼镜的颜色是紫色，我们在船长的类比中将它比作拉紧绳索扬起船帆时船员手上不可避免会产生的瘀青。

一说到未来，人们首先会习惯地想到预测，也就是广义的蓝色未来眼镜，紧随其后想到的就是规划，这就要用到紫色未来眼镜了。绿色未来眼镜发现了那些理论上可想象且本质上可行的东西，然后黄色未来眼镜从中选出了真正追求和希望的东西，最后紫色眼镜来为实现这个愿景规划实际行动。

> 紫色未来眼镜是企业家和经理人在日常业务中佩戴的一副眼镜。只可惜他们中的大多数人都忘记了，只有先借助其他四副眼镜看清未来，再戴上紫色未来眼镜才是有意义的。

反过来也一样。如果展望未来得出的重要成果没能形成具体的计划和行动，那么这种展望就只剩下艺术价值和娱乐价值了。多少怀着巨大热情制定出来的愿景和战略在企业的日常经营中被灰尘覆盖、被遗忘并最终落空呢？有了紫色未来眼镜，你的未来战略才变得完整。只有将目标、项目、流程和系统与可操作的业务联系起来，未来管理才能带来经济上的成功。

在我们身边和手边，人们关于紫色未来眼镜所做的思考和写下的文字已经

很多很多。但是触及的都只是些专业领域，诸如

- 项目管理
- 战略规划
- 业务规划（平衡计分卡等）
- 网络规划技术
- 时间管理

鉴于紫色未来眼镜所代表的思考角度目前已为企业家和经理人所熟知并得到了广泛应用，在这里我想集中精力介绍一下我的模型独具的特点。紫色未来眼镜主要实现了两种功能：

1. 它能确保战略愿景在使命的范畴内，在遵循战略准则的前提下被实现。
2. 它帮助人们制定并实施应急战略，这是对潜在意外情况的回答。

7.1 紫色未来眼镜的案例

从愿景到目标，从目标到项目、流程和系统

在千年之交时，一家瑞士大型制造公司的领导团队利用黄色未来眼镜制定了一项战略愿景，要由一家只经营本土业务的生产商转型成为一家经营覆盖全欧的零售品牌开发商。战略愿景的重心从生产转移到了国际化和功能定位上来。为此，他们制定出了多个阶段性目标，其中包括在三年内使单件成本下降 30%，加强自主研发，设计产品模块化的方案从而实现产品个性化以及增强出口团队力量。

在通向愿景的漫长道路上，这家公司制定的这些计划步骤有些是要立即着手的，有些是要在未来几年中逐步实现的。这么做有很多积极作用。一方面这使愿

景变得容易理解，因为人们弄明白了愿景能否被实现以及怎样实现。另一方面，一旦所走的路线偏离了愿景，人们能更快地发现，因而也能更早做出应对。

这种细化的工作也可以称为 Roadmapping（路径规划）。也有人把紫色未来眼镜的核心工作叫作"Strategy Map"（战略图）或者"Transformation Map"（转型图）。

从紫色未来眼镜中诞生的商业计划

成功的创业史多半都有两个前提，一个是提早发现了具有吸引力的未来机遇，另一个是创业者的愿景占据了主宰地位。两者都是成功的基础。然而，成功的创业还需要一份实施计划。利用紫色未来眼镜制定的商业计划将告诉人们，愿景如何通过成功的经营活动和高效的企业组织形式转化为市场能够接受的企业产出，还有如何从中赚到足够的收益。

在一份商业计划中，对未来的规划相当于商业模式的试金石。此外，在与投资者、商业伙伴以及供应商的谈判中，它还是一个重要的沟通工具。只有具备了这样一份规划，你才算有了可以随时掌握和控制成功的工具。

图瓦卢（Tuvalu）制定了根据气候状况全部转移人口的计划

假如气候变化引发了海平面上升，太平洋上的一些岛国就会面临生存威胁。图瓦卢是一个只有 1.1 万居民的小国家，该国地势最高点也只高出海平面 5 米而已。因此，当地政府的未来判断只能是他们的国家将被海水淹没。所以，图瓦卢与新西兰政府达成了一项约定，新西兰每年接收 75 名图瓦卢居民，但被接收者必须证明他们有一定的经济收入。澳大利亚拒绝与图瓦卢签订类似协议，不同意接收图瓦卢人。除此之外，他们还有一项计划，即将全部居民外迁到斐济的科尔岛（Kioa）去。至于这些举措的费用，图瓦卢政府认为应该由发达国家来承担，因为他们觉得气候变化毕竟是发达国家造成的。

麦当劳的弹性供应链方案

当疯牛病（BSE）疫情事件的影响达到顶峰时，麦当劳对此类意外情况早已做好了准备。由于所谓的"甩鞭子效应"的存在，供应链是非常敏感的。发生甩鞭子效应时，就连销售端最微小的波动也会经由效应路径传导到供应端，而且效应不断增强。麦当劳已经提前制定并实施了一套专门的供应链管理系统，通过这个系统，麦当劳只用了4天的时间就解决了因疯牛病事件产生的供应链中牛肉需求骤降的问题。

特里尔为可能的意外情况做好了准备

特里尔市不仅制定了战略愿景，还针对潜在的意外情况做好了准备，从而为愿景保驾护航。其愿景的核心内容就是将居民人口数量保持在10万水平，还有就是与地理位置相邻且发展前景非常看好的卢森堡保持紧密的联系和合作。接下来的表格中列出了几个经过加工和分析得出的潜在意外以及相应的应急战略。不管是意外情况还是应急战略，这里展示的都只是从整个方案中节选出来的一部分，并且进行了大幅的简化。

其中很多应急战略提出来之后都导致战略愿景被相应修改，从而使愿景得到大幅的完善，在面对未来的潜在意外时变得更加坚不可摧。

表19：特里尔市的应急战略

意外	应急战略（节选）
卢森堡方面突然拒绝保持紧密合作	■从一开始就使双方在劳动力市场、居民住宅和其他可塑领域的合作具有共赢优势，并通过切实行动来巩固这些优势 ■增强与本地区其他城镇的合作，并使合作向邻国延伸

续表

出现人口从 10 万下降到 7.5 万的危险	■ 制定一项有利于发展绿地和空地的计划，将特里尔恢复原来模样 ■ 制定一套方案来大幅提升外来人口定居率
多数居民拒绝为公共事业做贡献	■ 在财政状况不佳时：开展公共服务时更加注重以需求为导向，也就是说，减少城市管理者的作为 ■ 在财政状况良好时：拓展公共服务范围，也就是说，增加城市管理者的作为 ■ 今天就开始采取有力措施鼓励居民为公共事业做贡献
特里尔面临以超平均速度老龄化的危险。年龄在 60 岁以上的居民占到半数以上	■ 预先想出一套积极的"年轻化措施"方案，根据具体的紧急情况做出应对
社会交际网极端减少	■ 今天就开始采取有力的激励措施促进居民自愿为公共事业做贡献（见上文） ■ 制定方案吸引富有的老年人来特里尔，从而平衡本地老年居民的资金实力和社交需求（参考康斯坦茨市的例子）
特里尔的就业人数急剧下降，税收只相当于原来的 30%	■ 今天就要将政府工作重点放在那些真正不可或缺的任务上 ■ 今天就要开始将特里尔打造成为卢森堡的住宅区
特里尔执政党更迭	■ 就像我们已经在做的，从一开始就让市议会密切参与到未来战略中来

7.2 紫色未来眼镜的意义和作用

紫色未来眼镜——一副关于规划和战略的眼镜——需要在其他四副未来眼镜得出的结论基础上加以使用。蓝色和红色眼镜的结论给出了对环境未来的分析，绿色未来眼镜提供了一些原材料，黄色未来眼镜从中提炼出了最终的战略愿景。最后，紫色未来眼镜来确保这些认知通过有计划的行动得到实施。有了紫色未来眼镜，你就会沿着黄色未来眼镜选定的道路朝未来进发。同样，在这条路上，你也能抵御那些通过红色未来眼镜发现的意外情况。

连结战略规划的节点

在第 2.2 节中，我们提到过一座桥，它一边是战略管理，另一边是未来研究。紫色未来眼镜就是这座桥的左半边。因其特点，紫色未来眼镜与战略管理密切相关。

通过规划你的行动和资源，你将把愿景带入日常经营中

有了制定战略的紫色未来眼镜，你将会把黄色未来眼镜看到的希冀的未来细化为看得见的行为。有多少我们怀着巨大热情提出的愿景仅仅在制定企业路线阶段就止步不前了呢？即使那真的是一个优秀的共同愿景，它所需要的注意力也难免会被日常事务吸走，愿景和战略就这样从我们的意识中消失殆尽。

紫色未来眼镜将其他四副未来眼镜得出的认知统一到一个日常的、有秩序、有计划的行为系统中。

让责任日常化

紫色未来眼镜主要通过制定有约束力的战略目标、项目、流程和系统来帮助你制定公司的战略，你的愿景将通过它们一步步得到实现。经理人和员工分配到了相应的目标，担负着完成目标的责任，这样一来，他们就与战略的实施联系在了一起。

你的成功概率将更高，成就将更大

制定、实施和坚持一个战略的根本作用是提高一个人、一家公司或者一个组织的成功率。没有战略，不管是最后的成功率还是成就大小，都将沦为偶然的产物。

只有现在有计划地开展行动，你的战略愿景才能以可接受的较高成功率得到实现。

你将通过力量的集中提高你的效率

战略能够将金钱、时间和精力，也就是说你的主要资源集中到关乎成功的活动和要素上来。所有这些活动和要素都瞄准了战略愿景，这样才能保证较大的成果和较高的效率。在紫色未来眼镜的帮助下，所有目标、项目、流程和系统将会在遵循准则的前提下服务于愿景的实现。也就是说，战略赋予组织以方向，这个方向让组织更加高效和高产。因此，即便愿景和战略最后被证实不是最优的选择，甚至是错误的，愿景和战略依然具有它的价值。

你实现了对成功的掌控和对目标的导航

在通往战略愿景的道路上设定阶段性目标，你就可以时常检查你走的路准不准确，有多准确。这样做的结果就是，你能更加容易地采取加强措施和调整措施实现对目标的导航。

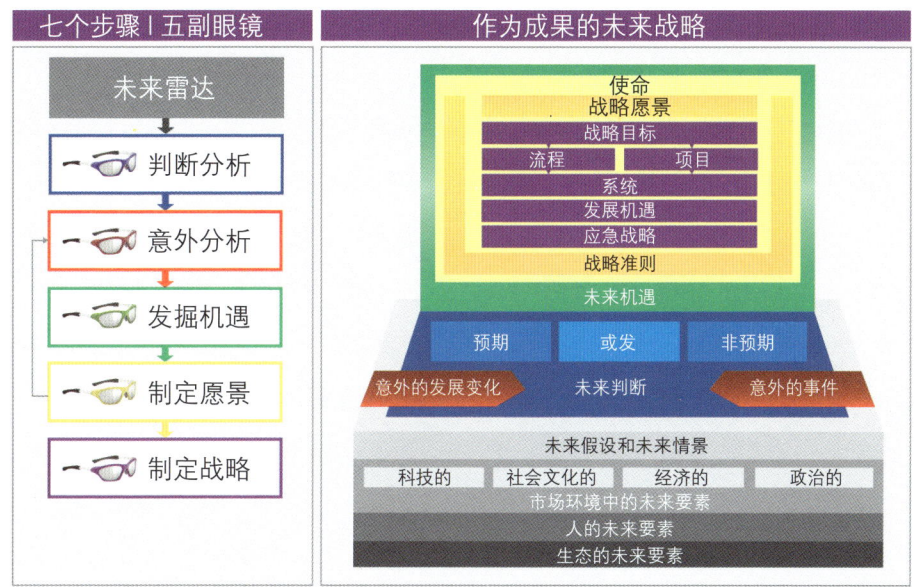

图 22：紫色未来眼镜及其思考对象

你的未来战略和你的生存得到了保障

红色未来眼镜告诉我们的是，未来能够让我们感到意外以及怎样让我们感到意外。紫色未来眼镜的作用则是保护你的未来战略不受那些重大意外的干扰，进而最终保障你在经济意义上的生存。为此，你应该制定应急策略，不管这策略是需要立即实施的未雨绸缪战略还是准备迎接大难来袭的紧急策略。

7.3 紫色未来眼镜的思考对象

紫色未来眼镜的主要内容是战略和计划。战略一词源自希腊词汇"stratos"（军队、综合或者深思熟虑的东西）和"agein"或者"igo"（领导、行动）。连写在一起，代表的要么是战争之术，要么是领导及综合行动之术。计划一词来自法语，18世纪才诞生出来。虽然紫色未来眼镜的标志是计划的未来，但我们没有把计划作为紫色眼镜的思考对象，原因是计划这个概念太宽泛了。

战略和未来战略

战略有若干种定义。下面的图表展示出了四种对战略的理解。这从根本层面揭示出人们对战略以及与之密切相关的规划的理解是多么的不同：

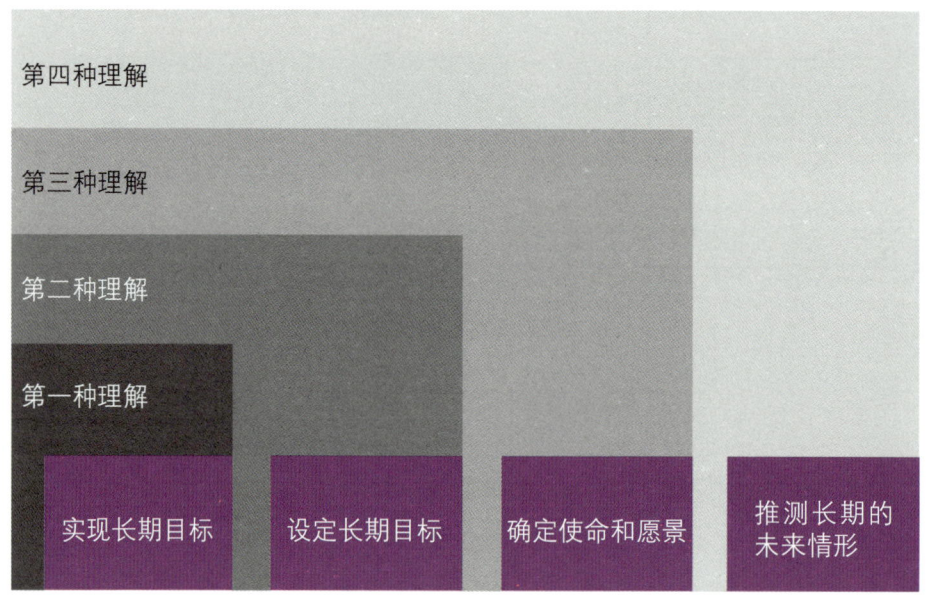

图 27：对"战略"的不同理解

1. 第一种理解：战略指追寻长期目标的活动。
2. 第二种理解：战略还有设定长期目标的意思。
3. 第三种理解：战略又增加了设定使命、愿景和准则的意思。
4. 第四种理解：战略又增加了推测未来情形的内容。

就五色未来眼镜和埃尔特维勒模型而言，我建议采取下面的定义：

> 战略是服务于设定并追寻长期目标的所有决策、准则和活动的总和。

而未来战略则是所有五副未来眼镜的观察总成果。

未来战略是指对于推测未来、确定使命、愿景和准则以及设定和追寻目标所必须的观察对象的总和。

战略类问题

战略类问题用以确定你关于在准则的框架下实现使命和愿景的最佳道路主要有哪些知识和决策需求。

典型的战略类问题是这样的：

1. 在通往战略愿景的道路上，我们要设定哪些战略目标？
2. 为了实现目标，我们必须要实施哪些项目？
3. 为了实现目标，我们必须设置哪些流程？
4. 为了实施项目和流程，我们必须拥有什么样的系统？
5. 哪些机会是我们必须进一步拓展的？
6. 哪些应急措施是我们必须实施和准备的？

原则上，你也可以借助紫色未来眼镜就必要的、起辅助作用的战略准则进行提问。在此处，黄色和紫色未来眼镜的特性有所交叉。

战略目标

"明年年内，我们将在光电技术领域建成新的业务分支。"这句话可以作为一个管理团队的战略目标。在紫色未来眼镜这里，战略目标有着特殊的地位，因为它是连接愿景与日常业务的纽带。我们给战略目标的定义如下：

战略目标是人们希望某个可塑领域达到的状态，该状态的特点和实现状态的未来时间点都有明确界定。

为了方便下面介绍埃尔特维勒模型，我要在此处总结一下，而这些总结的内容实际上是共同智慧的结晶。一个目标包含以下几方面的内容和属性：

1.目标名称：目标必须能用一句话（如上文）描述出在未来某个被观察的时间点上人们希望达到的状态。

2.衡量标准：如何能看出目标已经实现，对此必须有明确无误的界定。

3.目标图像：理想的情况下，目标应该用图像形象地表现出来。

4.目标道路：确定实现目标的基本道路也是目标描述的内容之一。

5.资源：必须依靠资源，目标才能够实现。

6.目标管理者：每个目标都需要有一个人，用管理学的专业知识，积极地、坚定地推进目标。

其他思考对象

紫色未来眼镜的其他思考对象相对而言都是大家熟悉的概念，至少对实际应用而言不需要详细的讲解：

1.流程：为了实现目标或者获得生产链中的成果，定期按顺序完成某些任务和活动。如：运行质量管理。

2.项目：为了实现目标，一次性按顺序完成某些任务和活动。如：引入质量管理。

3.系统：支持流程和项目的设施。如：一套质量管理系统，或者一套生产设备。系统的概念中包含所有物质和非物质的资源以及工具。

发展机遇：受到高度评价的未来机遇，但由于其价值和可行性尚不明确，因此还不能成为未来战略的组成部分。如："我们可以引入一套全自动竞争监测系统，但还不知道通过这种系统能否获得真正有预测功能的信息。"

应急战略：在出现意外情况（出乎意料的事件和发展变化）或者未来判断被彻底颠覆的条件下可以采取的措施。如："如果市场上出现了某种替代技术，那么我们就要转而使用×技术。"

7.4 紫色未来眼镜的思考立场和原则

紫色未来眼镜要求使用者采取现实的、务实的和分析式的思考立场。你的经验是宝贵的，因为有了经验，你就能凭直觉更快地做出决定并采取行动。紫色未来眼镜在一定程度上也是一种渐进式的思考。

> 紫色未来眼镜将你今天的现实转化为所追求的未来的现实。

使用紫色未来眼镜时，你要从微观的角度观察你的世界，将你的主要注意力投向内在。你对于所有发生的事情来说是一个涉身其中的、主动干预的推动者。

注意与黄色未来眼镜的关联

在一定程度上，很多适用于黄色未来眼镜的思考立场和原则（见第6章）也可以用在紫色未来眼镜这里，但后者更加强调希冀未来的具体实现。两副眼镜在思考立场和原则上的关联将在下文中愈加清晰。

战略的质量决定着未来的质量[1]

虽然战略和计划的质量不是决定未来质量的唯一因素,但却是仅次于愿景的最重要的决定因素之一,而且对你现在处境的质量而言,也发挥着重要的影响。战略和计划通过紫色未来眼镜决定着你的注意力作为一种有限的资源要投向未来的哪些地方。"让我看看你的目标,我就会把你的未来说给你听",这句话说出了其中的道理。充满愿景和雄心壮志的目标会创造出伟大的未来。纯粹靠精确推导得出的目标则只会创造出适度的未来。

"我经验到的东西即是我有选择地将注意力投放上去的东西。"——威廉·詹姆斯(William James)

一切从你的愿景出发

你用紫色未来眼镜制定出的目标、项目、流程和系统必须始终以愿景为方向。紫色未来眼镜和黄色未来眼镜密不可分。两者都努力追求希冀的未来。黄色未来眼镜的主要任务是在愿景和标准上决定方向,而紫色未来眼镜的目标则是为实现愿景寻找实用的、可操作的路径。

不要金钱利益至上

诺顿(Norton)和卡普兰(Kaplan)两个人用两个常用又易于接受的名称表达出了那些早已为人们熟知的理念:平衡得分卡(Balanced Scorecard)和战略地图(StrategyMap)。多数人都把金钱概念摆在目标链条的最顶端。股东价值或者

---

[1] 约瑟夫·施密特(Josef Schmidt),管理咨询师(具体来源不详)。

说利润被当成了终极追求,而不是真正的意义所在。其实,我们应该把利润视为结果,而不是目标。

你无法拿销售额和利润的增长来激励员工,更别说拿财务报表上的几个数字了。

请重视空白和冗余

黄色未来眼镜用使命、愿景和准则搭建了未来的模板。如上文在黄色眼镜部分所建议的,你可以把模板上的这幅图画套放在现实上,然后看看哪里有必须填补的战略空白,哪里又有必须砍掉的战略冗余。空白分析"Gap-Analyse"让我们弄明白还需要取得哪些成果,甚至弄明白需要计划和实施哪些行动。

请保持目标明确

你的目标必须被描述得足够具体和清晰,至少在一开始时不能对能否实现目标有所怀疑。我们指的不是那些在成千上万的企业里,特别是由政客们制定出的的软目标。把"与失业问题做斗争"当作目标简直是开玩笑。谁要是把斗争视为目标,那他得到的就将是斗争,而不是他所希望的结果。完善产品不是目标,因为这是一个过程。目标不能与实现它所需要的活动画等号。甩开一个竞争对手不是目标,因为这是针对他人的,而且能否实现并不取决于我们自己的力量。占领某个市场不是目标,因为没说清楚"占领"的含义到底是什么。充分发挥生产力不是目标,因为充分没法定义,如果充分有了衡量指标,那么,这个充分也就不充分了。但是,假如我们确定,到下一财年年尾时,我们将拥有 2.5 万位新顾客,且每位新顾客消费额都不低于 1200 欧元,那么这就是一个清晰的目标。

"思想一旦有了目标，它就会想到许多主意。"——歌德（Johann Wolfgang von Goethe）

给自己设定一个目标意味着要放弃另外的十个目标

有了使命、战略愿景和战略准则，你会感到选出一些目标并进行描述更加容易了。

但这并不意味着很多不同的道路都能通向愿景，或者说这些路怎样走都行。你要把重点放在关键的地方。怀抱伟大目标的人不会被旁枝末节分散注意力，也不会为了琐碎小事大动肝火。

战略的艺术往往在于告诉人们别（再）去做什么。

分清战略目标和一般经营目标

如果在大家商议讨论时，顾客满意度没能入选今年的年度目标，你也不用担心有的员工会为此恼火。有些目标是常规经营目标，无论何时在何种情况下都要遵循，而有些是战略目标，在某个时间段内要处于管理层和所有员工注意力中的特殊地位。如果你能让大家都明白这个道理，那么误会就能很快得到澄清。

获取关键人物的支持

光靠写在纸上的战略，你能动员的力量很少，甚至于全无。你的组织中，真正清楚这个战略的关键人物的数量，这些人物的地位和他们对组织中其他成员的影响力，这些都是积极的参数。某个人物的地位越高，他的支持对提高战略成功前景的作用就越强大。当然，反过来亦是如此。一位态度顽固的临时工带来的负面影响自然要小于一位持反对意见的董事。

先思考战略，后思考结构

"结构服从战略"，这句话是钱德勒（Chandler）的一条老规矩。构成你所在组织的所有东西，也就是说，建筑、设备、机器、电器和家具，以及所有系统化的东西，从公司组织结构到流程模式，再到任务描述，都必须依照战略进行安排，而战略本身则以使命和愿景为导向。这个顺序针对的是思维，而不是行动，如下面的原则所示。

> 当涉及思维时，结构服从战略，而当涉及行动时，则是战略服从结构。

在实施战略之前，你应该先落实结构和资源

在思考时，战略先行，而在行动时，结构常常摆在第一位。没有实现战略所必需的结构、流程和资源，战略就不起作用。在这个前提下，先集中精力调整结构就是正确的做法，只要这项工作以明确的战略为基础。

将所有活动纳入到一项战略中

理论上不言而喻，实践中却难以做到的事情，屡见不鲜。因为有时候需要遵循的战略和措施清单同时有好几个。正因为如此，我们需要把目标、项目、流程和系统纳入一个总包中，不管你叫它什么，总规划也好，战略地图或者路线图也好。如果一个管理团队做不到这一点，就该好好自我反省一下了。

选择最佳的挑战度

众所周知，人面对过高要求和过低要求时都不能发挥出最大才能。顺便说一句，这一点也适用于人类的满足感，这是幸福学家的研究结果。你要慢慢地找到一种合适的挑战度，鞭策你自己，更重要的是鞭策你的同事和员工最大限度地发挥出才能，并获得满足感。这个挑战度有两个决定因素：第一个要看在能力上今天与希冀的未来之间的差距，第二个要看在现实情况上今天与所希望的未来的状态之间的差异。

在效率和灵活性之间寻求平衡

"灵活性替代前瞻"，这条规律我已经说过好几次了。你为了获得高效率而在哪里牺牲了最多的灵活性，哪里就是你最容易受伤害之处。如果你有选择的余地，那么你应该选择那个灵活性牺牲最小的选项，即便可能要为此多花一些钱。

你要习惯为灵活性买单。

对待屈就妥协的战略成分，请保持开放心态

你见过几次一个写就并约定好的战略真正分毫不差地得到实施呢？亨利·明茨伯格（Henry Mintzberg）曾指出，所有的战略，不管制定战略的人多么小心谨慎、多么纵观全局、多么足智多谋，都可分为实现的战略和未能实现的战略两部分，而最终真正得以实现的战略也只有一部分是原计划的内容，还有不可小觑的一部分是不按计划的、"应急的"内容。那么，如果我们

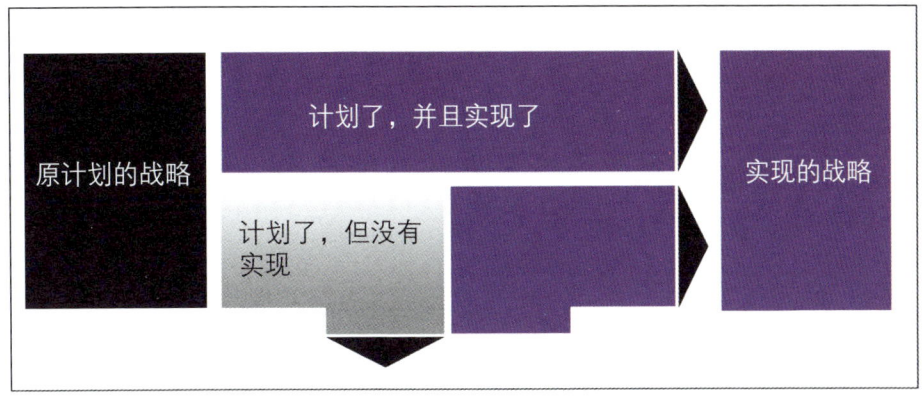

图 28：计划与实现的战略（按照明茨伯格的观点）

秉持现实和理智的心态，就应该能想象到，我们制定的任何一个战略也必将如此。

从错误中学习

即使在实践中，计划的战略与实现的战略也绝不会完全一致，计划与订立目标代表的"应该是"，它与需要调控的"现在是"仍然构成了一个公认的、富有成效的反馈系统。

> 虽然计划只是用错误取代了随机，但我们从错误中学到的东西远比从随机中学到的多。

最大化个人与集体目标的一致度

使用紫色未来眼镜时，你面临的挑战最主要就是设定好目标，这些目标对管理团队的每个成员以及团队以外的其他责任人来说都应该是真正重要的目标。公司的目标必须尽可能地与成员个人认为重要的目标相一致（重叠），从而发挥目标的凝聚力（齐心合力）。这样一来，你实现目标的可能性将大大增加。

相对于意识而言，目标和战略必须对你的潜意识有更重要的意义

人类的潜意识捕获的信息远多于意识。从数量上进行比较，潜意识的信息量之于意识的信息量就像是 11 公里之于 5 毫米。我们之所以是人类，很大程度上要归因于潜意识这个神秘的存在。它先于意识很长时间就开始判断什么对我们是重要的以及什么是我们真正想要的，而且，潜意识判断得更加果断。

> 我们的潜意识认为重要的事情，我们也将会做到。而我们已经做到的事情无非是此前我们的潜意识认为重要的事情。

那么，人类，抑或是一个管理团队，在意识范畴内有意做出的决定对实施未来战略有着怎样的意义呢？心理学上认为，我们的行为只有一小部分能归因于有意识的决定，而绝大部分则要归因于潜意识的决定。这不仅仅解释了为何减肥减了 14 次却连 5 公斤都减不掉的众生相，还涉及一个领导团队实现其共同战略愿景能力大小的问题。你可以把潜意识想象成一条狗，而我们的意识就是这条狗的尾巴，跟着潜意识不断摇摆。人不会去做他的潜意识——或者说大脑边缘系统——认为会打破自己情感平衡的事情。我们后来有意识地感觉自己要做的事情常常是由潜意识决定的。

> 有时候，我们的意识就像一位政府发言人，它宣布决定、解释决定，但对决定背后的因由却一无所知。

恰恰在政治领域，意识还是潜意识的问题发挥着决定性的作用。国家负债

规模不断扩大迟早会引发突如其来的崩溃，这一点至少有些经济学知识的政客们是知道的。但是，这些政客想要再次当选，至少潜意识里这么想，所以他们为了选民的短期福祉，也为了他们自己的福祉，还得继续慷慨地花钱。除此以外，他们别无选择。

心理学家认为，潜意识的人格形成于我们生命最初的几年，此后要让人格有所改变需要付出很大的代价，而且年龄越大，代价也越大。如果真是这样的话，那情况就更糟糕了。那些训练人们掌握"软技巧"的书籍和讲座都失去了意义。

"知识和洞察力都是教不会的，这些东西必须在每个人的头脑中重新生成。"[①]——格哈德·罗特（Gerhard Roth）

如果我们认同格哈德·罗特的说法，就会得到一个极为沉重的结论，那就是在现实中根本不可能把人变成未来管理者，除非他已经被视为，而且原本就是一个未来管理者。我想本书的读者要么对上述观点持有截然不同的看法，认为自己能够成为未来管理者，要么就像上面说的，他已经是一位优秀的未来管理者了。我觉得后一种可能性更大些。

那么，既然潜意识的威力如此不可撼动，制定愿景、设立目标、筹划项目，做这些事情还有意义吗？我的回答是，有意义。原因有两方面：第一，制定愿景和设立目标与此无关，这些与潜意识并不矛盾。相反，我们是在发掘与潜意识相呼应的愿景。因为是潜意识的，所以自然也无法通过以理性分析为主的方法完成这个过程。第二，如果一家公司里每个人都只追求自己的目标，那么这家公司就不能很好地运转，所以我们需要一个共同的愿景，一个通过对各个成员真实的个人职业愿景进行协调统一得出的公认的结果。

---

① 引自马利（Mary），2005。

夯实你的未来战略

紫色未来眼镜的用途之一就是制定目标和项目。另外一个用途则是对可能的重大意外做好准备。红色未来眼镜让你懂得，未来唯一能够确定的就是它的不确定性。好的未来战略必须经得起重大意外的考验，包括未来战略的所有组成部分，从使命、愿景、准则到目标、项目、流程，再到系统和发展机遇。

如果由于你的未雨绸缪，或者说由于你知道在突发情况下如何保护自己，重大的潜在意外已不会危及你的生存，那么这时你的未来战略就达到了夯实的要求。而要追求更高水平的夯实度，则往往会导致战略缺乏特点和进取心。战略越缜密，它就越容易变成一种保守的标准战略，与很多其他市场参与者遵循的战略别无二致。机遇与威胁，或者说机遇与风险，你对二者必须好好地进行权衡。第143页图15给出了对照意外检查战略成分的思维模式。

从七种应急战略中进行选择

怎样才能让自己很好地应对意外情况呢？基本上，你有七种应急战略可供选择，为方便记忆，你可以称它们为"7V"（以7个"V"开头的德语词命名）。第241页的表19展示了一个制定应急战略的例子。应急战略项下的预防战略将转化为常规的目标、项目、流程和系统，而紧急战略则应汇入未来战略的相应部分。

忽视

要做到对可能的未来意外视而不见很简单。事实上，在红色未来眼镜那里所犯的错误之所以危险，就是因为它一点也不疼，也很难引起注意，直到意外降临的那一刻。一些人荣登年度企业家宝座，可谓声名鹊起，但却没人看见他们冒着巨大的风险，不可饶恕地把公司的根基以及员工的饭碗都拿来孤注一掷。要在公司战略中兼顾可能的重大意外就得投入时间和金钱，人们总是想省去这些开销。

表20：7V- 应急战略

名称	描述	分类
忽视	在深入检查后将其归为不需要处理的一类	预防战略
阻止	阻止意外的发生，比如通过限制其先决条件等手段	预防战略
准备	现在就将防卫性和保障性因素纳入到战略中	预防战略
储备	为了应对意外真实发生带来的紧急情况，预先制定一套起保护作用的"抽屉计划"	紧急战略
转化	为了应对意外真实发生带来的紧急情况，预先制定一套进攻型的"抽屉计划"，进而实现从意外中获取相对优势的目的	紧急战略
弱化	弱化潜在的损害（例如买保险）	预防战略
推进	主动促使意外发生，以从中获取优势	预防战略和紧急战略

忽视意外情况的人的确能节省下这部分资源，从而在价格上占据优势，但其承担的风险也明显更高。如果历史车轮的轨迹发生了一点点偏差，很多了不起的企业成就很可能就会是一番全然不同的景象了。

> 有些声名鹊起的"年度企业家"在短短几年后就坐到了破产清算师面前，甚至坐到了监狱里。

然而，你必须忽略大部分能想象到的意外情况。如果有人想把所有风险都排除在外，那么他就等于在冒最大的风险，因为他为了寻求自我保障而投入了太多的金钱、时间和精力，以至于失去了竞争中宝贵的灵活性和时间。有些能想象到的意外情况，即便发生了也不足以威胁到你的生存根本，这些你就应该全部忽略掉。

用预防战略阻止意外发生

在市场环境中，绝大部分你能想象到的意外都是你无法阻止的。即使花再多的钱去对顾客进行再教育，你也不能保证顾客的价值观一成不变。同样，你也无法阻止你赞助的足球场发生恐怖袭击。谈到应急战略，你能"阻止"的，唯有那些你能直接施加影响的事情，比如说合作伙伴的选取。

通过预防战略做足准备

在这类应急战略里，你要做的是往你的未来战略中添加一些能够在意外情况下保护你的预防性元素。假如你在某个业务领域的研发上投入了很多钱，因而长期与这个领域捆绑在一起，那么预防战略就意味着同时以较低额的资金去投资一个平行的业务领域。2003年初，吉列公司宣布将与帕罗玛医疗科技公司（Palomar Medical Technologies）合作研制一种具有永久脱毛效果的专利产品——家用激光脱毛器。毋庸置疑，该项目的一个重要功能就是它的预防作用。因为如果基于激光技术的脱毛产品在日常剃须领域得到广泛应用，吉列的核心业务将受到强烈的威胁。第115页及其后的内容中有更多这方面的例子。

用紧急战略做好预案

紧急战略是一种抽屉战略，或者说突发情况下的战略。与预防战略不同的是，紧急战略不需要在事前采取行动，只需要制定相应的计划。如果损失真的已经发生了，那么我们能做的通常就只剩下对损失进行控制了。比如一家食品生产商碰到了大规模顾客中毒事件，那就必须通过采取事先准备好的危机公关和危机应对措施，尽最大努力控制公司形象遭受的损失。

"如果……，我们该做些什么"，这是制定紧急战略时要问的典型问题。

如果由于相互压价，产品价格突然急剧下降，那么你可以启动备用的最大限度压缩成本方案，以此来反击。或者，你也可以根据此前准备好的计划开展一场活动，让你的顾客明白这种相互压价的策略是有问题的。如果你想到公司总部可能会毁于一场大火，那么你可以提前在其他地方寻找备用设施，谈好临时征用合同，或者你也可以制定一套完备的、能快速实施的"居家办公"方案。

应急战略和预防战略相互转化

从上面提到的最大限度压缩成本方案，特别是在家办公方案这两个例子中可以看出，红色未来眼镜常常会让我们想到一些放在一般情况下也非常有意义的想法。针对预防战略进行的转化与储备应急战略是一样的，区别只在于前者的注意力有意识地放在寻找潜在相对优势上面。上文中吉列公司例子中的预防措施也可以通过"转变"的思路想出来。

通过预防战略减少潜在的损失

为保障我们的财产在出现意外事件和变化的情况下不遭受损失，保险行业为我们提供了丰富多样的解决方案。偷盗、运输破损，甚至是推出新产品失败带来的损失都可以成为被保险的内容。保险公司推出了很多有创意的险种，比如完成险。但是，如果被保险的内容是防止市场上突然出现替代技术的话，保险这个工具一般来讲就会失灵了。而且，没有哪家保险公司会同意为你提供公司倒闭险。因此，为减少潜在损失，你必须想着自己给自己上保险，也就是给自己留条后路。

通过预防战略和紧急战略进行提前干预

所谓进攻型应急战略，意思就是主动引导潜在的意外情况发生。如果一家公司，比如上面案例中的吉列公司，或者如很多音像出版社，意识到他们目前的产品很可能将被一项新技术所取代，理论上讲，这家公司有权选择去推动事态发展，进而作为第一个有准备的人踏入新未来的大门。然而在实践中，这样的情况很少发生，因为在惯性的作用下，人们总是倾向于维持旧的理念。

"铁路可不是邮政局的人修的。"——约瑟夫·熊彼特（Joseph Alois Schumpeter）

7.5 操作手册

如果你曾经从事过目标管理、时间管理或者项目管理类工作，那么紫色未来眼镜的工作方法对你来说将是非常熟悉的。根据我的经验，大多数对这样一本关于未来管理方法论的书感兴趣的读者都符合这种情况。诺顿和卡普兰在其著作《平衡得分卡》和《战略地图》中对指导实践的主要内容进行了总结，虽说他们肯定不是第一个发现这些经验的人。

下面的内容将为你提供一份针对企业的方法清单，以及在此基础上提炼出来的针对个人生活的方法清单。

7.5.1 企业应该怎样做?

1. 召集你的未来团队。

2. 确定你的战略类问题，参考第 247 页及其后内容中的讲解和例子。

3. 划出时间界限。你的战略愿景应放眼于之前在蓝色和黄色未来眼镜的操作手册中采用的时间范围之内。假如你的愿景时间跨度很大，比如 10 年或者更长，那么你应该为未来三年以及明年年底设定不同的战略目标。这样，你的愿景目标就有了两个不同的层次。假如你的愿景跨度仅仅是 3—5 年，那么你可以只设定每年的年度战略目标。

4. 找到愿景与现实之间的不同。把差距和冗余作为你的战略对象。

5. 制定必要的应急战略。此处可以参考第 258 页及其后几页内容中的讲解。绿色未来眼镜能够为此提供很多办法。应急战略可以以任何形式被纳入未来战略中，无论是作为愿景成分、使命成分还是下面步骤中提到的其他战略成分。

6. 制作目标选项。能够实现你的愿景和准则的道路有无数条。制作不同的战略目标选项，这里不妨借用一下绿色未来眼镜的机遇全景图。接下来，你可以根据一些标准，比如效力（有效性）和效率（经济性），对这些备选目标进行评估和排序，进而最终选出最合适的一组战略目标。

7. 从你的战略愿景和使命中推导出你的战略目标。战略目标是通往战略愿景道路上的里程碑。因此，你应该把构成战略愿景的成分拆开来，必要的话，还得把使命也拆开来，拆成更小的单位。要取得一项科技突破，可以先把研发过程每三年甚至每年分成一个阶段。这个过程被称为回溯或者倒推（backcasting），就是以你的战略愿景为起点朝着当前的时间点倒着画一条路线。请按照第 248 页中提出的要求来确定目标。

8. 理顺发展机遇。哪些被你评价甚高的机遇（绿色未来眼镜）还需要针对其价值和可行性加以检验和进一步加工呢?

9. 确定实现战略目标的项目和流程。项目和流程是几乎将陪伴你度过整个职业生涯的两项活动。要实现目标，就得实施项目，就得运行流程。就连发展机遇也或多或少要通过这两样东西来抓住。

10. **为实现高要求的战略准则制定项目和流程**。战略准则是你对内和对外的战略行为规则。从现在开始，这些准则就必须牢牢遵守。但是，有些准则的要求非常之高，为了让它们在可预见的时间内达到被完全遵守的程度，你必须采取一些特别的行动。尤其是文化类的准则，它们很少能一下子就得到完全遵守。

11. **建立支持项目和流程的系统**。为了实施项目，运行流程，从而实现目标，你需要什么呢？我们把所有物质以及非物质的资源都纳入到了系统的概念中。

12. **将战略与你的判断进行对比**。未来战略中的规范性成分，即使命、愿景和准则，前面已经就其与未来判断的兼容性做了检验。现在你要用同样的方式来确保战略中的目标和其他成分与你的未来判断相匹配，甚至是能从未来判断中得到支持，后一种情况当然更为理想了。你可以把战略成分和未来判断汇总在一张矩阵表中，这将有利于你对它们进行系统化的比较。如果发现有相互矛盾的地方，你就必须对相关的未来战略成分进行调整。

13. **把所有东西汇集成一幅"战略地图"**。把所有目标、项目、流程和系统汇集成你的战略行动总图。至于名称是战略地图、转化图或者路线图，意思都是一样的。如前文第7.4节关于紫色未来眼镜原则部分给出的建议，你不该把股东价值和利润放在战略地图的首位，而应该把战略愿景当作最具吸引力的未来画面，把它放在战略地图的最顶端。

14. **指定目标经理人**。你要保证每个目标、每个项目、每个流程以及每个系统都有一位经理人。根据我们的经验，指定目标经理人是一种特别有效的手段，因为这样可以将责任和目标导向整合起来，几乎相当于在召开管理层会议时，你的目标就坐在会议桌旁。

15. **装一台未来雷达**。确保你未来团队的成员始终留意检查你们在判断全景图、意外全景图和机遇全景图中做出的判断。

16. **商定一项交流计划**。你要保证定期拿出足够的时间，静下心来就你的未来战略进行思考和讨论。

7.5.2 作为人生总裁应该怎样做？

对于经营个人生活来说，使用紫色未来眼镜的方法可以简化为几个主要步骤，其结果应当书面留存：

1. 参照第 233 页中提出的标准，确定实现愿景的每个年度目标。
2. 检查一下由黄色未来眼镜制定出的准则，也就是你在未来的工作和生活中要遵循的准则。
3. 为每个目标和每条要求特别高的准则制定一个项目。
4. 把每个项目拆分为事项，然后把事项穿插到你的日程表里，从而确保这些事项都能完成。
5. 需要注意，愿景、准则以及项目都不应超出你的能力范围。心志非常高的人对自己的要求通常要双倍于他实际的能力。
6. 制定计划，以定期拿出时间进行再思考，比如每个月抽出一个下午的时间，或者每个季度抽出一天的时间。
7. 享受实施未来战略的过程。

8

看到、理解和拥有
更多的未来

**Mehr von der
Zukunft sehen,
verstehen und haben**

系统地、有章法地对未来进行思考，从而做到在任何时候都保持广阔的视野。

8.1 看未来的五色眼镜和埃尔特维勒模型

应用于未来管理的埃尔特维勒模型以五色未来眼镜为基础。埃尔特维勒模型让你能够系统地、有章法地对未来进行思考，从而做到在任何时候都保持广阔的视野。

流程模型和对象模型

埃尔特维勒模型由两部分组成：流程模型和对象模型。流程模型分为七个步骤：五副未来眼镜，前面加上一个起引领作用的"未来雷达"，其功能是收集未来信息，最后再加上一个收尾的"制度化"，这使未来管理这件事变成了一个定期运行的流程。这七个步骤构成了一个思考的过程。你回答了未来管理中的核心问题，这是每个人、每家企业和每个组织都必须提出并回答的问题。如果你完成了这些工作步骤，所得的结果就会在对象模型中显示出来。对象模型中包含了通过运用五副未来眼镜得到的思考对象，模型中还定义了这些思考对象的相互关系。

埃尔特维勒模型中的思考对象

前面的几章已经详细讲解了每种颜色未来眼镜对应的思考对象。这个由五色未来眼镜及其思考对象构成的系统是在对各行各业的领导团队进行250次采访和召开1000余次研讨会以及研讨项目的基础上得出的研究结果，这过程中还查阅了大量专业文献。运用现象分析法，各个概念的含义以及它们之间的相互关系得以揭示，进而推导出了一个思想的模型以及一幅认知地图（"cognitive map"）。

表21：埃尔特维勒模型的两个分模型	
流程模型	对象模型
■描述出一个由七个步骤构成的通用模型。 ■七个步骤中的五个对应五副未来眼镜。 ■一头一尾的"未来雷达"和"制度化"使流程模型变得完整。	■描述彼此关联的思考对象。 ■这些思考对象形成了一个"思想孵化器"，从中得到了未来管理中所有的重要概念。 ■思考对象以其清晰的相互关系构成了一张语义网。

这些思考对象彼此关联，共同构成了一张语义网。意思是，每个对象不仅仅描述了其概念，而且还阐明了它与其他思考对象的关联以及相互关系。图29呈现出的是这张语义网经过简化的样子。实际上这些思考对象之间共有113种连结方式，这还没考虑未来问题的因素。

这幅图中，各个思考对象都根据其所属的未来眼镜被涂上了相应的颜色。信号和未来要素被放在了蓝色眼镜思考对象的左上方，但其实它们属于流程步骤中的未来雷达（参见《未来雷达》一书）。

在附录第277页起的内容中，你可以找到一张包含全部思考对象的定义及例子的详细表格。

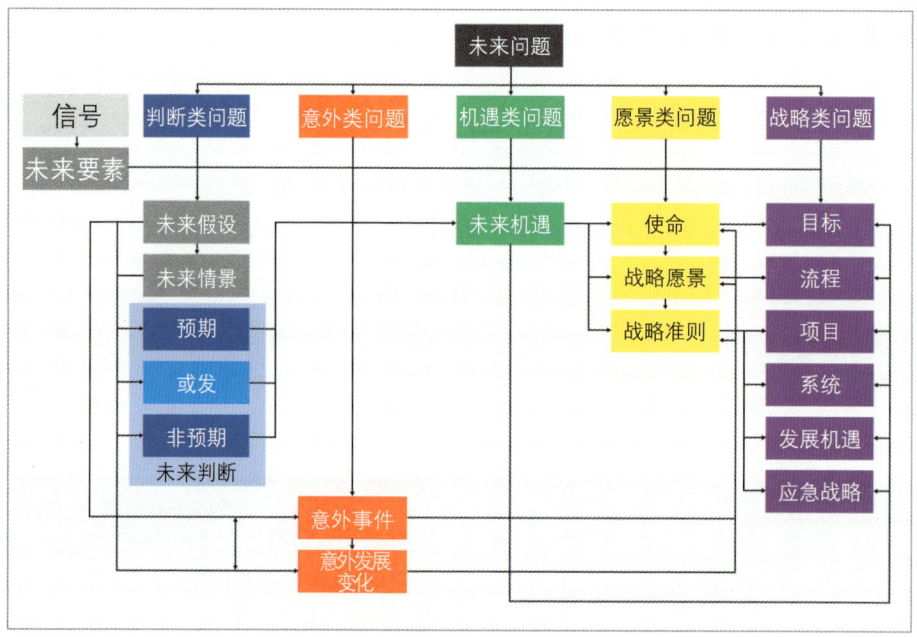

图 29：埃尔特维勒模型：未来管理的知识划分和对象

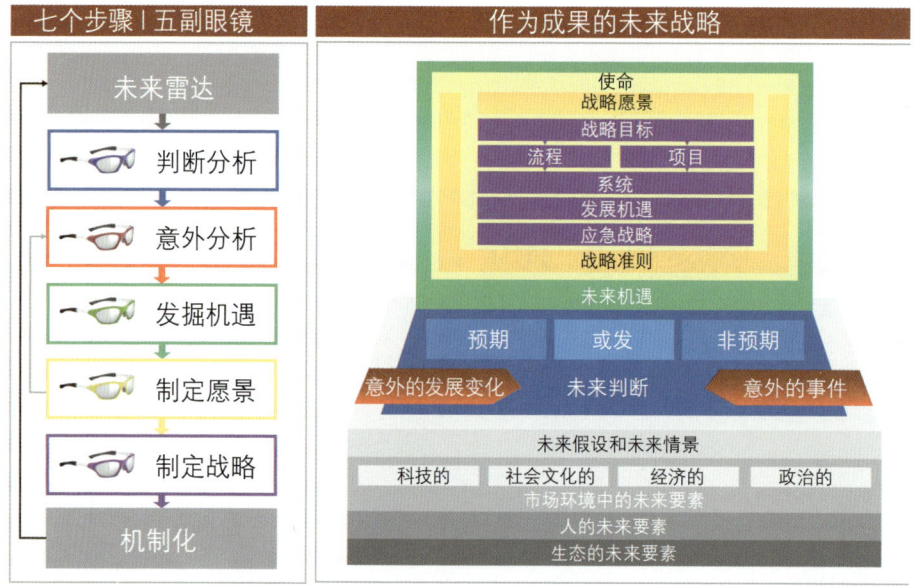

图 30：未来管理的流程和成果

未来管理的流程和思考对象

图 30 把流程模型和对象模型结合在一起形成了一幅认知地图。

埃尔特维勒模型很简单,简单到足以帮助人们在实践中搭建出完整的思考和行动框架,这框架是一台思想的孵化器(见图 31)。而另一方面,这模型又很复杂,复杂到足以完整地描摹出未来管理的过程和成果,并以中立的立场看待除此以外的其他方法、技巧和工具。

8.2 在实践中,未来眼镜应该这么用

我曾在本书开头的第 1.2 节中许诺过,运用五色未来眼镜会让你们受益良多。因此,在要结束这本书的时候,我想做个总结,概括一下五色未来眼镜以及埃尔特维勒模型的用处。

理顺你的思维

有谁思考未来的时候不困惑呢?思维以一种不舒适的方式在转动:什么是我认为很有可能会发生的事?我要创造什么样的未来?到底什么是有可能的?如果事情与想象中的情况截然不同该怎么办?我该怎样塑造我的未来?这些是人们在现实中经常自问的关于未来的问题。答案似乎唾手可得:读一读未来学家的文章就行了,或者聘请一位未来专家了事。而后者如果仅用一本书、一次演讲甚至一次咨询就完成了他的工作,那么大多数人无疑将比之前更为困惑。五色未来眼镜对未来管理思考过程中涉及的概念以及与概念相对应的思考对象给出了清晰且相互一致的定义。这就是未来眼镜给予你的支持。现在,你已经有能力将各种不同的未来清楚地区分开来,有条不紊地加以应对了。

图 31：埃尔特维勒模型：分步骤思维过程和成果

在交流时掌握更多的全局观和精确性

你的头脑中和内心里更加秩序井然，这将让你有能力更准确地就未来加以谈论和写作。你将体会并且享受到，胸有成竹地应对未来的流程、概念和理念将是一种什么样的感觉。此外，埃尔特维勒模型的完整性还将让你对自己知道些什么和不知道些什么做到心中有数。

你在言谈中表现出的周密而清晰的思维将给与你交谈的人留下深刻印象。特别是在当众就未来有关的问题发言或演讲时，五色未来眼镜，或者更准确地说，埃尔特维勒模型将会很好地助你一臂之力。

你将能帮助其他人更好地相互理解

用你清晰的、独立的思维和沟通能力帮助别人更好地交谈和讨论。具备了五色未来眼镜的知识，你在你的组织或机构中将能够出色地胜任主持人的角色。用几句话和几个例子，你就能化解误会和冲突。明确几条关键的原则，经年日久的矛盾就可能在短时间内得到平息。

> 为完成关于未来的思考和工作，埃尔特维勒模型为你的企业提供了一套完整的语言。

那些随处可见的误解消耗着巨大的成本，将企业引入危难歧途的情况也屡见不鲜。而这些，你完全可以避免。

从报刊、书籍、讲座和影视中汲取更多的知识

预言未来的的确确是被"妖魔化"了。如今，由于你已经了解了五色未来眼镜的特点和原则，那么你就可以更好地理解、判断和利用那些有关未来的文章、统计、小说和电影。特别是面对未来研究者们提出的那些高高在上的说法时，借助新获取的知识和方法，你能够更好地去伪存真，加以利用。

> 你能够更好、更快地抓住精髓，辨别糟粕，并且自觉地将后者剔除出去。

以未来眼镜为模板设计未来项目

埃尔特维勒模型是设计未来工程的理想模板。你不必再花费时间和精力去制定有关未来的思考和沟通模式，而是从这个已经在数百次运用中得到验证的模型中直接受益。

无论是你想做一项研究、发表一次演讲、办一次研讨会或"Workshop"，还是要组织人员为你的企业制定一整套战略，在设计未来项目时，埃尔特维勒模型的七步法及其思考对象都可以当之无愧地成为项目的范本。未来雷达指的是研究工作的先期阶段，你可以给每种颜色的未来眼镜都安排为期一天的研讨，还要留出提前准备和事后整理的时间。根据设定目标的不同，分配给个别未来眼镜的时间也可以更长或更短。

这些思考对象为你提供了一种条理分明的分类标准，在未来项目中获得的成果都能照此进行归类。这样一来，你在项目伊始就可以马上告诉团队成员，项目的目标是什么，预期的最终结果是什么。

每种未来眼镜的操作手册告诉我们每一步要做什么，怎样才能得出有价值的重要成果。

让你的未来战略结构化

其实，未来管理的对象模型带给你的是未来战略的分解法，不仅如此，它还将各种概念统一在了一张知识网中。这些概念有了精确的定义和明确的相互关联，你会因此省去很多麻烦的解释工作。

在面对你的员工、同事、监事会、顾问委员会、股东以及其他利益相关者时，你可以以一个可靠的模型为基础据理力争。

整理你的工具箱

埃尔特维勒模型面对各种方法都秉持中立态度。不管是分步流程还是思考对象,你都可以借助各种各样的方法和工具来达到目的。首先,附录中关于方法和技巧的整理清单是按照未来眼镜归类的;其次,每副眼镜的清单又分为许多细分步骤。通过这种方式,未来眼镜就成了你工具箱的理想布局图。每个步骤、每个细分步骤以及每一种思考对象都应该对应着你工具箱的一个"格子"。今后你在专业文献中获得的杂乱无章的工具列表就可以舒舒服服地各归其位、有的放矢。

比起竞争对手,你将从未来中看到更多的内容

在着眼未来时,就连最专业的领导团队也无法拿出清晰的结构图和方法论,他们在这件事上是如此的一筹莫展。这样的情况数不胜数。千年之交以来,在企业的版图上以及机构和组织的版图上,甚至是众多国家的版图上,一场关于前瞻未来的竞赛在悄悄展开。谁懂得更好地应对未来,谁就能更早地发现未来中蕴含的威胁,以及比威胁更加重要的机遇,谁也就更有能力趋利避害。

好好利用看清未来的能力和就未来开展沟通和交流的能力,从前瞻未来的竞赛中获得战略优势。

从未来中收获更多

所有我们上面提到的用处用一句话总结出来就是,有了五色未来眼镜和埃尔特维勒模型,你就有能力在你的生活、你的公司、你的城市或者你的国家中更有作为,进而从整个未来得到更多收获。好好利用这巨大的机遇吧!

祝你的未来一片光明!(笑脸)

9

附录
Anhang

附录

思考对象	定义	举例
表 22：埃尔特维勒模型中的思考对象		
判断类问题	判断类问题用以确定你对所处环境中很可能会发生的发展变化主要有哪些认知需求。	■ 越来越广泛应用的视频电话和视频会议技术将在多大程度上缩减商旅旅行？
未来要素	未来要素指趋势、科技和主题，它们是推动未来发生改变的力量。	■ 个性化（趋势） ■ 纳米技术（科技） ■ 气候变暖（主题）
	趋势指环境中一个或多个变量发生明确的、定向的变化。	■ 年人均旅行里程数正在增长。
	科技是拓展人类能力的一种工具。	■ 纳米技术 ■ 光子信息技术 ■ 人机交互
	主题指一种造成未来在一个或多个方向上发生变化的现象。	■ 宗教冲突 ■ 军事冲突
信号	信号是关于未来可能的发展变化和事件的信息。	■ 20% 的外国年轻人和 10% 的本国年轻人离开学校时未取得毕业证书。

续表

思考对象	定义	举例
未来假设	未来假设是关于环境中某个观察对象在未来某个特定时间点可能呈现的状态的一种说法。	■到 2025 年，X 城市中 60% 的人将生活在单人家庭中。
未来情景	未来情景是由推断构成的体系，它描绘出了一幅可能的未来的复杂画面，有时也描绘出通往该未来的路径。	■见第 103 页的例子——"道廷之役"，一篇关于虚构的未来战争的复杂故事。
未来判断	未来判断是一种对可能发生的未来可信度的看法，这个可信度的表现形式是赋予假设或情景以可能性期望值。	■"我们判断有 80% 的可能性，到 2020 年 X 城市中 60% 的人将生活在单人家庭中。"
未来判断	预期是表达较高可能性期望值的未来判断。	■如上文："我们判断有 80% 的……"
未来判断	或发是表达中等可能性期望值的未来判断。	■如上文："我们判断有 50% 的……"
未来判断	非预期是表达较低可能性期望值的未来判断。	■如上文："我们判断有 10% 的……"
机遇类问题	机遇类问题用以确定你对企业的重要可塑领域中的塑造可能性主要有哪些认知需求。	■我们能够研发并供应那些新产品和方案？
未来机遇	机会是一种有利的可塑性。	■我们要打入中国市场。 ■我们要成立一家物流公司。
愿景类问题	愿景类问题用以确定你对所追求的未来主要有哪些决策需求。	■愿景：我们公司在 20XX 年应该是什么样的？ ■使命：我们公司未来到底是为什么而存在？ ■准则：我们未来要怎样决策和行动？

续表

思考对象	定义	举例
战略愿景	战略愿景是一幅关于迷人的、共同追求的且可实现的未来的具体图画。 愿景元素（愿景的各个部分）是复杂的、被寄予愿望的长期目标，它们被组合成为愿景。愿景是愿景元素构成的整体。	■到2018年，我们将是欧洲速度最快的个人美妆产品开发公司。
使命	使命是一个组织要（为其顾客）实现的概括性的长期意图。 使命是使命元素构成的整体。	■我们减少事故造成的财产损失。（一家保险公司）
战略准则	战略准则是关于战略价值和行为方式的规定和原则。 准则可以 1. 针对规范战略的层面（与愿景和使命一同） 2. 针对文化战略的层面 3. 针对操作战略的层面（与目标、项目、流程和系统一同） 进行制定	■我们要将销售额的5%投入到研发工作中。
意外类问题	意外类问题用以确定你对所处环境中可能的、影响强烈的意外情况主要有哪些认知需求。	■在何种情况下，我们的顾客对我们服务的需求会突然急剧下降？
意外	意外是对环境中某个发生概率很低，但潜在影响很大的事件或发展变化的推断或情景描述。	■进程化意外：没有物理乐器参与的音乐市场 ■事件化意外：2004年12月26日发生的海啸
战略类问题	战略类问题用以确定你关于在准则的框架下实现使命和愿景的最佳道路主要有哪些知识和决策需求。	■在通往战略愿景的道路上，我们要设定哪些战略目标？ ■为了实现目标，我们必须要实施哪些项目？

续表

思考对象	定义	举例
战略	战略是为设定并追寻长期目标所做的决策、准则和活动的总和。未来战略是指对于推测未来、设定使命、愿景和准则以及设定和追寻目标所必须的观察对象的总和。	■详见细分对象的定义
战略目标	战略目标是人们希望某个可塑领域达到的状态，该状态的特点和实现状态的未来时间点都有着明确的定义。	■明年年内，我们将在光电技术领域建成新的业务分支。
流程	为了实现目标或者获得生产链中的成果，定期按顺序完成某些任务和活动。	■运行质量管理
项目	为了实现目标，一次性按顺序完成某些任务和活动。	■引入质量管理
任务	在流程和项目中为达到某个目标进行的活动。	■构思一套质量管理系统
系统	支持流程和项目的设施 系统的概念中包含所有物质和非物质的资源以及工具。	■一套质量管理系统 ■一套生产设备
发展机遇	被高度评价的未来机遇，但由于其价值和可行性尚不明确，因此还不能成为未来战略的组成部分。	■我们可以引入一套全自动竞争监测系统，但还不知道通过这种系统能否获得真正有预测功能的信息。
应急战略	在出现意外情况（出乎意料的事件和发展变化）或者未来判断发生根本变化的条件下可能采取的措施。	■如果市场上出现了某种替代技术，那么我们就要转而使用X技术。

THE FIVE FUTURES GLASSES

10

方法和技巧
操作手册

**Checklisten zu
Methoden und
Techniken**

方法和技巧操作手册

下面的操作手册是为读者中的专业人士所准备。这是一张汇总了所有五色未来眼镜各阶段工作中能用到的方法、技巧和工具的最全清单。其中保留了它们原来的英文名称。附录中给出的文献建议和参考文献目录可以帮助有兴趣进一步研究的读者探索未来管理学方法的浩瀚宇宙。

> **专业操作手册：**
> **蓝色未来眼镜的方法及文献建议**
> **（参见参考文献目录）**

提出判断类问题

- 判断类问题——米西科（Mic'ic'），2006
- 结构分析——格施加（Geschka）和莱布尼茨（Reibnitz），1981；高帝（Godet），1994；高泽迈尔（Gausemeier）等人，1996
- 综合情况映射（Comprehensive Situation Mapping）——格奥甘萨斯（Georgantzas）和阿卡（Acar），1995

提出对可能的发展变化的推断和情景

- 趋势外推（Trendextrapolation）（时间序列分析）（time series analysis）——阿姆斯特朗（Armstrong），2001
- 多元回归（Multivariate regression）——阿姆斯特朗（Armstrong），2001

- 情景描述（Scenarios）——施瓦茨（Schwartz），1996；德赫斯（de Geus），1988；高帝（Godet），1994；格奥甘萨斯（Georgantzas）和阿卡（Acar），1995；凡德海登（van der Heijden），1996；冯·莱布尼茨，1991；高泽迈尔（Gausemeier）等人，1996；等等
- 决策建模（Decision modeling）/联合分析（conjoint analysis）——阿姆斯特朗（Armstrong），2001
- 形态学（Morphology）——格伦（Glenn）和高登（Gordon），2003；高帝（Godet），1994
- 场域异常协调（Field anomaly relaxation）——科伊尔（Coyle），2003；赖恩（Rhyne），1981
- 未来车轮（Futures wheel）/思维导图（Mind Mapping）——格伦（Glenn）和高登（Gordon），2003；布赞（Buzan），2006
- 交叉影响分析（Cross impact analysis）——格伦（Glenn）和高登（Gordon），2003
- 趋势影响分析（Trend impact analysis）——高登（Gordon），2003a
- 历史类比——阿姆斯特朗（Armstrong），2001
- 前兆分析（Precursor analysis）/领先指标（leading indicators）——梅（May），1996
- 统计建模（Statistical modeling）——格伦（Glenn）和高登（Gordon），2003；阿姆斯特朗（Armstrong），2001；马克利达基斯（Makridakis）、威尔莱特（Wheelwright）、海因德曼（Hyndman），1998；马蒂诺（Martino），1993
- 模拟（Simulations）——劳施（Rausch）和卡坦扎罗（Catanzaro），2003
- 游戏（Games）——劳施（Rausch）和卡坦扎罗（Catanzaro），2003
- 代理建模（Agent modeling）——高登（Gordon），2003；高帝（Godet），1994
- 角色扮演（Role playing）——阿姆斯特朗（Armstrong），2001
- 天才预测（Genius forecasting）/专家访谈（Expert interviews）——格伦（Glenn），2003
- 利用推理类文学和艺术——梅（May），1996
- 头脑风暴（Brainstorming）/书面头脑风暴（Brainwriting）

提高推断和情景的可信度

- 论据平衡表——布莱英（Breiing）和科诺萨拉（Knosala），1997
- 判断性引导（Judgmental bootstrapping）——阿姆斯特朗（Armstrong），2001
- 专家系统（Expert systems）——阿姆斯特朗（Armstrong），2001
- 战略对话（Strategic conversation）——凡德海登（van der Heijden），1996
- 分层次因果分析（Causal layered analysis）——伊纳亚图拉（Inayatullah），2003

评估可能性期望值

- 德尔菲（Delphi）——赫尔默（Helmer），1983
- 观点调查（Opinion poll）——阿姆斯特朗（Armstrong），2001
- 多视角概念（Multiple perspective concept）——林斯顿（(Linstone），2003
- 未来全景图/判断全景图——米西科（Mic´ic´），2005

成果整理

- 路线图（Roadmapping）——穆尔勒（Möhrle）和伊森曼（Isenmann），2002
- 未来全景图/判断全景图——米西科（Mic´ic´），2005
- 图形、图表和思维导图

专业操作手册：
红色未来眼镜的方法及文献建议
（参见参考文献目录）

提出判断类问题（类似蓝色未来眼镜）

- 结构分析——格施加（Geschka）和莱布尼茨（Reibnitz），1981；高帝（Godet），1994；高泽迈尔（Gausemeier）等人，1996
- 关键成功因素（Critical success factors）——洛卡特（Rockart），1979
- 综合情况映射（CSM）——格奥甘萨斯（Georgantzas）和阿卡（Acar），1995
- 意外类问题——米西科（Mic´ic´），2006

提出意外发展变化的推断/情景

■ 同上文意外事件相关内容
■ 情景描述（Scenarios）——施瓦茨（Schwartz），1996；德赫斯（de Geus），1988；高帝（Godet），1994；格奥甘萨斯（Georgantzas）和阿卡（Acar），1995；凡德海登（van der Heijden），1996；冯·莱布尼茨（von Reibnitz），1991；高泽迈尔（Gausemeier）等人，1996；等等
■ 交叉影响分析（Cross impact analysis）——格伦（Glenn）和高登（Gordon），2003
■ 模拟（Simulations）——劳施（Rausch）和卡坦扎罗（Catanzaro），2003
■ 游戏（Games）——劳施（Rausch）和卡坦扎罗（Catanzaro），2003
■ 角色扮演/战争游戏——阿姆斯特朗（Armstrong），2001
■ 利用推理类文学和艺术——梅（May），1996
■ 情景骰子——米西科（Mic´ic´），2004

发现潜在影响

■ 对意外和愿景元素进行交叉影响分析（Cross impact analysis）——格伦（Glenn）和高登（Gordon），2003
■ 未来车轮（Futures wheel）/思维导图（Mind Mapping）——格伦（Glenn）和高登（Gordon），2003；布赞（Buzan），2006
■ 干扰事件分析——冯·莱布尼茨（von Reibnitz），1991
■ 战略对话（Strategic conversation）——凡德海登（van der Heijden），1996
■ 德尔菲（Delphi）——赫尔默（Helmer），1983

制定应急战略

■ 绿色未来眼镜的方法
■ 参见紫色未来眼镜相关内容

成果整理

■ 条理清晰的文章或随笔
■ 图形、图表和思维导图
■ 绘画
■ 电影和动画
■ 话剧

专业操作手册：
绿色未来眼镜的方法及文献建议
（参见参考文献目录）

提出机遇类问题

- 机遇类问题——米西科（Mic′ic′），2006
- 空白分析——科莱克鲍姆（Kreikebaum），1997

从未来判断中找出机遇

- 头脑风暴（Brainstorming）/书面头脑风暴（Brainwriting）——梅（May），1996
- 未来车轮（Futures wheel）/思维导图（Mind Mapping）——格伦（Glenn）和高登（Gordon），2003；布赞（Buzan），2006
- 微观－宏观矩阵（Mikro-Makro-Matrix）——克里斯蒂克（Krystek）和米勒－史蒂文斯（Müller-Stewens），1993
- 机遇矩阵——米西科（Mic′ic′），2005

从未来要素中找出机遇

- 未来车轮（Futures wheel）/思维导图（Mind Mapping）——格伦（Glenn）和高登（Gordon），2003；布赞（Buzan），2006
- 微观－宏观矩阵（Mikro-Makro-Matrix）——克里斯蒂克（Krystek）和米勒－史蒂文斯（Müller-Stewens），1993
- 趋势影响分析（Trend impact analysis）——高登（Gordon），2003a
- 机遇矩阵——米西科（Mic′ic′），2005

通过分析和模拟找出机遇

- 结构分析——格施加（Geschka）和莱布尼茨（Reibnitz），1981；高帝（Godet），1994；高泽迈尔（Gausemeier）等人，1996
- 综合情况映射（Comprehensive Situation Mapping）——格奥甘萨斯（Georgantzas）和阿卡（Acar），1995
- S型曲线分析——彭（Pengg），2003
- 分层次因果分析（Causal layered analysis）——伊纳亚图拉（Inayatullah），2003

通过创新方法找出机遇

- 形态学——格伦（Glenn）和高登（Gordon），2003
- 场域异常协调（Field anomaly relaxation）——科伊尔（Coyle），2003；赖恩（Rhyne），1981
- 历史类比——阿姆斯特朗（Armstrong），2001
- 行业类比——米西科（Mic'ic'），2003
- 前兆分析（Precursor analysis）——梅（May），1996
- 利用推理类文学和艺术——梅（May），1996
- 后机遇——米西科（Mic'ic'），2003
- 感情植入——凯利（Kelley），2001
- 直觉——格伦（Glenn），2003

机遇评估

- 分级解析流程（Analytic hierarchy process）——萨蒂（Saaty），1996
- 成本效益分析——梅（May），1996
- 风险分析——梅（May），1996
- S型曲线分析——彭（Pengg），2003
- 机遇全景图——米西科（Mic'ic'），2005

成果整理

- 思维导图（Mind Mapping）——布赞（Buzan），2006
- 机遇全景图——米西科（Mic'ic'），2005

专业操作手册：
黄色未来眼镜的方法及文献建议
（参见参考文献目录）

提出愿景类问题

- 关键成功因素（Critical success factors）——洛卡特（Rockart），1979
- 综合情况映射（CSM）——格奥甘萨斯（Georgantzas）和阿卡（Acar），1995
- 愿景类问题——米西科（Mic'ic'），2006

制定或检查使命

- 结构化讨论
- 内部德尔菲法——赫尔默（Helmer），1983
- 分级解析流程（Analytic hierarchy process）——萨蒂（Saaty），1996

制作愿景选项

- 创造性想象（creative imagery）——梅（May），1996
- 个人愿景或集体愿景（Personal visioning or group visioning）——梅（May），1996
- 思维导图（Mind Mapping）——布赞（Buzan），2006
- 与参与者面谈（外部的和内部的）
- 形态学——格伦（Glenn）和高登（Gordon），2003；高帝（Godet），1994
- 场域异常协调（Field anomaly relaxation）——科伊尔（Coyle），2003；赖恩（Rhyne），1981
- 回溯式成功报告——米西科（Mic'ic'），2003

评估愿景选项

- 利用论据平衡表展开结构化讨论
- 得分法
- 分级解析流程（Analytic hierarchy process）——萨蒂（Saaty），1996
- 多视角概念（Multiple perspective concept）——林斯顿（(Linstone），2003

确定愿景核心内容

- 分级解析流程（Analytic hierarchy process）——萨蒂（Saaty），1996
- 多视角概念（Multiple perspective concept）——林斯顿（(Linstone），2003

制定战略准则

- 形态学——格伦（Glenn）和高登（Gordon），2003；高帝（Godet），1994
- 内部德尔菲法——赫尔默（Helmer），1983
- 分级解析流程（Analytic hierarchy process）——萨蒂（Saaty），1996
- 战略对话（Strategic conversation）——凡德海登（van der Heijden），1996

检查完整性、正确性和严谨性

- 愿景元素之间进行矩阵式交叉对比
- 愿景元素与未来判断进行矩阵式交叉对比
- 愿景元素与意外情况进行矩阵式交叉对比

成果整理

- 条理清晰的文章或随笔
- 图形、图表和思维导图
- 绘画
- 电影和动画
- 话剧

> **专业操作手册：**
> **紫色未来眼镜的方法及文献建议**
> **（参见参考文献目录）**

提出愿景类问题

- 关键成功因素（Critical success factors）——洛卡特（Rockart），1979
- 综合情况映射（CSM）——格奥甘萨斯（Georgantzas）和阿卡（Acar），1995
- 价值链——波特（Porter），1985
- 战略类问题——米西科（Mic'ic'），2006

推导可能的目标、项目、流程、系统和发展机遇

- 回溯/倒推（Retropolation / Backcasting）——考尼什（Cornish），2004
- 路线图（Roadmapping）——穆尔勒（Möhrle）和伊森曼（Isenmann），2002
- 平衡得分卡（Balanced Scorecard）——卡普兰（Kaplan）和诺顿（Norton），1996
- 战略地图（Strategy Map）——卡普兰（Kaplan）和诺顿（Norton），2004
- 价值链——波特（Porter），1985
- 网式规划技术
- 机遇全景图——米西科（Mic'ic'），2005

评估、排序和选定

- 分级解析流程（Analytic hierarchy process）——萨蒂（Saaty），1996
- 成本效益分析——梅（May），1996
- 风险分析——梅（May），1996
- S型曲线分析——彭（Pengg），2003
- 机遇全景图——米西科（Mic'ic'），2005

应急战略的制定和融合

- 7V法，如上文所述

将未来战略与未来判断进行对比

- 未来战略元素与未来判断矩阵

成果整理

■平衡得分卡（Balanced Scorecard）——卡普兰（Kaplan）和诺顿（Norton），1996
■战略地图（Strategy Map）——卡普兰（Kaplan）和诺顿（Norton），2004
■路线图（Roadmapping）——穆尔勒（Möhrle）和伊森曼（Isenmann），2002

THE FIVE FUTURES GLASSES